普通高等学校城市轨道交通专业规划教材
组织委员会

主　任	罗　斌	王丰胜			
副主任	储继红	胡勇健	刘明亮	李　锐	
委　员	郑　斌	廉　星	刘蓉蓉	朱海燕	李建洋　娄　智
	杨光明	左美生			

普通高等学校城市轨道交通专业规划教材
编写委员会

主　编	李　锐	刘蓉蓉			
副主编	郑　斌	段明华			
编　委	张国侯	李宇辉	穆中华	左美生	娄　智　李志成
	兰清群	钟晓旭	李队员	王晓飞	李泽军　李艳艳
	颜　争	彭　骏	黄建中	周云娣	陈　谦　陆中石
	杨婷婷	黄远春	田　亮	文　杰	任志杰　李国伟
	薛　亮	牛云霞	张　荣	苏　颖	孔　华　高剑锋
	储　粲	孙醒鸣	罗　涛	胡永军	洪　飞　韦允城
	吴文苗	钟　高	张诗航	张敬文	武止戈　吴　柳
	赵　猛	沙　磊	吴　汀	赵瑞雪	聂化东　彭元龙
	胡　啸	干　慧	项红叶	马晓丹	孙　欣　邹正军
	余泳逸				

普通高等学校"十三五"省级规划教材
普通高等学校城市轨道交通专业规划教材

城市轨道交通
车辆构造与维护　第2版

主　编　兰清群　　颜　争
副主编　陆中石　　杨婷婷
编写人员（以姓氏笔画为序）
　　　　兰清群　　许兴阳　　陆中石
　　　　杨婷婷　　颜　争　　董　钢
　　　　程　斌

中国科学技术大学出版社

内 容 简 介

本书主要内容包括：认识城市轨道交通车辆、车体、车门系统、转向架、车辆连接装置、车辆制动系统、车辆空调系统、车辆电气系统及电客车操作概述。通过对本书的系统学习，学生能够掌握城市轨道车辆的结构和维护技巧等，并最终具备从事车辆检修及维护工作的能力。

图书在版编目(CIP)数据

城市轨道交通车辆构造与维护/兰清群,颜争主编. —2版. —合肥:中国科学技术大学出版社,2023.8

ISBN 978-7-312-05716-8

Ⅰ. 城⋯ Ⅱ. ①兰⋯ ②颜⋯ Ⅲ. ①城市铁路—铁路车辆—车体结构 ②城市铁路—铁路车辆—车辆修理 Ⅳ. U239.5

中国国家版本馆 CIP 数据核字(2023)第 127727 号

城市轨道交通车辆构造与维护
CHENGSHI GUIDAO JIAOTONG CHELIANG GOUZAO YU WEIHU

出版	中国科学技术大学出版社
	安徽省合肥市金寨路 96 号,230026
	http://press.ustc.edu.cn
	http://zgkxjsdxcbs.tmall.com
印刷	合肥华苑印刷包装有限公司
发行	中国科学技术大学出版社
开本	787 mm×1092 mm 1/16
印张	17.75
字数	437 千
版次	2019 年 11 月第 1 版 2023 年 8 月第 2 版
印次	2023 年 8 月第 2 次印刷
定价	49.00 元

总 序

本套教材根据城市轨道交通运营管理、城市轨道交通通信信号技术、城市轨道车辆应用技术、城市轨道交通机电技术、城市轨道交通供配电技术专业的人才培养需要，结合行业企业对职业岗位能力的要求，由安徽交通职业技术学院、南京铁道职业技术学院、郑州铁路职业技术学院、上海工程技术大学、辽宁省交通高等专科学校、新疆交通职业技术学院、江苏城乡建设职业学院、合肥职业技术学院、安徽城市管理职业学院、合肥铁路工程学校、合肥市轨道交通集团有限公司、深圳地铁集团公司运营分公司、杭州城市轨道交通运营公司、宁波城市轨道交通运营公司、郑州地铁集团有限公司运营分公司、中国铁路郑州局集团有限公司、中国铁路上海局集团有限公司等单位共同编写。

本套教材以立德树人为导向，融入课程思政元素，知识传授与技术技能培养、工程伦理教育、工匠精神塑造、爱国情怀激发并重，以校企深度合作订单培养为基点，对接城市轨道交通运营岗位技能标准，融合城市轨道交通职业技能大赛，融通城市轨道交通"1+X"职业资格证书，融入思政教育，实现了"岗、课、赛、证、思"的融合。教材编写整合了国内主要城市轨道交通运营企业现场作业的内容，以实际工作过程为导向，采用"项目引领、任务驱动、问题引导、案例分析"的编写模式，以知识学习为基础，以技能训练为重点，以技术创新为引领，激发学生学习动机，提高学生学习积极性。

本套教材涵盖城市轨道交通运营管理、城市轨道交通通信信号技术、城市轨道车辆应用技术、城市轨道交通机电技术、城市轨道交通供配电技术专业相关专业课程，可作为高校所涉专业教材，也可供城市轨道交通从业人员参考。

普通高等学校城市轨道交通专业规划教材
编写委员会

前　言

随着国内城市轨道交通的快速发展,为保证车辆安全、准点、高效运行,城市轨道交通企业急需一大批从事车辆制造、质量检查、各项试验、维修保养、车辆驾驶等工作的专业技能型人才。国内各高校积极响应,陆续开设城市轨道车辆应用技术专业。但目前城市轨道车辆应用技术专业的教材内容相对陈旧,新技术、新工艺的融入相对较少,不能满足城市轨道交通专业教育和培训需求。为此,我们编写了本书。

本书的编写采取了"校企双元"合作开发的方式,得到了合肥、宁波等城市轨道交通运营企业的大力支持,确保教材的职业性和适用性。本书按照模块化项目式形式编写,全书共分为9个模块,主要内容包括:认识城市轨道交通车辆、车体、车门系统、转向架、车辆连接装置、车辆制动系统、车辆空调系统、车辆电气系统和电客车操作概述,深入浅出地介绍城市轨道交通车辆各部分的组成和工作原理,既有基础理论分析又有实践操作指导,适用于职业本科和高等职业教育的贯通培养,是城市轨道车辆应用技术专业的核心课程"城市轨道交通车辆构造"的配套教材,也可供城市轨道交通车辆乘务、检修和运营岗位培训参考。

本教材具有如下特色:

(1) 内容选取以学生需要为中心,以适应企业真实工作岗位为导向,将城市轨道车辆应用技术专业相应工作岗位的工作过程分解成不同的项目,体现"工学结合、校企合作"的理念。

(2) 基于现代信息技术,实现教材的交互性和即时性。本书利用"互联网+"技术,通过二维码的形式提供知识链接、慕课资源等,借此融入信息化的教学手段和教学方法,帮助学生理解相关知识和自主学习。

(3) 在每个模块学习结束后,安排相应的课后练习,帮助学生及教师检验学习和教学效果,达到教学相长的目的。

本书由安徽交通职业技术学院兰清群和颜争担任主编,陆中石和杨婷婷担任副主编,程斌、董钢、许兴阳参与编写。具体分工为:模块一、模块二、模块三由颜争编写,前言、模块四由杨婷婷编写,模块五、模块七由兰清群编写,模块六、模块八由陆中石编写,模块九的项目一由程斌编写,模块九的项目二由董钢编写,模块九的项目三由许兴阳编写。兰清群负责提纲的撰写和全书的统稿工作。

  本书在编写过程中,得到了合肥市轨道交通集团、合肥中车集团有限公司等相关单位领导和专家的指导与帮助,在此一并表示感谢。编写团队水平有限,书中难免存在不足和疏漏之处,敬请读者批评指正,以便修订完善。

编 者

2023 年 6 月

目 录

总序 ··· (i)
前言 ··· (iii)

模块一　认识城市轨道交通车辆 ··· (1)
项目一　城市轨道交通车辆概述 ·· (1)
项目二　城市轨道交通车辆类型与组成 ·································· (7)
项目三　城市轨道交通车辆编组与标识 ·································· (9)
项目四　城市轨道交通车辆的技术参数 ·································· (12)
课后习题 ··· (16)

模块二　车体 ··· (17)
项目一　车体概述 ··· (17)
项目二　车体结构 ··· (20)
项目三　客室及内饰 ··· (23)
项目四　司机室 ··· (30)
项目五　车体维护 ··· (36)
课后习题 ··· (41)

模块三　车门系统 ··· (42)
项目一　车门概述 ··· (42)
项目二　车门系统结构 ··· (46)
项目三　车门维护 ··· (62)
课后习题 ··· (75)

模块四　转向架 ··· (77)
项目一　转向架概述 ··· (77)
项目二　转向架结构与原理 ··· (82)
项目三　跨座式单轨车辆转向架 ··· (108)
项目四　转向架维护 ··· (122)

课后习题 ………………………………………………………………………… (133)

模块五　车辆连接装置 ………………………………………………………… (135)
项目一　车辆连接装置概述 …………………………………………………… (135)
项目二　车钩缓冲装置 ………………………………………………………… (137)
项目三　缓冲装置 ……………………………………………………………… (144)
项目四　附属装置 ……………………………………………………………… (148)
项目五　车钩缓冲装置维护 …………………………………………………… (151)
课后习题 ………………………………………………………………………… (153)

模块六　车辆制动系统 …………………………………………………………… (155)
项目一　制动系统基础知识 …………………………………………………… (155)
项目二　电制动系统 …………………………………………………………… (157)
项目三　空气制动系统 ………………………………………………………… (160)
项目四　EP2002 制动系统 …………………………………………………… (164)
项目五　空气制动系统维护 …………………………………………………… (190)
课后习题 ………………………………………………………………………… (196)

模块七　车辆空调系统 …………………………………………………………… (198)
项目一　制冷基础知识 ………………………………………………………… (198)
项目二　城市轨道交通车辆空调系统概述 …………………………………… (203)
项目三　空调系统维护 ………………………………………………………… (217)
课后习题 ………………………………………………………………………… (225)

模块八　车辆电气系统 …………………………………………………………… (227)
项目一　车辆电气设备 ………………………………………………………… (227)
项目二　车辆电力牵引控制 …………………………………………………… (250)
项目三　部分电气系统检修与维护 …………………………………………… (254)
课后习题 ………………………………………………………………………… (257)

模块九　电客车操作概述 ………………………………………………………… (259)
项目一　城轨列车司机驾驶台概述 …………………………………………… (259)
项目二　列车整备作业 ………………………………………………………… (263)
项目三　列车运行模式 ………………………………………………………… (267)
课后习题 ………………………………………………………………………… (269)

参考文献 ………………………………………………………………………… (270)

模块一　认识城市轨道交通车辆

【知识目标】
1. 掌握城轨车辆的发展历史和国内外车辆制造企业。
2. 掌握城轨车辆的类型、组成和作用。
3. 掌握城轨车辆的编组与标识。
4. 掌握城轨车辆的性能、尺寸以及限界参数。

【技能目标】
1. 能识别车辆的关键结构。
2. 能根据车辆的标识找到相应的车辆设备。
3. 能根据车辆的参数判定车辆运行状态。

项目一　城市轨道交通车辆概述

一、车辆的发展历史

城市轨道交通是指具有固定线路，铺设固定轨道，配备运输车辆及服务设施等的公共交通设施。"城市轨道交通系统"是一个含义范围较大的概念，在国际上没有统一的定义。一般而言，广义的城市轨道交通系统以轨道运输方式为主要技术特征，是城市公共客运交通系统中具有中等以上运量的轨道交通系统（有别于道路交通），在城市公共客运交通中起骨干作用。

自 1863 年 1 月 10 日英国伦敦建成世界上第一条地下铁道以来，城市轨道交通车辆已有 160 年的发展历史，城市轨道交通车辆已经从较落后的蒸汽牵引进入到电气化牵引的新时代，电动列车已成为当代城市轨道交通车辆发展的主流和趋势。

城市轨道交通车辆是城市轨道交通系统中运输乘客的工具，属于技术含量较高的机电设备，是城市轨道交通系统中最关键和最重要的设备，其车辆的选型和技术参数不仅是界定轨道线路技术标准的基础，也是确定城市轨道交通系统运营管理模式和维修方式的基本条件，还是城市轨道交通系统其他设备选型和确定设备规模的重要依据。当然，由于多种因素的影响，国内外各个城市轨道交通车辆的结构和性能不尽相同，主要原因如下：① 城市轨道交通车辆提供商的技术背景和设计时考虑问题的角度不同；② 与当时当地的城市轨道交通车辆发展水平有关；③ 各个城市运用环境不同。但是，不论怎样，各个地区的城市轨道交通车辆都尽可能地结合各自城市的特点，满足城市交通客流量大、安全、快速、舒适、美观、节能和环保的要求,具有先进性、可靠性和实用性。

1. 国外城市轨道交通车辆的发展

1863 年 1 月 10 日,世界上第一条地铁——用明挖法施工的伦敦地铁建成通车,列车采用蒸汽机车牵引,线路全长约 4.8 km。从此,轨道交通正式进入城市交通行列,城市轨道交通时代来临。经过一个多世纪的发展,目前城市轨道交通车辆产业已经进入了高速发展阶段。城市轨道交通车辆产业的发展经历了一个漫长曲折的过程,大致可以分为以下几个阶段:

(1) 初步发展阶段(1863—1924 年)

在城市轨道交通的初步发展阶段,欧美的城市轨道交通发展最快,其中 13 个城市建有地铁,还有许多城市建立了有轨电车。1863 年世界第一条地铁建成,当时的列车主要采用蒸汽机车牵引。1890 年英国伦敦首次用电力机车在 5.6 km 长的一段地下铁道上牵引车辆。美国、日本、印度的有轨电车也有了很大发展。虽然这种旧的有轨电车在城市道路中间行驶时运行速度慢,噪声大,而且正点率低,加速性能低,乘客舒适度差,但是在当时的公共交通运输中发挥了重要作用。

(2) 停滞萎缩阶段(1925—1949 年)

第二次世界大战的爆发和汽车工业的发展,在一定程度上造成了城市轨道交通车辆发展的停滞和萎缩。汽车的便捷、灵活和可达性,一度变成城市交通的新宠,得到飞速的发展。而轨道交通因投资大、建设周期长,失去了自己的优势。这一阶段只有少数几个城市发展了城市地铁,有轨电车则停滞不前,有些线路甚至被拆除。1912 年,美国已有 370 个城市建有有轨电车,到了 1970 年受拆除风潮的影响,只剩下 8 个城市保留了有轨电车。

(3) 再发展阶段(1950—1969 年)

随着汽车行业的迅速发展,汽车过度增加,使城市道路异常拥堵,行车速度下降,严重时还会导致交通瘫痪,加之噪声污染、空气污染严重和大量消耗石油,使人们重新认识到,轨道交通才是解决城市客运交通难题的有效途径。因此,轨道交通重新受到了重视,而且从欧美扩展到亚洲的日本、韩国等国家,这期间有十几个国家新建了地铁。德国在 1971 年试制出 1 840 kW 的交-直-交电力传动内燃机车,为内燃机车和电力机车的技术发展提供了新的途径。这一时期,内燃机车和电力机车的技术发展给轨道交通车辆的发展带来了新的机遇。

(4) 高速发展阶段(1970 年至今)

从 20 世纪 70 年代开始,世界上很多国家都确立了优先发展轨道交通的建设方针。世界各国城市化的进程不断加快,导致人口高度集中,要求城市轨道交通高速发展以适应日益增加的客流,科学技术的发展也为轨道交通的发展奠定了良好的基础。近几年又有几十个城市修建了地铁、轻轨或者其他轨道交通。

进入高速发展阶段的城市轨道交通车辆产业,主要研发电力轨道交通车辆。1996 年 7 月,庞巴迪公司设计生产的 BR101 型电力机车的最高速度达 220 km/h。到目前为止,世界已有 545 个城市有城市轨道交通系统,日本在 19 个城市共有 20 家企业经营总长约 200 km 的线路,其中大部分是路面有轨电车。美国是有轨电车最发达的国家,至今已有近 30 个城市兴建了轻轨交通系统,发展速度很快,仅 2001 年就新建轻轨线路 242 km。欧洲是轻轨交通最发达的地区。

2. 国内城市轨道交通车辆的发展

国内第一条地铁是北京地铁"苹果园—火车站"线,全长 23.5 km,1965 年开建,1969 年建成,比世界第一条地铁晚了 100 多年。自 1969 年我国开通第一条北京地下铁道以来,国内的城市轨道交通经历了 50 多年的发展历史,在中华人民共和国建立初期虽然也建有城市快轨,但由于历史原因一直没有得到很好的发展。进入 21 世纪后,国内的城市轨道交通车辆产业才得到系统的发展。大致来说,国内城市轨道交通车辆的发展可分为以下几个阶段:

(1) 起步阶段

起步阶段长达 35 年之久。从 1965 年开始到 2000 年的 35 年间,国内仅有 4 个城市建成 7 条地铁线路,共计 146 km,年均仅建成 4.2 km。

北京和天津分别在 1969 年和 1970 年开通了地铁,两条地铁线路总长 27.2 km,均采用蒸汽机车牵引。上海在 20 世纪 60 年代进行了地铁的研究和试验,并建成一条试验线路,但"文化大革命"时期被迫终止。这一时期兴建地铁的主要目的是用于备战,完全靠政府补贴运营。这时,无论是车站建设还是区间建设,均采用明挖法。"文化大革命"期间地铁建设基本停顿。1979 年 10 月,香港地区第一条地铁线路开始运营。

从 20 世纪 80 年代中期至 2000 年,中国处于改革开放进程之中,地铁的建设也由服务于备战转为服务于经济发展和城市客运。伴随着经济的发展,除北京、天津继续修建地铁外,上海、广州也开始修建地铁。20 世纪 80 年代开始,国内的城市轨道交通车辆开始逐步采用内燃机车牵引。1996 年由株洲电力机车厂和株洲电力机车研究所研制成功的 AC4000 型电力机车,是国内第一台交流传动电力机车。随着电力机车技术的发展,国内的城市轨道交通车辆开始采用电力机车牵引,进入了平稳的发展阶段。这一时期,内地新增地铁运营里程约 120 km。香港地区的地铁也在这一时期得到了迅猛发展,完成了现有 7 条线路的建设,并跻身世界城市地铁系统发展前列。

(2) 21 世纪后进入快速发展新阶段

进入 21 世纪后,在五股力量同时发力形成的"五管齐下"综合作用下,国内城轨交通建设开始提速,并很快进入快速发展新阶段。

五股力量:一是亿万务工人员进城,千万辆汽车上路,造成城市出行难的现实压力,出现了对城轨交通的巨大需求;二是借力经济社会高速发展和出让城市土地使用权,政府财力大幅增加,具备了快速发展城轨交通的基本条件;三是 2003 年颁布的《关于加强城市快速轨道交通建设管理的通知》(国办发〔2003〕81 号)等国家政策指导所带来的强大动力;四是 1999 年初出台地铁国产化政策带来的建设成本下降;五是城轨交通制式多样化推动城轨单位造价降低和工程周期缩短。

2008 年 9 月,首列自主研制的地铁 A 型车在株洲下线,这是首列由国内自主研制、具有自主知识产权的地铁 A 型车辆,填补了国内空白,标志着我国成功实现了地铁车辆技术产业化。2010 年 7 月,首列具有完全自主知识产权的地铁 B 型车在北京地铁车辆装备公司下线,并用于北京地铁房山线。这是国内首辆具有完全自主知识产权的地铁 B 型车。

目前的新型城市轨道交通车辆均需要经历选型设计、招投标采购、生产、试验、验收等多个环节,国内生产的城市轨道交通车辆通过引进国外先进技术,经过消化吸收,外形时尚,达到了流线型设计、车厢宽敞明亮、服务设施完善的要求。这些新型国产车的投入运用,得到国内外同行的高度评价,其技术水平达到世界一流。

2022年年底全球十大地铁城市如图1-1所示。其中,中国城市数量占70%,第一名、第二名均在中国。全球共有78个国家的545个城市开通了城市轨道交通,总里程达41 386.12 km。中国城市最多,网络覆盖范围最大。全球共有25座城市开通的轨道交通运营里程超过300 km,中国有10座城市,其中800 km左右的巨网城市(特大网络)有2个,分别为上海936.16 km、北京870.50 km。

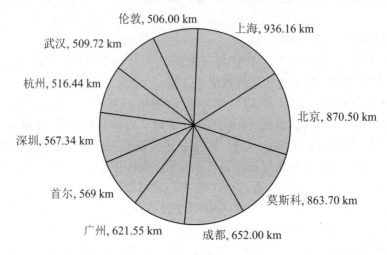

图1-1　2022年年底全球十大地铁城市

中国除前述运营规模位居世界前列外,也是名副其实的城市轨道交通大国,2021年实现客运量498.66亿人次,全球第一;预计2023年,世界城市轨道交通运营历程将突破43 000 km,其中中国运营里程将突破12 000 km,遥遥领先于世界其他国家。

此外,国内已基本建成城轨交通装备制造体系,掌握了从整车到零部件的全套生产技术,整车年生产能力约9 000辆,全球第一;地铁自主化程度达到95%,信号、牵引、制动、通信等系统的关键核心技术都实现了自主创新的突破。

城市轨道交通的快速发展也带动了城市轨道交通车辆技术的飞跃发展。车体材料从普通的耐候钢、不锈钢发展到铝合金;转向架开发了一系悬挂装置采用橡胶元件、二系悬挂装置采用空气弹簧结构的技术,低地板小轮径直线电机车辆转向架在广州地铁、北京机场线得到了成功应用,单轨车辆橡胶轮转向架在重庆轨道交通2号线得到了应用;牵引系统从凸轮组合开关直流变阻调速完全过渡到采用智能功率半导体器件的VVVF交流传动技术;制动系统从一般的机械空气制动机发展到模块化的数字模拟式电空制动系统;供风系统除了采用传统的活塞式压缩机和双塔吸附干燥器之外,螺杆式空气压缩机和膜式干燥器也逐步在推广使用;应用网络技术发展了列车监控系统;ATO列车自动驾驶系统已在车辆中得到广泛的应用。

二、车辆的特点

城市轨道交通车辆的采购一般都由各个城市根据本地实际情况、传统习惯、项目设计、投资预算等提出技术要求,面向不同的城市轨道交通车辆制造商招标制造。由于城市轨道交通车辆技术发展很快,因此不仅是不同城市之间,就是同一城市的不同项目之间的车辆也有很大的差别,比如西安地铁1、2号线的车辆分别由大连和长春轨道交通车辆制造商制造。这一特点与国有铁路绝大多数铁道车辆全国通用有很大差别,但是,车辆的总体技术朝着轻量化、节能化、少维修、低噪声、舒适性、高可靠性和安全性以及低寿命周期、低成本的方向发展是大趋势。

目前,城市轨道交通车辆的基本特点如下:

① 城市轨道交通系统属于特种大中运量快速轨道交通系统,对车辆的安全性能、噪声、震动和防火等均有严格要求。

② 城市轨道交通系统的线路都是全封闭的线路,双向单线运行,行车密度大(最大行车间隔小于2 min),如因故障列车不能正常运行,便会阻塞线路,整个系统的运转会被影响。因此,对车辆运行的可靠性提出了很高的要求,一些系统部件都必须是冗余设计的,如低压直流控制电源、空气压缩机组、蓄电池、列车控制单元等。

③ 运营中即使发生了列车不能启动的故障,也要预先制定便捷的处理方案,使列车能凭自身动力启动离开而进入最近的停车线,以疏通线路。如果列车确实无法启动,一般是安排就近的另一列车前往救援,两列车连挂将不能启动的列车推至最近的停车线。特别是地下运行的车辆,必须保证在无外来供电的情况下,仍能提供最低限度的照明、广播和通风所需的电能。在发生意外事故的情况下,列车必须有快速疏散乘客的通道。

④ 车辆朝轻量化方向发展,采用大断面与铝合金型材或不锈钢焊接车体的整体承载结构,最大限度地减少车辆自重。

⑤ 除电气系统的部分人工操作控制开关装在司机室和客室的电气设备柜内外,其他设备全部分散安装在全列车的车底,空调机组装在车顶,不占用客室空间。

⑥ 车辆间采用封闭式全贯通通道,便于乘客走动及均匀分布。

⑦ 为了在列车停站时能使大量的上下客流交换在尽可能短的时间内完成,车门数量也比较多,每节车厢单侧门数量有3—5个。

⑧ 调频调压交流传动,采用电空混合制动,节省能耗。

⑨ 列车控制和主要子系统的运行控制实现计算机和网络化,信息传播实现多样化、实时化和分层集中化。

车辆系统部件的设计、材料的选用都以列车运行和乘客安全为首要原则,设备正常功能失效时,其响应以安全为导向目标。

为适应高密度行车组织的运营需要,实现信号控制和列车控制自动化,在车辆正常运行的情况下,采用自动列车控制(ATC)系统,分为列车自动驾驶(ATO)、列车自动防护(ATP)和列车自动监控(ATS)三个子系统,车辆上也配备了相应的车载设备,个别城轨车辆甚至实现了无人驾驶。

三、车辆企业概述

1. 国外主要城市轨道交通车辆制造企业情况

20世纪90年代以来,经过多次兼并重组,国外的城市轨道交通车辆制造厂商逐步归并成阿尔斯通、西门子、庞巴迪等集团。这三大公司是国际著名的轨道交通车辆及关键零部件制造公司,其轨道交通车辆市场品牌份额占全球轨道交通车辆品牌份额的一半以上。

(1) 庞巴迪公司

庞巴迪公司是全球领先的创新交通运输解决方案供应商,全球总部位于加拿大,欧洲总部位于德国柏林,在全球拥有56家工厂。庞巴迪在中国投资生产三种铁路和轨道交通客运产品,包括地铁、干线车辆以及牵引和控制设备,均已在中国市场上运营。目前,庞巴迪公司在北京、上海、广州和香港等地均设有办事处。长春长客庞巴迪轨道车辆有限公司为广州地铁总公司、深圳地铁网一期工程及上海地铁1号线开发并制造地铁车辆。青岛四方庞巴迪铁路运输设备有限公司致力于铁路客车制造,成功交付了20列8节编组的高速列车,还为青藏铁路提供能适应高纬度条件的铁路客车。

(2) 阿尔斯通公司

阿尔斯通是全球轨道交通设备研发及制造的领先公司,在高速铁路、机车牵引技术和摆式列车技术水平上处于世界领先地位。公司的产品和服务主要包括轨道车辆、轨道基础设施、交钥匙工程和服务。其中轨道车辆是阿尔斯通的主要产品。阿尔斯通已在中国成立四家合资企业:上海阿尔斯通交通电气有限公司主要提供列车牵引系统设备;青岛阿尔斯通铁路设备有限公司致力于液体油压减震器的生产、维护和服务;上海阿尔斯通交通装备有限公司从事车辆的组装和维护;卡斯克信号有限公司主要开展干线列车的信号业务。

(3) 西门子公司

西门子为城轨、地区线和干线提供牵引供电系统、信号与控制系统和机车车辆,同时在项目管理和前瞻性服务理念上拥有丰富的经验。其主要产品包括自动引导系统、高速列车系统、磁悬浮列车、高性能机车、储能系统等。西门子在北京、广州、上海、深圳和南京等地都设有办事机构。株洲西门子牵引设备有限公司,主要提供电力机车、电传动内燃机车及城市轨道交通车辆的主要零部件;南京赛彤铁路电气化有限公司,生产和销售中国干线铁路和城市轨道交通所需的电气化产品;另外,西门子公司还与大连电力机车厂合作,为其提供技术支持和服务;西门子信号有限公司,专业从事干线铁路和城市轨道交通所需要的信号产品及系统。

2. 国内主要城市轨道交通车辆制造企业情况

2015年,经国务院同意、国务院国资委批准,由中国南车股份有限公司、中国北车股份有限公司按照对等原则合并组建成中国中车集团有限公司。合并后的公司已有46家全资及控股子公司,总部设在北京。以下介绍其几个主要企业:

(1) 长春轨道客车股份有限公司

长春轨道客车股份有限公司的前身是长春客车厂,始建于1954年,是国家"一五"期间156个重点建设项目之一,基础雄厚。通过60多年的建设,该公司目前已成为国内最大的铁路客车和城市轨道车辆的研发、制造和出口基地。与法国阿尔斯通公司和德国西门子公司积极开展合作,凭借明显的优势始终占据着龙头的地位。

(2) 青岛四方车辆公司

青岛四方车辆公司自成立以来,始终致力于铁路机车车辆产品的研发、制造和服务,专业设备配置在全国乃至世界上都处领先地位,为中国铁路机车车辆产品的技术进步做出了重要贡献。公司目前主要从事铁路机车车辆和城市轨道交通车辆零部件制造,铁路高档客车、动车组的制造、修理等业务。

（3）株洲电力机车有限公司

株洲电力机车有限公司创建于1963年,地处南方工业重镇和交通枢纽湖南省株洲市,致力于铁路干线电力机车和城市轨道车辆交通装备的研究、制造和销售。2001年,公司被批准为国家城市轨道交通车辆国产化定点企业后,积极推进城市轨道交通车辆主业建设,与西门子公司建立了长期战略合作伙伴关系,建成总面积35 000 m^2,年产能力300辆的达到国际先进水平的城轨车辆制造基地。

（4）浦镇车辆有限公司

浦镇车辆有限公司是国内城市轨道交通车辆主要制造企业之一,目前,公司以现有的技术力量、科研人员、生产资源和综合经济实力为基础,以获得自主知识产权的地铁产品为目标,大力研发新型地铁车辆,推进地铁车辆的产业化。

（5）大连机车车辆有限公司

大连机车车辆有限公司主要制造各种内燃机车、电力机车、城市轨道车辆、铁路车辆以及柴油机和各种机车车辆配件产品。具有年产机车500台、城轨车辆150辆、铁路车辆2 000辆的能力。公司大力开拓城轨车辆市场,自主设计制造了具有当今国内先进水平的城市快速轨道交通车辆,拉开了进军城轨地铁市场的帷幕,形成新的支柱产业。2002年7月研制成功国内首列具有自主知识产权的城市轨道交通车辆,进军城市轨道交通市场。

（6）唐山轨道客车有限责任公司

公司主营业务为铁路车辆、磁悬浮列车、内燃动车组、电动车组、特种车、试验车、城市轨道车辆和配件销售、租赁及技术咨询服务等,经营范围广泛,产品品种繁多。目前,"唐车"以高速动车为主打产品,领跑高速轨道交通领域。

项目二　城市轨道交通车辆类型与组成

一、车辆的类型

1. 按照车体的宽度

国内城市轨道交通车辆的种类很多,各城市由于运营要求和条件不同,对列车的要求也不同。建设部1999年颁布的《城市快速轨道交通工程项目建设标准(试行本)》根据国内各城市对城市轨道交通车辆选型的不同要求和城市轨道交通车辆的发展现状提出了A、B、C型车的概念,主要是按车体宽度的不同进行分类。

① A型车车宽3.0 m,普通四轴车的车长在22 m左右,属于宽车;
② B型车车宽2.8 m,普通四轴车的车长在20 m左右;
③ C型车车宽2.6 m,普通四轴车的车长在18 m左右。

城市轨道交通车辆的选型,主要依据线路远期高峰小时的客流量大小来确定。通常,单向小时客流量在5万—7万人次选择A型车;单向小时客流量在3万—5万人次选择B型车;单向小时客流量在1万—3万人次选择C型车。

2. 按照牵引动力配置分类

城市轨道交通车辆分为动车和拖车。其中动车用 M 表示，拖车用 T 表示。一般司机室安装在拖车上，表示为 Tc；受电弓安装在动车上，表示为 Mp。

3. 按照车辆安装设备的不同分类

依据车辆所装设的设备不同，城市轨道交通车辆分为 A 车、B 车和 C 车。

A 车：带司机室的拖车。配置有司机室，不带动力，依靠有动力的车辆拖动。

B 车：带受电弓的动车。其转向架上带有牵引电机，车顶安装有受电弓或车下安装有集电靴。

C 车：无司机室的动车。不带司机室，其转向架上带有牵引电机，车底安装有空气压缩机。

二、车辆的结构及组成

城市轨道交通车辆类型不同，技术参数也不一样，但其基本结构类似，一般城市轨道交通车辆由以下 7 个部分组成。

1. 车体

车体分有司机室车体和无司机室车体两种。车体既是容纳乘客和司机（对于有司机室的车辆）的地方，又是安装与连接其他设备和部件的基础。近代城市轨道交通车辆车体均采用整体承载的钢结构或铝合金轻金属结构，以实现在满足强度、刚度要求的同时最大限度地减轻自重。车体由车顶、底架、端墙、侧墙、车窗、车门等组成。

城市轨道交通车辆的车体与一般普通铁路客车有相同之处，但由于用途的特殊性，又有其特有的特征。如城轨车辆有动车与拖车之分，服务于市内公共交通，在车内布置的座位较少。

2. 转向架

转向架是车辆的走行部件，安装于车体与轨道之间，用来牵引（对动力转向架而言）和引导车辆沿轨道行驶，承受并传递车体与轨道之间的各种载荷并缓和其动力作用，是保证车辆运行品质的关键部件。转向架一般由构架、轮对轴箱装置、弹簧悬挂装置和制动装置等组成。城市轨道交通车辆转向架有动力（动车）转向架和非动力（拖车）转向架之分，动力转向架还装有牵引电机及传动装置。

3. 牵引缓冲连接装置

车辆编组成列运行必须借助于连接装置，即所谓的车钩。连接装置包括车钩缓冲装置和贯通道，车钩是连接车辆使其编组成列车，并传递纵向力的一套装置。通常在车钩的后端装缓冲装置，在车钩传递纵向力时缓和与车辆之间的纵向冲击，通过车钩还可将车辆之间的电路和空气管路连接。贯通道是车辆与车辆之间的客室连接通道。城市轨道交通车辆通常采用密接式车钩和宽体式贯通道。

4. 制动装置

制动装置是保证列车运行安全必不可少的装置，不管是动车还是拖车都设有制动装置,它可以保证运行中的列车按需要减速或在规定的距离内停车。城市轨道交通车辆制动装置除常规的空气制动装置外,还有再生制动、电阻制动等先进的制动装置。

5. 受流装置

从接触导线(接触网)或导电轨(第三轨)将电流引入动车的装置称为受流装置或受流器。目前受流装置主要分为以下两种形式:

① 受电弓:属上部受流,弓可升可降,普遍应用于城市轨道交通车辆。合肥地铁1、2号线采用这种方式。

② 集电靴:从底部导电轨受流,又称第三轨受流,限界内的空间可得到充分利用,多用于速度较高的轨道列车运行。深圳地铁3号线采用这种受流方式。

在受电制式上,接触网受流电压普遍采用直流1 500 V,而第三轨受流方式的电压采用直流750 V,有个别采用直流1 100 V,如深圳地铁3号线。直流1 500 V与直流750 V比较具有以下优点:可提高牵引电网供电质量,降低迷流数值,增加牵引供电距离,从而可减少牵引变电所数量;便于地铁线路实现地下、地面和高架的连接。

6. 车辆设备

车辆设备包括服务于乘客的设备和服务于车辆运行的设备,属于前者的有:照明、广播、通风、取暖、空调、座椅、吊环、扶手等。服务于车辆运行的设备一般不占用车内空间,吊挂于车底,如蓄电池箱、滤波器、逆变器、继电器箱、主控制箱、接触器箱、空气压缩机组和储风缸等,安装于车顶的有空调单元和受电弓等。

7. 车辆电气系统

车辆电气系统包括车辆上的各种电气设备及其控制电路。按其作用和功能可分为主电路系统、辅助电路系统和控制电路系统三部分。

项目三 城市轨道交通车辆编组与标识

一、车辆的编组

城市轨道交通车辆由几节车辆通过车钩连接而成的动车组形式来运行。为便于车辆运用、结构识别以及检修管理,通常需对车辆及设备进行标记或编号,由于国内城市轨道交通车辆没有统一的标识规定,各轨道交通车辆的车辆标识也不尽相同。

城市轨道交通车辆中,车辆通过车钩连接成一个相对固定的编组成为一个单元,一个列车可以由一个或几个单元编组而成。决定车辆编组的主要因素有:运营密度、客流大小、站间距离、舒适度、安全可靠性、工程投资和线路坡度等。

目前,国内城市轨道交通车辆编组主要有四动二拖、六动二拖、二动二拖、三动三拖等编组形式。

以合肥地铁为例,合肥地铁车辆采用六节编组,即四动二拖形式,编组方式为:
$$+Tc * Mp * M = M * Mp * Tc+$$

"+Tc*Mp*M="构成最小动力单元,具有独立运行的能力,但只能以低速且在非运营的情况下运行。

其中,Tc 为带司机室的拖车,Mp 为带受电弓的动车,M 为不带受电弓的动车,"+"为全自动车钩,"="为半自动车钩,"*"为半永久车钩。

广州地铁1号线车辆采用六节编组,即四动二拖形式,编组方式为:

$$-A*B*C=C*B*A-$$

广州地铁3号线早期也采用过两动一拖的三节编组,编组方式为:

$$-A*B*A-$$

上海地铁2号线采用八节编组,即六动两拖形式,编组方式为:

$$-A=B*C=B*C=B*C=A-$$

其中,A车为带驾驶室的拖车,B车为装有受电弓的动车,C车为不带受电弓的动车,"—"表示全自动车钩,"="表示半自动车钩,"*"表示半永久车钩。

二、车辆的标识

通常每节车辆都有自己的固定编号,各城市轨道交通车辆制造商或运营商的编号方式不尽相同。

合肥地铁每节车辆由六位数字组成,前两位是线路号,中间两位是列车号,最后两位是车辆号,如编号:010101,第一个01是指1号线,第二个01是指第一列车,第三个01是指第一节车辆。

北京地铁编号规则也由六位数组成,如100861,前两位表示北京地铁10号线,中间三位表示第086列车,最后一位表示第1节车辆。

上海地铁编号仅与北京地铁最后一位不同,如130611,表示上海地铁13号线,第061列车,最后一位数字1表示A型车(B型车:2,C型车:3)。

广州地铁编号由数字加字母加两位数字组成。如2A45,2表示车辆所属线路为2号线,A表示车辆类型为A车,45表示车辆的连续编号。编号的形式很多,这里不再一一列举。

1. 车辆端的定义

每节车辆都有一位端和二位端(图1-2)。以三动三拖编组为例,分两个动力单元,每个动力单元中,A车的一位端是安装全自动车钩的一端,B车的一位端是与A车连接的一端,C车的一位端是与B车连接的一端,车辆的另一端为二位端。

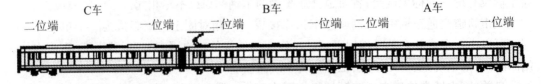

图1-2 车辆端示意图

2. 列车车侧的定义

列车的车侧与车辆的车侧定义是不同的,列车的车侧以司机为主体,司机坐在列车的驾驶端座位上,司机的右侧就是列车的右侧,司机的左侧就是列车的左侧(图1-3)。也就是说,列车的行驶方向不同,列车的左、右侧也会有所不同。

图1-3 车侧示意图

3. 转向架和轴的编号

每节车辆有2个转向架,分为转向架1和转向架2,转向架1位于一位端,转向架2位于二位端。每节车辆有4根轴,从一位端开始至二位端,以此连续编号为轴1、轴2、轴3、轴4(图1-4)。

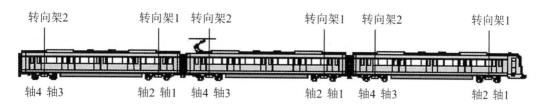

图1-4 转向架和轴编号示意图

4. 车门和座椅的编号

车门的编号规则根据不同的地铁车辆车门有所差别,下面以南京地铁和合肥地铁为例阐述较为常见的两种编号规则。

(1)南京地铁车辆车门编号规则

如图1-5所示,列车为6辆编组,每车每侧有5对车门,编号是从一位端开始至二位端,车辆的右侧是从小到大的连续奇数,即1、3、5、7、9,左侧是从小到大的连续偶数2、4、6、8、10。

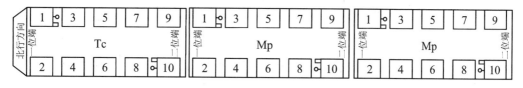

图1-5 车门布置图

(2)合肥地铁车辆车门编号规则

合肥1号线客室门采用电动双页塞拉门结构,每节车辆装有8扇车门,每侧4扇。车门布置和编号如图1-6所示。从一位端开始至二位端按顺序编号,1号车左侧车门编号为1L,右侧车门标号为1R。地铁车辆座椅的编号大致相同,一般是从一位端到二位端编号,左侧为奇数,右侧为偶数。

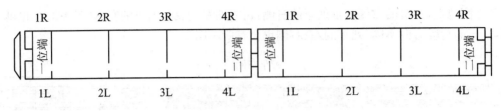

图 1-6　客室门编号示意图

5. 空调单元的编号

每节车辆有 2 个空调单元，位于一位端的空调单元称为空调单元 1，位于二位端的空调单元为空调单元 2（图 1-7）。

目前，由于国内城市轨道交通车辆所在城市和线路不同，各种标识、编号定义也不尽相同，尚无统一的车辆空调标识规定，但标识方法类似。

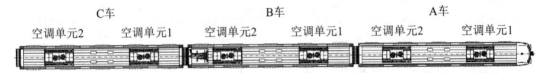

图 1-7　空调单元编号示意图

项目四　城市轨道交通车辆的技术参数

一、车辆的性能参数

1. 自重、载重

自重指车辆整备状态下的本身结构及设备组成的全部质量；载重指正常情况下车辆允许的最大装载重量，以吨为单位。

2. 构造速度

构造速度指车辆设计时按照安全及结构强度等条件所决定的车辆最高行驶速度，并要求持续以该速度运行时车辆保持足够良好的运行性能。

3. 轴重

轴重指按车轴形式及在某个运行速度范围内，车轴允许负载（包括轮对自身的质量）的最大质量。轴重的选择与线路、桥梁及车辆走行部的设计有关。

4. 轴配置或轴列式

用数字或字母表示车辆走行部结构特点的方式，例如四轴动车，两台动力转向架，则轴配置记为 B-B；6 轴单铰轻轨车辆的两端为动力转向架，中间为非动力铰接转向架，其轴配置记为 B-2-B。

5. 制动形式

制动形式指车辆获得制动力的方式,有空气制动、再生制动、电阻制动以及磁轨制动等多种形式。

6. 启动平均加速度

启动平均加速度是指在平直线路上,列车载荷为额定定员,自牵引电动机取得电流开始,至启动过程结束(即转入其自然特性时),该速度值被全过程经历的时间所除得的商(注:牵引电动机自然特性即通常所指的在额定电压、满磁场时的牵引电动机的速度特性、牵引力特性等工作特性),以 m/s^2 为单位。

7. 制动平均减速度

制动平均减速度是指在平直线路上,列车载荷为额定定员,自制动指令发出至列车完全停止的全过程,相应的制动初始速度(一般取最高运行速度)被全过程经历的时间所除得的商。

8. 坐席数

地铁车辆由于其短途高流动性的运载特点,坐席数较少,普通六节编组一般为 55—56 座,站立数约为 250 人,满载时乘客数按 6 人/m^2 计算,超载时按 6 人/m^2 计算。按载客量分为以下四种:AW0——空载;AW1——满座;AW2——满载;AW3——超载。

二、车辆的尺寸参数

1. 车辆长度

车辆处于自由状态、车钩处于锁闭状态时,两端车钩连接面之间的距离。区别于车体长度的概念,车体长度指不包含牵引缓冲装置或折棚的车体结构长度。

2. 车辆最大宽度

车辆最大宽度指车体机械断面上最宽部分的尺寸。

3. 最大高度

最大高度指车辆顶部最高点与钢轨顶面之间的距离。在表述最大高度时通常须说明与最高点相关的结构,如有无空调、受电弓的状态等。

4. 车辆定距

车辆定距指同一车辆的两转向架回转中心之间的距离。车辆定距是车辆计算中不可缺少的技术参数。一般在制造车辆时,车体长度与定距之比取 1.4∶1,比例过大时易引起牵引梁下垂,但也不可过小,否则会造成车辆在通过曲线线路时,车体中部偏移量过大。

5. 固定轴距

固定轴距指同一转向架的两车轴中心线之间的距离(图 1-8)。城轨列车转向架的固定轴距 A 型车一般为 2 200—2 500 mm,B 型车:2 000—2 300 mm。

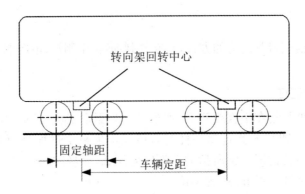

图 1-8　车辆定距和转向架固定轴距

6. 车钩高

车钩高是指车钩连接面中点至轨面的高度,取新造或修竣后空车的数值。列车中各车辆的车钩高保持一致,这是保证车辆正常连挂、列车运行中正常传递牵引力及不会发生脱轨的事故所必需的。广州、上海地铁车辆车钩高 770 mm,北京地铁车辆车钩高 660 mm,合肥地铁车辆车钩高 660 mm。

7. 地板面高度

车辆地板面与钢轨顶面之间的距离,地板面高度与车钩高一样,取新造或修竣后空车的数值。它受到两方面的制约:一是车辆本身某些结构高度的限制,如车钩高及转向架下心盘面的高度;另一方面又与站台高度的标准有关,车辆地板面应与站台高度相协调。上海地铁车辆地板面高为 1 130 mm,北京地铁车辆地板面高为 1 053 mm,合肥地铁车辆地板面高度为 1 100 mm。

三、车辆的限界参数

1. 限界的概念

城市轨道交通车辆的限界限定了车辆与隧道的断面形状与净空尺寸,限定了高架与地面建筑物的净空尺寸,同时也规定了设备安装位置及预留空间,是构成城市轨道交通安全运输的基本条件之一,也是城市轨道交通设计的基础,限界是限定车辆运行及轨道周围建筑物超越的轮廓线。

如图 1-9 所示,限界分车辆限界、设备限界和建筑限界 3 种,是工程建设、管线和设备安装位置等必须遵守的依据。规定限界的目的,主要是防止车辆在直线或曲线上运行时与各种建筑物及设备发生接触,以保证车辆安全通行。在设计城市轨道交通车辆时,其横断面的形状和尺寸要与隧道或线路所留出的空间相适应,为此对车辆横断面轮廓尺寸必须有一定的限制。

2. 限界的类型

(1) 地铁车辆限界

地铁车辆限界是基准坐标系中的轮廓线,是车辆在正常运行状态下形成的最大动态包络线。车辆及轨道线路各尺寸在具有最不利公差及磨耗时及车辆在运动中处于最不利位置时所涉及的由各要素引起的车辆各部位的最大偏移量均应纳入在轮廓线内。《地铁设计规范》规定了钢轨钢轮、标准轨距系列的地铁限界，包括车辆限界。直线地段车辆限界分为隧道内车辆限界和高架或地面线车辆限界，后者应在前者的基础上，另加当地最大风荷载引起的横向和竖向偏移量。受电弓或受流器限界是车辆限界的组成部分。

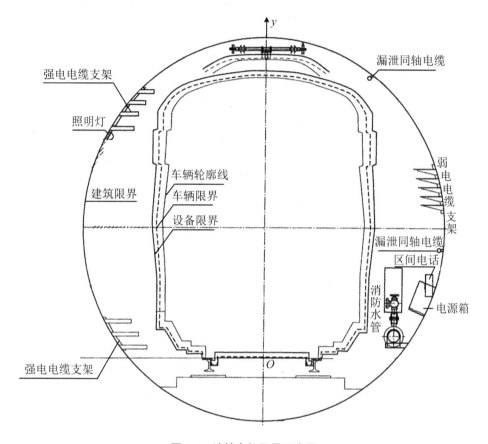

图1-9　地铁车辆限界示意图

（2）地铁设备限界

地铁设备限界是基准坐标系中位于车辆限界外的一个轮廓线，是用来限制设备安装的控制线，除另有规定外，建筑物及地面固定设备的任一部分，即使计及它们的刚性和柔性运动在内，也不得向内侵入此限界，接触轨限界属于设备限界的辅助限界。

设备限界和车辆限界之间留有一定的间隙，这个间隙主要作为未计及因素的安全留量，按照限界制定时的规定某些偏移量计入此间隙。计算车辆曲线上和竖曲线上的曲线偏移也计入这个间隙内，因此，设备限界在水平曲线上需要加宽，在竖曲线上需要加高。

（3）地铁建筑限界

地铁建筑限界是基准坐标系中位于设备限界外的一个轮廓线，是在设备限界基础上，考虑了设备和管线安装尺寸之后的最小有效断面。它规定了地下隧道的形状、尺寸、位置，地下车站及站台位置以及地面建筑物（包括接触网支柱、隔音屏障和站台屏蔽门等）的位置，计及施工误差、测量误差及结构永久变形在内，任何永久性建筑物均不得向内侵入此限界，建筑限界和设备限界之间的空间应能安排各种电缆线、消防水管及消防栓、动力箱、信号箱及信号灯、照明灯、扩音器、通风管、架空线及其固定设备。地铁建筑限界应理解为建筑物的最小尺寸，比地铁建筑限界大的隧道、高架桥等建筑应认为是符合地铁建筑限界的。

课后习题

一、判断题

1. 国内第一条地铁是北京地铁，1965 年开通。　　　　　　　　　　　　（　）
2. A 型车属于宽车，车宽 3.0 m，单向载客量在 5 万—7 万人次。　　　（　）
3. 构造速度是指车辆设计时车辆最高行驶速度，实际运行可以超过构造速度。（　）
4. 转向架是车辆的走行部件，安装于车体与轨道之间。　　　　　　　　（　）
5. A 车是带司机室的拖车，配置司机室，不带动力，依靠有动力的车辆拖动。（　）

二、简答题

1. 国内城市轨道交通的发展经历了哪几个阶段？
2. 国内外主要城市轨道交通车辆制造企业有哪些？
3. 城市轨道交通车辆由哪几部分组成？各部分有哪些用途？
4. 城市轨道交通车辆是如何进行编组的？
5. 简述限界的定义、分类以及各类限界之间的相互关系。

模块二　车　　体

【知识目标】
1. 掌握车体的作用、特点以及分类。
2. 掌握模块化车体的结构与特点。
3. 掌握客室的主要设备与内装结构。
4. 掌握司机室的主要设备与内装结构。

【技能目标】
1. 能识别客室和司机室的主要设备。
2. 能检查车体表面油漆、地板面、玻璃的破损程度并确定修复方法。
3. 能检查紧固件有无松动并进行紧固。

项目一　车 体 概 述

车体是城市轨道交通车辆的主体结构，是车辆的重要组成部分。与一般铁路系统相比较，城市轨道交通车辆具有独特的运行特点，比如城市轨道交通车站站距短，车辆加速、制动频繁，线路半径小、曲线多、坡度大，隧道运行工作环境差，客运量大、乘客上下车频繁，车体轻量化，车内隔音效果好等特点。因此，这些都是车体结构设计和材料选择的重要考虑因素。

一、车体的作用与特点

1. 车体的作用

车体是容纳乘客和司机（对于有司机室的车辆）的部分，又是安装和连接其他设备及组件的基础，是城市轨道交通车辆最重要的部件之一。车体底架下部及车顶上部安装有大量的机电设备，构成车辆的主体。车体设计要求车体具有较好的隔音、减震、隔热、防火等性能，在事故状态下尽可能保证乘客安全，同时对车体自身的重量要求也较为严格。

2. 车体的特点

城市轨道交通车辆是城市公共交通或近郊客运所选择的特殊运输工具，因而其车体具有独有的特征：

① 由于服务于市内及近郊的公共交通，车体的外观造型、色彩应与城市市容规划相协调。

② 车体内部布置座位少,车门多且开度大、开关频繁,服务于乘客的设施较为简单。

③ 对重量限制较为严格,以增加载客量和降低高架线路的工程投资额。

④ 车体采用轻量化设计,其他辅助设施尽量采用轻型材料。

⑤ 车体的防火要求严格,特别是运行于地下隧道的地铁车辆一旦发生火灾,后果不堪设想,故须采用防火、阻燃、低烟和低毒性的材料。

⑥ 对于车体的隔音和减噪措施有严格的要求,以最大限度降低车辆噪声对乘客和沿线居民的影响。

二、车体的分类

车体有多种形式,可以从以下几方面进行车体的分类:

1. 按照车体的材料分类

（1）普通碳素钢车体

早期的车体都采用普通的碳素钢材料。以普通钢型材为骨架,在车体外侧包薄钢板,构成闭合的整体承载的筒型薄壳结构。该车型的自重可达 10—13 吨,自重较大,且在运用过程中耐腐蚀性较差,腐蚀情况严重,车体强度随着腐蚀而降低,从而增大了车体的维修工作量,使用寿命较短。

（2）耐候钢车体

为了提高车体的耐腐蚀性,提高车体的使用寿命,随着材料技术的发展,车体逐渐采用含铜、磷或含镍铬等合金元素的耐腐蚀性较高的耐候钢材料(又称低合金钢)。一方面提高了车体材料的耐腐蚀性,另一方面降低了车体自重,车体的自重可降低 1—1.5 吨(10%—15%)。在一定程度上延长车体的使用寿命,但是整体性能仍然不尽如人意。

（3）不锈钢车体

不锈钢车体结构刚开始不过是对钢制车体材料进行简单置换,后来发展到采用板梁组合整体承载全焊接结构。为了降低制造成本,遂大量采用将薄板(0.8 mm)轧压或补强型材与外板点焊连接形成空腔结构,借以提高外板的刚度、强度。采用全不锈钢车体,免除了车体内壁涂覆防腐蚀涂料和表面油漆,在保证强度、刚度的前提下,板厚可减小,同时也提高了使用寿命。一般不锈钢车体自重比普通碳素钢可降低 1—2 吨(10%—20%)。

（4）铝合金车体

为了进一步实现车体轻量化,近代的高速列车、地铁车辆和轻轨车辆开始大规模采用铝合金车体,具有质轻且柔软、强度好、耐腐蚀性能好、加工性能好及易于再生等优点。

铝合金车体采用的是轻型整体承载结构,与钢制车体在结构形式上有很大的差异,其主体材料是铝合金型材,采用模块化结构或全焊接组装而成。铝合金材料密度小、强度大,构造的车体在满足车体强度和刚度的同时,因大幅度减轻了车体的重量而备受轨道车辆制造商和运营商的青睐。采用铝合金车体较钢制车体自重要降低 3—4 吨(30%—40%)。

2. 按照车体的尺寸分类

按照车体的尺寸城市轨道交通车辆可分为 A 型车、B 型车和 C 型车。

由前文叙述可知,A 型车宽 3.0 m,B 型车宽 2.8 m,C 型车宽 2.6 m。车体根据尺寸分类的唯一标准就是车宽。结合车辆载客量的大小,地铁交通系统适用车辆类型为 A 型车和 B 型车,轻轨交通系统适用车辆类型为 C 型车。

3. 按照车体有无司机室分类

按照车体有无司机室可分为带司机室的车体和不带司机室的车体。带司机室的车体是司机操作列车的地方,操作车辆的设备全都安装在司机室,并有端门将司机室与客室分开,以免司机操作列车时受到干扰。

4. 按照车体的承载方式分类

(1) 底架承载结构车体

车体的全部载荷都由底架来承担,这种车体称为底架承载车体,又称为自由承载车体。

(2) 侧墙和底架共同承载结构车体

车体的载荷由侧墙和底架共同承受,这种车体结构称为侧墙和底架共同承载结构,也称为侧墙承载结构。其侧墙与底架通过固接形成整体结构,具有较高的强度和刚度,以满足车体承载要求。

(3) 整体承载结构车体

这种承载结构是将车体的底架、侧墙、端墙和车顶结构通过焊接方式形成一个整体,称为开口或闭口的箱型结构。这种结构既能充分发挥所有零部件的承载能力,又能有效地减轻车体自重,因此应用比较广泛。

5. 按照车体组合方式分类

(1) 一体化结构车体

这种车体的结构是通过焊接把底架、侧墙、车顶和端墙组装在一起,是比较常见的车体结构。一体化结构车体必须先制造底架、侧墙、端墙、司机室、车顶等部件,然后再将部件整体焊接,车体总成完成后再进行内装、布管布线。如广州地铁 1 号线的车辆采用的就是一体化设计。

(2) 模块化结构车体

所谓的模块化结构车体是指采用了现代技术发展中模块化设计理念,将全车分为多个模块,从而降低了设计和制造难度。

与一体化结构车体最大的区别在于模块化结构车体将整个车体划分为若干个模块,如图 2-1 所示,在每个模块的制造过程中完成了本模块车体所需的内装、布管布线的预组装工作,并预留不同模块之间的机械、电路和气路接口。各模块制造完成后,只要通过接口就可以完成整车组装。由于各模块可分别制造,完成后可分别进行检查测试,大大缩短了生产周期。目前采用模块化车体已经成为当代城市轨道交通车辆设计和制造的发展趋势。

模块化结构车体结构具有以下的优点:

① 整车质量容易保证。采用模块化结构设计,各模块结构生产制造完成后,便可单独进行质量检查和试验,因此在保证各模块质量的情况下进行整车组装,总装后的试验相对简单,整车质量有保障。

② 制造过程简化。由于各模块之间预留接口可单独进行生产制造,复杂、技术难度大的模块和部件可以由专业的供货商供应,其余的模块和部件可以在用户本地生产,且对总装生产线要求不高,使整车生产制造过程简化。

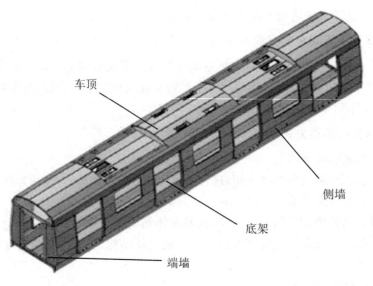

图 2-1 模块化车体结构

③ 生产制造效率高。各模块可由不同的企业或车间单独制造,改善了劳动条件,降低了制造难度,减少了工装设备,简化了施工程序,提高了生产制造效率,降低了生产成本。

④ 方便维修。模块化的理念在于分模块,各模块之间相互独立,只需预留模块间的接口即可。因此,在车辆检修维护中,可采用更换模块的方式进行维修,十分简单便捷。

采用模块化设计也有自身的缺点,主要是车体的个别结构,如司机室结构,为了满足其机械强度,必须采用钢材料,因此各部分之间的连接必须采用钢制螺栓连接,所以车体自重要比全焊结构要稍重。

项目二 车体结构

车体组装过程

车体一般分为底架、侧墙、端墙和车顶四大模块。

一、底架

底架的主要作用是承受车体上部载荷以及因各种原因而引起的横向力和转向架传递来的各种震动和冲击,并传递列车的牵引力和制动力。

底架通常是用大型铝合金蜂窝状挤压型材,通过自动焊机焊接而成,其断面如图 2-2 所示,一般由底部边梁、端部横梁、门切口和地板等组成。

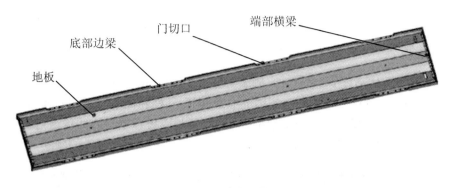

图 2-2 底架结构

牵引梁、枕梁和车钩横梁组成牵枕缓结构,如图 2-3 所示,用于转向架的连接并传递其载荷,同时传递车辆间的纵向牵引力和制动力。端梁为车钩及转向架提供安装接口,用于安装车辆的车钩缓冲器,Tc 车前端底架还设有一个撞击能量耗散区,在车辆受撞击时用以吸收传至地板水平方向的能量,最大限度地保护乘客安全。

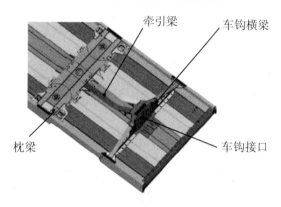

图 2-3 牵枕缓结构

每节车辆底架上设置若干架车点,用于车辆拆、装、检修等架车作业,另预留复轨点设在车钩安装座下方,用于复轨作业,如图 2-4 和图 2-5 所示。

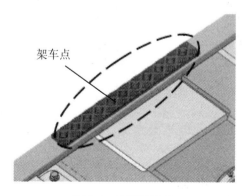

图 2-4 边梁架车点

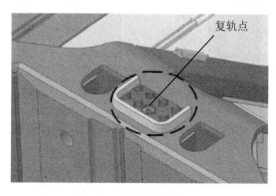

图 2-5 车钩座复轨点

二、侧墙

侧墙是决定车体高度的重要部件,侧墙与底架、车顶连接在一起,共同承受和传递来自车体的载荷,如图2-6所示。侧墙由侧墙上边梁、侧门立柱和侧墙板焊接而成,每个侧墙板均由中空型材焊接。侧墙上边梁和侧墙板之间以及侧墙板各型材之间均通过搅拌摩擦焊工艺进行焊接。在门口上方增加补强板弥补因客室门口开度大而降低的刚度。

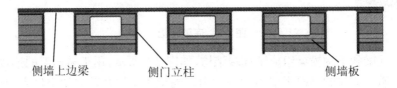

图 2-6　侧墙结构示意图

三、端墙

车辆端墙为简单焊接结构,其作用是连接客室车体与贯通道(或司机室),端墙上有许多结构部件和孔用于内部和外部设备的安装连接。端墙主要由端墙立柱、端墙板和边角柱焊接而成。端墙有两种结构形式,如下图2-7和图2-8所示,其中端墙二所示形式仅适用于带受电弓车体。

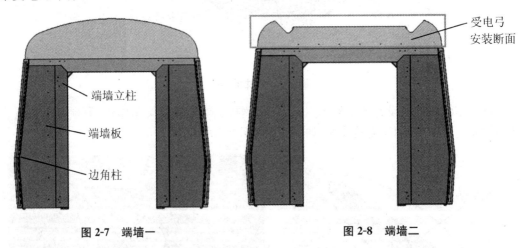

图 2-7　端墙一　　　　　　图 2-8　端墙二

四、车顶

车顶模块由车顶边梁、圆顶结构、空调平顶结构、受电弓平顶结构(Mp 车)等组成。根据其承载情况,车顶尽量采用薄板,以减轻重量。根据车体的不同可分为以下两种,一种是不带受电弓车体的车顶,如图2-9所示;另一种是带受电弓车体的车顶,如图2-10所示。

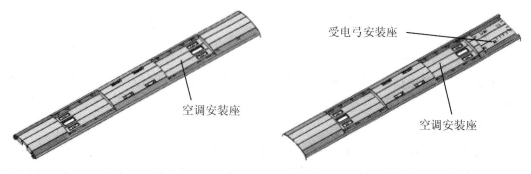

图 2-9　Tc 车车顶　　　　　　　　图 2-10　Mp 车车顶

车顶结构包括两种断面形式,分别构成车顶的圆顶和平顶部分,如图 2-11 和图 2-12 所示。平顶部分为空调平顶和受电弓平顶两种,两者断面相同;车顶其他部分采用圆顶断面。

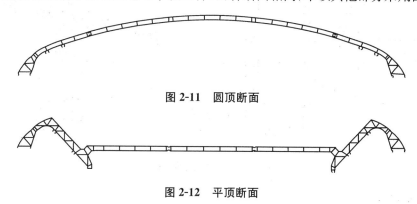

图 2-11　圆顶断面

图 2-12　平顶断面

项目三　客室及内饰

客室与乘客有着最直接的联系,是容纳乘客的地方。客室内饰各组成部分是乘客进入列车后直观感知的设备,其设计在保证乘客安全前提下以简洁为主,主要包括扶手、座椅与屏风、侧窗玻璃、照明、出风口及通风格栅、地板等,如图 2-13 所示。

图 2-13　客室内饰

一、扶手

客室扶手包括中部扶手、屏风扶手、门边扶手等,均由不锈钢管制成,表面均经拉丝处理。

1. 中部扶手

中部扶手主要由水平扶手和垂直扶手组成,水平扶手杆与垂直扶手杆连接在一起形成整体。客室中部扶手设置有吊环,吊环通过配套的紧固件紧固于扶手杆上,如图 2-14 所示。吊环本体设置有可拆卸更换广告页的广告框。

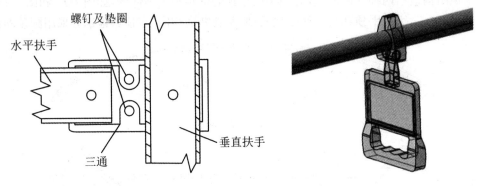

图 2-14 水平扶手和吊环

2. 屏风扶手

每套六人座椅两端安装有屏风,二人座椅靠近车门一端处亦安装有屏风。屏风与车体侧墙通过螺母和挡风屏安装座上自带的螺栓连接;屏风扶手通过螺钉固定在侧墙上,如图 2-15 所示。

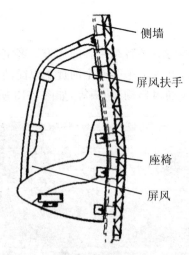

图 2-15 屏风扶手

3. 门边扶手

每节车辆 8 个门页两侧均设置门边扶手,如图 2-16 所示。门边扶手通过内六角沉头螺钉安装于扶手安装座上;扶手安装座上铆接有铆螺母,并通过 T 型螺栓配螺母的方式安装于车体型材槽上。

图 2-16　门边扶手

二、座椅及屏风

客室座椅面罩为玻璃钢材质,如合肥地铁 1 号线车辆,每辆 Tc 车安装 6 套六人座椅,每辆 Mp 和 M 车安装 6 套六人座椅、2 套二人座椅。座椅采用悬臂结构连接,如图 2-17 所示。

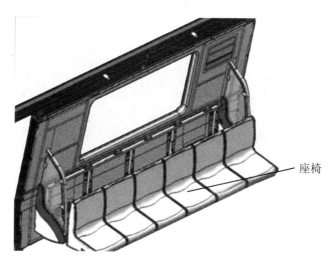

图 2-17　座椅结构示意图

座椅面罩下部通过螺栓与座椅骨架上的铆螺母连接,靠背处通过一组凹凸型材与座椅骨架卡接;座椅骨架通过螺栓配螺母的方式与座椅安装座连接;座椅安装座通过 T 型螺栓配螺母的方式与车体型材槽连接。

客室座椅下配置有灭火器，灭火器通过螺栓配铆螺母的方式安装在座椅骨架上，具体位置分布及安装方式如图2-18和图2-19所示。

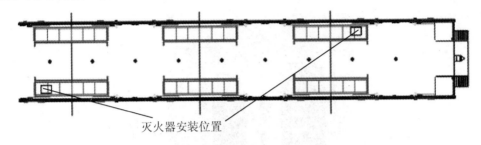

图 2-18　灭火器的位置分布

图 2-19　灭火器的安装方式

屏风分别位于座椅左右两侧，由屏风扶手（不锈钢材质）和屏风罩板两部分组成，如图2-20所示。屏风扶手上部通过内六角沉头螺钉固定在侧墙屏风安装座上，座椅骨架上安装有调整支架，屏风罩板侧部通过螺栓连接，玻璃用夹块固定。

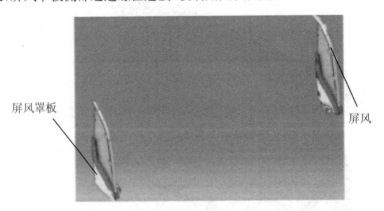

图 2-20　屏风

三、客室车窗

侧窗玻璃采用整体密封式设计，均为双层中空安全玻璃，具有良好的气密性及隔音、隔热性能，其分布如图2-21所示。

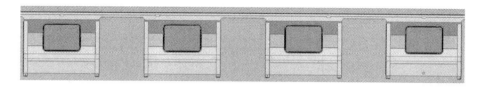

图 2-21 客室车窗

客室侧窗玻璃从外部粘接在车体窗台上。车窗安装时,首先安装铝制板窗框,窗框采用铆钉铆接在车体上,然后将车窗粘接在窗框上,最后涂打密封胶。

四、照明设备

客室照明采用集中驱动电源供电方式,每节车辆设有 4 个驱动电源模块(每 2 个为一组构成冗余);设有两条照明电路,分别由两组冗余驱动电源供电,且两条照明电路灯源交叉排列。列车正常运营时,客室照明由蓄电池充电机供电;在 1 台蓄电池充电机出现故障时,另一台充电机可以使客室照明回路继续得到供电;在列车失去 DC 1 500V 高压电或所有蓄电池充电机同时出现故障时,客室照明电源由蓄电池提供,并且在此情况下能维持至少 45 min 的紧急照明(灯具照明度降低)。客室照明灯的布置如图 2-22 所示。

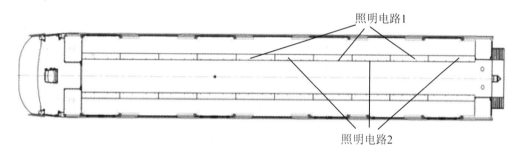

图 2-22 客室照明的布置

五、出风口及通风格栅

出风口位于中顶板的两侧,如图 2-23 所示。其通过沉头螺钉与横梁中预先放入的滑块螺母固定,进而与横梁固定。

图 2-23 出风口的布置

通风格栅一侧与出风口型材插接,另一侧通过盘头螺钉与出风口的铆螺母固定,如图 2-24 所示。

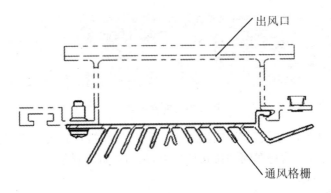

图 2-24　通风格栅与出风口的连接

六、地板

铝蜂窝地板铺装在底架安装座上,两侧通过铆钉固定在橡胶安装座上,中间由橡胶安装座支撑。铝蜂窝地板有两种连接方式,分别是:铆钉和螺钉。铝蜂窝地板之间通过螺钉连接,铝蜂窝地板与铝型材安装座及两侧橡胶安装座之间通过铆钉连接。铝蜂窝地板之间、铝蜂窝地板与铝型材安装座之间都有橡胶条,如图 2-25 所示。

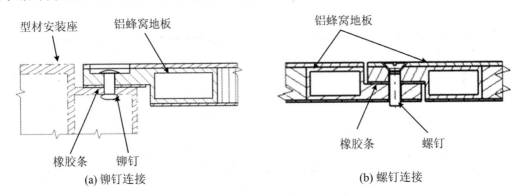

图 2-25　地板的螺钉和铆钉安装示意图

地板布厚度为 3 mm,如图 2-26 所示。材质为橡胶,具有耐磨、防滑、防潮、防静电、美观、易于清洁并且耐清洁剂和化学腐蚀等特点,在长期运营中能保持良好外观。地板布与铝蜂窝地板使用粘胶剂粘接,铺装前用腻子将铝蜂窝地板上的螺钉孔及铝蜂窝地板之间的搭接缝刮平。

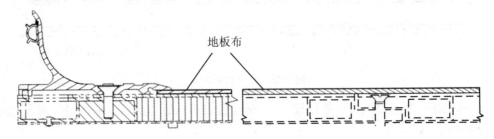

图 2-26　地板布与铝蜂窝地板示意图

地板压条分三种：① 座椅区域地板压条。作用是压住地板布，并作为地板与侧墙板间的过渡物。地板压条用螺钉在铝蜂窝地板中预埋的铝块上攻丝进行固定，如图 2-27(a)所示。② 门区地板压条。作用是压住地板布，并压住外门槛的缝隙。地板压条用螺钉在铝蜂窝地板中预埋的铝块上攻丝进行固定，如图 2-27(b)所示。③ 贯通道端部压条。作用是压住地板布，盖住地板与车体端墙间的缝隙，地板压条一侧搭于车体端梁上，另一侧用螺钉在铝蜂窝地板中预埋的铝块上攻丝进行固定，如图 2-27(c)所示。地板压条相互搭接位置、地板压条与地板布搭接位置均涂密封胶。

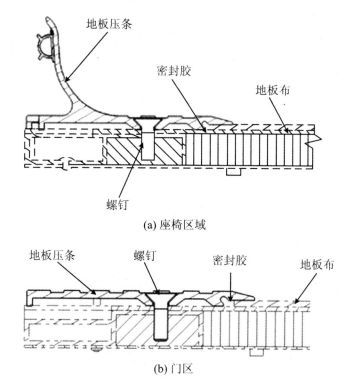

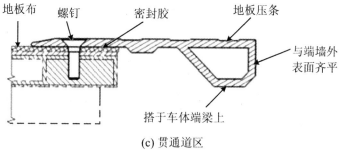

图 2-27 地板压条的安装

项目四 司 机 室

司机室骨架为独立结构,通过螺栓与客室车体相连。司机室边梁与底架边梁相连,上骨架与车顶相连,如图 2-28 所示。

司机室通过端墙和端门与客室分开,乘客未经允许不得进入司机室,列车司机可以自由地进出司机室和客室。司机在司机室可实现车辆的牵引、制动、开门、关门、空调、照明、广播、紧急对讲、客室监视及列车自动控制、车辆通信、车辆与地面通信等。

司机室由司机控制台、座椅、电器柜、内外部照明、挡风玻璃和刮雨器以及其他附属装置等组成。在端部安装有防爬器,是一种安全防护装置,主要有两个作用:一是防止两车相碰撞时,一列车爬到另外一列车上造成二次事故;二是吸收车辆在一定速度下发生正面撞击时的能量。

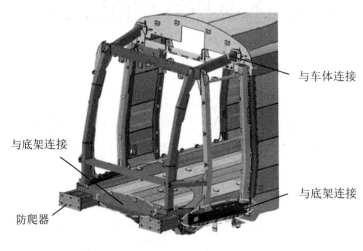

图 2-28 司机室骨架

一、司机控制台

司机控制台只装在 Tc 车上,供司机驾驶列车用。司机控制台上设置使用比较频繁或非常重要的操作元件,如图 2-29 所示。一般有以下几部分结构:

(1) CCTV 屏

乘客信息系统监控显示屏,用于显示列车摄像头拍摄到的司机室和乘客信息。

(2) 面板 N1

集成安装列车控制的开关、按钮及指示灯,如照明灯开关、刮雨器开关、灯测试按钮、左侧开门带灯按钮、解钩按钮、汽笛按钮等。

(3) DDU 屏

列车控制管理系统(TCMS)触控屏,用于显示列车状态,司机也可通过该屏向列车发送操作指令。

(4) TOD 屏

列车监控系统显示屏,主要监控和显示 ATC 控制系统。

(5) 仪表面板

安装有压力表、电压表及里程表。双针压力表指示 Tc 车第一个转向架制动缸压力及总风缸压力,电压表指示蓄电池电压,里程表显示列车累计运行里程数。

(6) 面板 N2

集成安装了列车控制的开关、按钮、指示灯,如警惕功能测试按钮、门操作模式开关、ATO 模式按钮、警惕功能测试按钮等。

(7) 广播控制盒

专用无线通信系统操作终端,地面控制中心可通过它实现对车广播,司机也可通过该终端实现与地面的双向通话。

(8) 面板 N3

集成安装了用于列车控制的开关、按钮、指示灯,如升降弓按钮、高速断路器控制开关、气制动缓解和施加开关、右侧开关门带灯按钮等。

(9) 司机控制器

司机通过司机控制器来实现列车的牵引和制动,分为主控制手柄:牵引、惰行、制动、快速制动;方向手柄:向前位(手动或 ATO)、中间"0"位、向后位(手动)。司机控制器主手柄配备"警惕"按钮,警惕功能会被 ATO 模式旁路。

(10) 司控器钥匙

该钥匙和司控器独立安装,用于取得本司机室的控制权,需要注意的是由于两端司机室的钥匙信号在电路上存在互锁,在任意时刻优先激活的司机室将取得控制权。

(11) 紧急制动按钮

双稳态按钮,又叫蘑菇按钮,当司机判定列车处于紧急状态,且需要停车时,可拍下该按钮施加紧急制动。

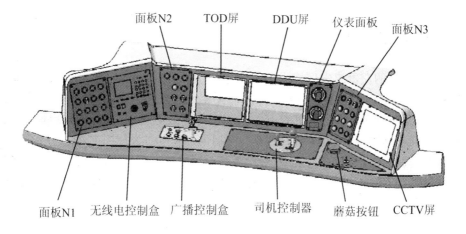

图 2-29 司机室控制台

二、司机室座椅

司机室座椅设计灵活,司机可调整座椅到感到舒适的位置固定,以保持最舒适的姿势,并可以在座位上迅速起身活动。座椅位置深度可被调整(锁定),高度可由高度调节手杆调节,而且通过旋转杆可旋转。控制杆可调节座椅后背的倾斜度,如图 2-30 所示。座椅透气功能应良好,质量应小于 30 kg。

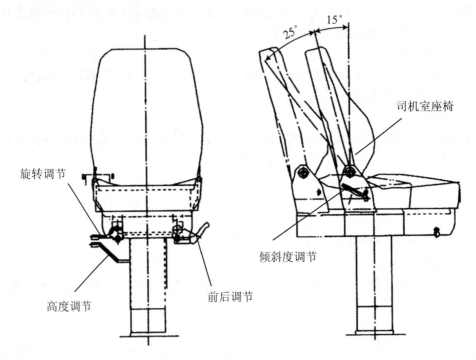

图 2-30　司机室座椅

三、紧急逃生门

通常在司机室的左侧或中部墙上安装紧急逃生门。如图 2-31 所示,该紧急逃生门属于纯机械式,当列车在正线上运行发生故障需要就地疏散乘客时,打开客室与司机室之间的端门就可以进行乘客的疏散。其打开方式为向外下方翻转,一旦门锁开启,车门能自动倒向路基,并且有缓冲器,从而不会导致车门开启的加速度过大使门损坏。

逃生门主要由门框、门页、保险锁、液压弹簧及铰链等零部件组成。逃生门一般为可伸缩的套节式踏级板机构,两侧设有扶手栏杆,中间铝合金踏板上涂有防滑漆,故乘客在上面行走时不会滑跌。

图 2-31 紧急逃生门

但是也有地铁车辆的司机室没有逃生门装置，这种情况下在正线两侧会安装紧急疏散平台，用于正线上列车故障时乘客的疏散，如图 2-32 所示。

图 2-32 合肥地铁车辆和紧急疏散平台

四、内外部照明

司机室内部照明共 3 个顶棚灯以及 1 个阅读灯，分别在中顶板上安装 2 个顶棚灯和后顶板上安装 1 个顶棚灯，阅读灯安装在前顶板上，如图 2-33 所示。

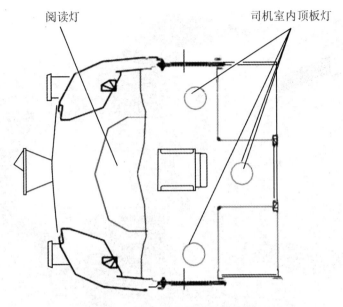

图 2-33　司机室内部照明灯布置

外部照明灯具中集成了远光灯、近光灯、红色标志灯、白色标志灯和尾灯,对称安装在聚酯玻璃钢面罩上。如图 2-34 所示,先将灯体安装框通过现场配孔攻丝的方式安装在玻璃钢灯框上,再将灯体安装在灯体安装框上。

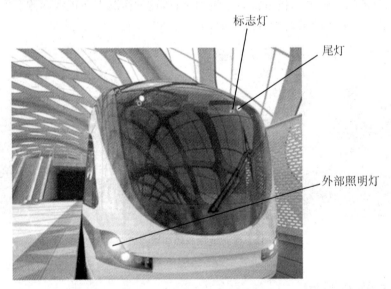

图 2-34　司机室外部照明灯具

五、挡风玻璃和刮雨器

挡风玻璃由硬质夹层安全玻璃制成,为钢化玻璃,外观为弧面。挡风玻璃位于司机室的前端,司机通过挡风玻璃观察前方信号。挡风玻璃从司机室外侧安装,用胶粘接在聚酯玻璃钢面罩上,能防止冷凝水、雨水、压力冲洗水的渗入。司机室挡风玻璃布置如图

2-35 所示。

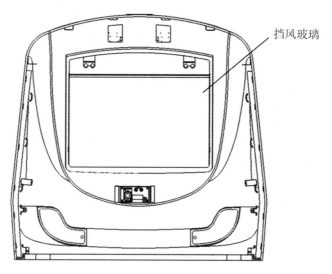

图 2-35 挡风玻璃

刮雨器安装在司机室面罩上,刮臂从外部安装,电机及传动机构从司机室内部安装在支架(面罩上预埋的支架)上,如图 2-36 所示。

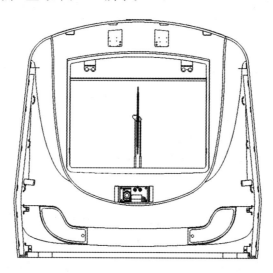

图 2-36 司机室刮雨器

六、其他附属装置

司机室的其他附属装置还包括内墙板、内顶板、地板、面罩、裙板、遮阳帘、侧门扶手等。

项目五　车体维护

城市轨道交通车辆车体按照设计要求，一般情况下，车体结构要达到一定的使用寿命。在规定的使用寿命内，对于车体结构，除出现碰撞、火灾等严重事故时对车体进行整修以外，一般仅对车体的表面缺陷进行处理。常见的车体维护主要集中在车体油漆、地板面、车窗玻璃以及紧固件松动几个方面。

一、表面油漆修补和整修

1. 表面油漆缺陷

车辆运行中会出现表面划痕、撞击等损伤油漆表面的现象，如表面油漆出现缺陷，应该用相同质量的油漆进行涂装修饰，使用的所有油漆产品应该经相关设计人员及工艺管控人员批准。

可能出现的两种缺陷是：① 只影响面漆的缺陷；② 影响各层油漆和金属面板的缺陷。

2. 油漆修补

（1）只影响面漆的缺陷修补

用适当的溶剂清除油脂。溶剂可采用汽油、丙酮、二甲苯、溶剂油等常用有机溶剂。对于车体大表面采用擦拭法，对于车体小零部件可采用浸洗法。用 300 目（"目"是单位，指磨料的粗细及每平方英寸的磨料数量个数）的砂纸打磨缺陷周围的区域。用化学清洁剂清除灰尘。用相同颜色和型号的聚氨酯面漆涂敷。

注意：如果缺陷太大，可以涂中间漆，每层油漆要覆盖原来的涂层以达到整体一致的效果。

（2）影响各层油漆和金属面板的缺陷修补

用适当的溶剂清除油脂。用 80 目的砂纸打磨缺陷周围的区域。用相同型号的底漆涂敷。如果干燥时间多于 24 h，用砂纸打磨面漆。在干燥之后如果需要，涂一层腻子并用砂纸打磨。用相同型号的中间漆涂敷。在干燥 14 h 之后用 300 目的砂纸打磨中间漆。用相同颜色和型号的聚氨酯面漆涂敷。

注意：出于美观的要求，对于小的缺陷必要时可以用油漆涂装整个表面，但在这种情况下，只在金属裸露的表面涂底漆，每层油漆要求覆盖原来的涂层以达到整体一致的效果。

3. 整修

车体可以按照下列方法整修：

用合适的溶剂清除整个表面的油脂。用 80 目的砂纸打磨面漆。针对大缺陷影响的区域，用相同型号的底漆涂敷；如果干燥时间多于 24 h，用砂纸打磨面漆。在干燥之后如果需要，涂抹一层腻子并用砂纸打磨。最后对整个面板用相同型号的中间漆涂敷。在干燥 14 h 之后用 300 目的砂纸打磨中间漆。用相同颜色和型号的聚氨酯面漆涂敷。

二、地板面破损

乘客行走或立于地板面上,地板面是车体结构中最容易出现破损的地方,一般地板面的设计在规定的载荷条件下,与列车的寿命是相同的。非常情况下的载荷会损坏地板(人为破坏、硬物砸损),也存在因施工质量问题引起的地板布局部脱胶和焊缝处脱开等故障,因此有必要进行局部修理。

地板面使用阻燃性材料,具有良好的隔音、隔热性能。一般选用 PVC 聚合材料,用胶粘接在铝地板上,接缝处采用焊接的方式完善接口。一般采用宽幅地板布以减少接缝,其应具有抗压、抗拉、耐磨、防火、防滑、隔热、吸音、减震、耐酸、耐碱、寿命长、不开裂等特性,而且具有美观、易于清洁的特点。客室周边地板布和钢结构焊接的用以支撑铝地板的角铁之间加注密封胶,在门区处采用防滑踏板压住地板布。地板及地板布的安装应牢固可靠,使其在长期运营中能够保持外观良好。

对于地板面破损,一般进行局部修复,首先用刀具和尺将破损处拆除,再裁剪与破损地板面尺寸相同的新地板面,把原来存留的胶彻底清除、打磨后,根据供货商的说明,使用规定的地板布胶涂抹在地板上,胶应涂抹均匀,且涂抹后放置一定的时间。地板面破损拆除如图 2-37 所示。

最后放下地板布,用软木挤压使其平整,如图 2-38 所示。在粘接及平整过程中,展开或移动地板布时,所用力要均匀。地板上(整个更新的安装区域)必须压放木板和其他额外物品直到胶完全硬化为止,满足工艺要求后即可使用。

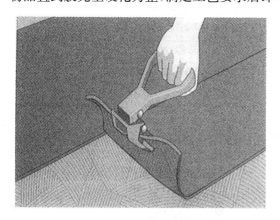

图 2-37 地板面破损拆除

图 2-38 用软木压实地板布

三、车窗玻璃裂纹

城轨车辆在日常运用中,经常会有客室车窗或车门玻璃龟裂的情况发生,如图 2-39 所示。侧窗玻璃采用双层中空钢化玻璃,结构本身可以承受一定的冲击力。在运营中发现大多数破裂玻璃的表面有明显的敲击点,据此判断属人为所致。另一种情况则可能是由于车窗玻璃本身制造质量有问题,在特殊环境中发生了爆裂。

图 2-39　玻璃裂纹

当玻璃损伤需要更换时,一般做法如下:

① 如图 2-40 所示,用裁纸刀切割开玻璃四周连接处的密封胶,与车体连接处的密封胶的切割位置要选择接缝的中间或略偏向所更换的玻璃,避免损伤车体,然后逐渐扯出切割下来的胶条,取下玻璃框周围的胶并露出玻璃框所有螺钉孔。

图 2-40　玻璃密封胶切割

② 如图 2-41 所示,用螺丝刀松开紧固螺钉,在车体外侧向外取下玻璃,保存并登记各调整垫所处的位置,保存好拆下的螺钉。

图 2-41　玻璃拆除

③ 用裁纸刀将窗框上的密封胶清除干净,露出窗框金属本体,保证无活动密封胶絮,不得将胶带刮伤。

④ 两个人在车体外将新的车窗玻璃定位,保证车窗玻璃与车体钢结构四周的间隙均匀,通过调整垫使外侧玻璃与侧墙外表面平齐,用钢直尺找平玻璃与车体侧墙,找准位置后用螺钉紧固。

⑤ 如图 2-42 所示,用胶带粘贴玻璃四周和窗框四周(先左右,后上下,外面一圈,玻璃框螺栓孔内边缘一圈),胶带边缘要与车体边缘平行,并用裁纸刀把车体与玻璃框之间胶带修理平整。

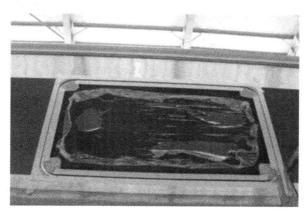

图 2-42　玻璃胶带

⑥ 将打胶枪喷嘴切成一个斜面,在两个纸胶带圈之间用刷子刷上底剂,玻璃打胶枪如图 2-43 所示。

图 2-43　玻璃打胶枪

⑦ 用胶枪把胶打入两个纸胶带圈之间,要高出玻璃表面,先完成一条缝隙的打胶和刮研作业后再进行另一条缝隙打胶作业。如图 2-44 所示,用刮片刮研胶缝表面,用力要均匀连续,不可以断开或停顿,以保证胶缝表面平整;刮研胶缝表面须在打胶后 20 min 内完成。

图 2-44　用玻璃刮片刮研胶缝

⑧ 刮研完胶缝后 5—7 min,用手涂修整润滑剂平顺胶的表面,注意用力均匀以免破坏胶缝表面。

⑨ 撕掉胶缝四周的胶带,用力应均匀以免破坏胶缝表面,打胶后 24 h 之内不可动车。

四、紧固件松动

城市轨道交通车辆的内饰,如立柱、扶手杆、座椅以及屏风等都是通过螺栓紧固在车体结构上的,随着车辆运营里程的增加,受到各种变动载荷的影响,螺栓会出现松动的情况,从而影响到车辆的正常运行,如图 2-45 所示。因此,日常对于这些紧固件的检查也非常重要。

一般在车辆紧固件处会有防松标记,没有防松标记的地方也可以用手去触摸,发现松动的地方只要维修人员用紧固工具进行紧固即可正常使用。

图 2-45　紧固件松动

课后习题

一、判断题

1. 动车以 D 表示,拖车以 T 表示。( )
2. 一般每节城轨车辆都有属于自己的固定编号,各城轨车辆制造商或运营商的编号方式一样。( )
3. 不管是动车还是拖车都设有制动装置,它可以保证运行中的列车按需要减速或在规定距离内停车。( )
4. 司机室骨架为独立结构,通过螺栓与客室车体相连。( )
5. 地铁车辆的司机室都要设置紧急逃生门装置。( )

二、选择题

1. 车辆设备服务于乘客的设备的有:照明、广播、取暖、( )、坐椅、吊环、扶手等。
   A. 通风　　　　　　　　B. 空调
   C. 蓄电池箱　　　　　　D. 空气压缩机组
2. 车体结构按模块化可分为底架、侧墙、( )和车顶四大模块。
   A. 端墙　　　　　　　　B. 牵引梁
   C. 车门　　　　　　　　D. 受电弓
3. 城市轨道交通车辆 B 型车车宽为( )。
   A. 3.0 m　　　　　　　 B. 2.8 m
   C. 2.6 m　　　　　　　 D. 2.4 m
4. 车顶都安装以下哪些设备?( )。
   A. 空调　　　　　　　　B. 受电弓
   C. 空气压缩机组　　　　D. 广播
5. 以下是列车监控系统显示屏的是( )。
   A. CCTV 屏　　　　　　B. DDU 屏
   C. TCMS 屏　　　　　　D. TOD 屏

三、简答题

1. 模块化车体的结构具有哪些优缺点?
2. 客室内饰由哪些部分组成?各自起到什么作用?
3. 车体表面油漆修补和整修的方法有哪些?

模块三　车门系统

【知识目标】
1. 掌握车门的特点、基本参数以及分类。
2. 掌握客室电动塞拉门的组成结构部件及其功能。
3. 理解并掌握车门的工作原理与控制方案。

【技能目标】
1. 能识别车门的各结构部件。
2. 能正确进行车门的开关、紧急解锁、门隔离等操作。
3. 能熟记车门日常检查维护要点。
4. 能熟记车门各种关键零部件安装尺寸并调整尺寸误差。
5. 能根据门机控制器显示诊断车门故障并处理常见故障。

项目一　车门概述

一、车门的特点

城市轨道交通车辆车门是地铁车辆的重要组成部分,是乘客和司机上下车的通道。车门系统的设计、制造和控制直接影响城市轨道交通车辆的安全运营状况,而且对车辆外形是否美观形成影响。地铁车辆的客室门在运营中频繁地使用(运营中平均每 2 min 开关门 1 次),其安全可靠性至关重要,这也是各地铁公司购买车辆时必须考虑的重要因素之一,其重要地位是其他任何部件所不能取代的。

根据城市轨道交通车辆客运量大、乘客上下车频繁的特点,为了方便乘客乘坐,缩短乘客上下车时间,城市轨道交通车辆车门具有其独特之处,主要有:

① 要有足够的有效宽度(一般车门的有效宽度为 1 300—1 400 mm)。
② 要有足够数量的车门,使乘客上下车时间满足列车运行密度的要求(一般 A 型车单节车 5 对车门,B 型车单节车 4 对车门)。
③ 车门要均匀对称布置,以便乘客被均匀分配,同时方便乘客上下车。
④ 车门附近要有足够的空间,缓和乘客上下车的拥挤。
⑤ 要保证乘客的安全性。
⑥ 要具有较高的可靠性,故障少。

二、车门的基本参数

城市轨道轨道交通车门的设计在满足开关门操作安全可靠的情况下,也必须满足方便乘客和司机上下车的要求。其主要技术参数包括净开度、开门/关门时间、电压、挤压力、手动开门力、障碍物探测等。下面以合肥地铁车门为例:

1. 客室门

① 净开度(宽):1 300±5 mm(离地板面1 m处测量)。
② 净开度(高):1 900 mm(从地板面到门头罩板的底部)。
③ 开门/关门时间:3.5±0.5 s。
④ 温度:-10℃—+42℃。
⑤ 电压:DC 110 V(77—137.5 V)。
⑥ 最湿月份平均最大相对湿度:90%。
⑦ 重量:≤200±10 kg。
⑧ 挤压力:150 N有效力,最大300 N峰值力。
⑨ 手动开门力:直道≤75 N(每个门页),弯道≤150 N(每个门页)。
⑩ 障碍物探测:25 mm×60 mm(宽×高)。

2. 司机室侧门

① 净通过宽度:560 mm。
② 净通过高度:1 860 mm(从地板布面起测量)。
③ 温度:-10℃—+42℃。
④ 最湿月份平均最大相对湿度:90%。
⑤ 手动关门力:≤60 N。
⑥ 重量:≤80±4 kg。

三、车门的类型

目前国内外城市轨道车辆的车门种类较多,根据不同的方式可以将车门分成不同类型,以下主要从车门的用途、驱动方式以及开启方式进行分类,这也是目前最为普遍的几种分类方式。

1. 按用途分类

车门按照用途进行分类,可以分为客室门、司机室侧门、司机室端门和紧急疏散门四类。各类车门的位置如图3-1所示。

(1)客室门

客室门为侧门,其主要作用是为乘客上下车提供通道,是城轨车辆中数量最多的车门。考虑列车容量、乘客在各车辆应均匀分布、紧急疏散等原因,现代城轨车辆在两节客室车辆之间还设置了客室端门。

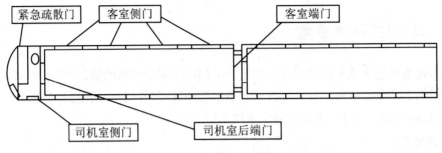

图 3-1　车门分类及位置

(2) 司机室侧门

司机室侧门多采用单页门,可分为折页门、内藏门和塞拉门三种形式,在司机室两侧均有设置。司机室侧门采用纯机械开关门,不采用任何气动或电动驱动装置,仅供司机或检修人员上下车使用。

(3) 司机室端门

司机室端门是与客室相连接的通道,司机可以通过此门进入客室。司机室端门亦采用机械式开关门,司机端这侧有手动开门把手,不需要钥匙就可以打开车门进入客室,而在客室端这侧设置了机械锁,只有使用钥匙才能打开车门进入司机室,以免列车在正常运行过程中乘客进入司机室影响列车安全运行。

(4) 紧急疏散门

紧急疏散门设置在司机室前端墙上,根据设计需要可设置在中部或侧边。列车正线运行一旦发生事故需要就地疏散乘客时,司机可以打开紧急疏散门,此门为纯机械式开启方式,门上设置疏散梯,开启时此门缓慢导向轨道面中央,乘客可从此门疏散。若正线两侧设有紧急疏散平台,则司机室前端不设紧急疏散门。

2. 按驱动方式分类

车门的驱动方式即动力来源,根据驱动方式可以分为电控气动门和电控电动门。

(1) 电控气动门

电控气动门的驱动方式是压缩空气,由压缩空气驱动传动气缸,再通过气缸活塞杆的动作带动机械传动装置完成车门的开关门动作,其车门的开关速度由气缸两端的节流阀调节。为了保证车门动作安全和可靠,气动门的控制采用电控,利用电气控制系统实现车门的开关门控制、动作监控和列车控制电路联锁。由于气动门的气路要保证较好的密封性,其运行费用高且维护工作量较大,随着车门技术的发展,目前气动门已渐渐不再应用于新造的城市轨道交通车辆。

(2) 电控电动门

电控电动门的驱动方式由电机取代压缩空气。电机技术成熟,且传动结构简单,目前已是城市轨道交通车辆车门的主要驱动方式。电控电动门由电动机、传动装置、控制器和紧急解锁装置等组成。其传动装置主要有两种:一种是电动机带动齿带作旋转运动,两门页分别安装在上下两个齿带链上,使两门页总是向着相反的方向运动,实现门的开关;另外一种是电机带动传动丝杆旋转,丝杆设计成双向反螺纹结构,两门页分别通过传动螺母安装在丝杆上,保证两门页的反向动作,实现门的开关。

电动门使用电气控制方式,通过电气控制电机,方便实现对车门的控制和监测。

3. 按开启方式分类

按照开启方式主要分为内藏门、外挂门、外摆门以及塞拉门。

（1）内藏门

在车门关闭时，内藏门门页在车辆侧墙的外墙板与内饰板之间的夹层内移动，如图 3-2 所示。传动装置设于车辆内侧车门的顶部，装有导轨的门页可在导轨上移动，传动机构的钢丝绳、皮带或丝杆与门页连接，用气缸或电动机驱动传动装置，从而实现门的往复开关动作。

内藏门的优点在于驱动机构占用空间小，这与内藏门的运动方式有关，内藏门只做沿车长方向的直线运动，没有曲线运动，因此驱动机构相对较为简单，除此之外还有质量轻、手动开、关门所需力量较小等优点。

图 3-2　内藏门

内藏门的缺点是需要在侧墙的外墙板与内饰板之间预留夹层，占用内部空间大；同时车门关闭后与侧墙不在同一平面上，运行中空气噪声会增大，同时不利于车辆的自动清洗，也不美观。

（2）外挂门

外挂门的驱动结构和工作原理与内藏门的相同，主要区别在于车门的运动，门页和悬挂机构始终位于侧墙的外侧，如图 3-3 所示。

图 3-3　外挂门

外挂门的优点在于解决了内藏门占用内部空间大的问题，但是缺点与内藏门相同，车门关闭后与侧墙不在同一平面，运行中增加了空气阻力，不利于自动清洗，也不美观。

（3）塞拉门

塞拉门是因车门门页在运动过程中具有塞和拉两种动作,呈塞拉状态而得名。塞拉门关闭时门页由车外"塞"进去,使之关闭、密封,与侧墙保持同一平面;门开启时,当门移开门口一定距离后,相当于"拉"出来,再沿着车体外侧滑动。因此,车门在开启状态时门页贴靠在侧墙的外侧,车门在关闭状态时门页外表面与车体外墙成一平面。如图3-4所示。

图3-4 塞拉门

塞拉门不仅美观,而且也有利于在高速行驶时减少空气阻力,车门不会因空气涡流产生噪声,也便于自动洗车装置对车体进行清洗,已成为新造车辆车门的主要类型。

为了实现塞拉门的开关门动作,其导轨和运动方向都是曲线,其结构比较复杂,尺寸要求严格,维护工作量大,成本较高。随着技术水平的不断提高,塞拉门的缺点也慢慢得到改进。

项目二 车门系统结构

不同的车门类型有着不同的门系统结构,新造城市轨道交通车辆车门基本上都采用塞拉门的形式,司机室侧门采用单页手动塞拉门结构,与客室电动塞拉门的结构相同,以下以客室电动塞拉门为例说明车门的结构。

一、车门结构

对于不同类型的客室车门,比如电动门和气动门,其系统结构也略有不同,但主要部件都包括门页及密封装置、承载装置、驱动装置、锁闭装置、紧急解锁装置、隔离装置、电子门控单元(EDCU)、指示灯等结构部件。下面以电动塞拉门为例介绍车门的系统结构,其详细结构见图 3-5。

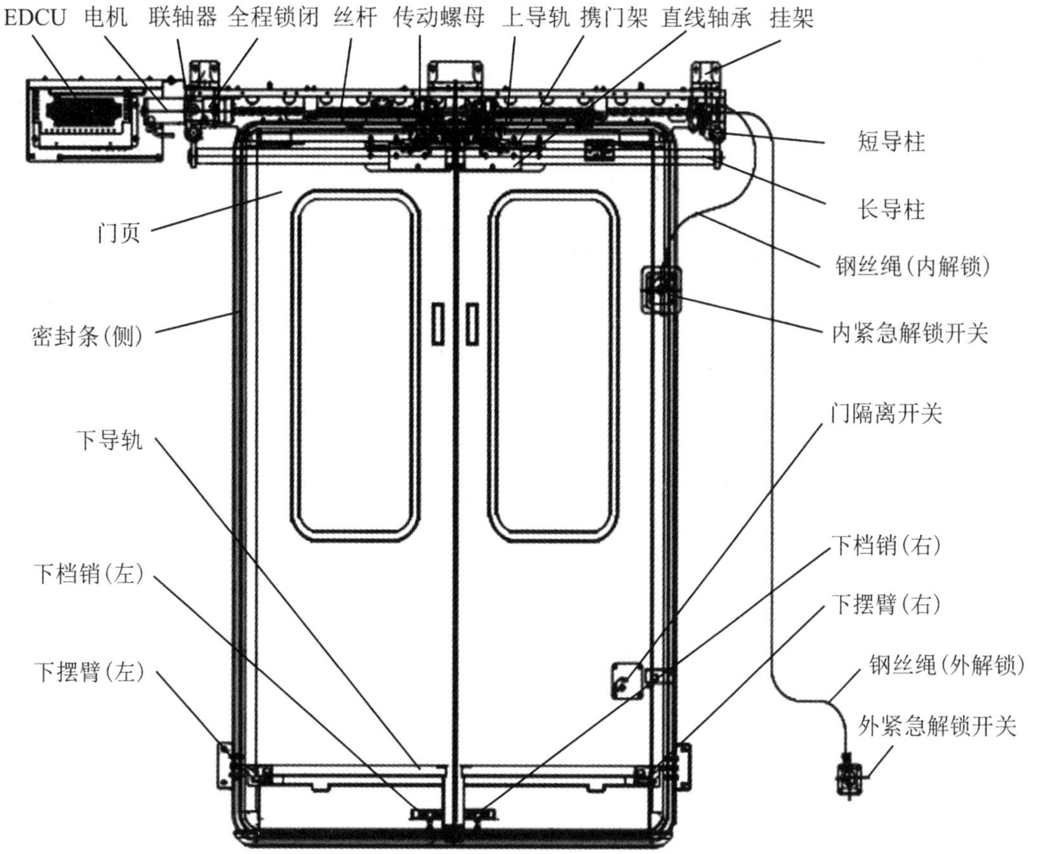

图 3-5　电动塞拉门系统组成图

当 EDCU 接收到开关门指令之后,直流无刷电机得电旋转,经联轴器,通过全程锁闭装置带动丝杆旋转,双向反螺纹丝杆旋转带动两个传动螺母组件在丝杆上做相反方向的横向运动,传动螺母组件与直线轴承连接,直线轴承在长导柱上滑动,直线轴承与携门架装置连接,通过携门架装置与门页连接在一起,带动门页做开关门动作。

当门页经过长导轨的曲线部分时,长导柱在 3 根短导柱上做纵向运动,携门架在长导柱上的横向运动与长导柱在短导柱上的纵向运行相互叠加起来,构成了该门塞拉动作的曲线部分,沿着上导轨的轨道做直线和曲线运动。

横向力的传递为:电动机旋转的力矩→联轴器→丝杆→传动螺母组件→直线轴承→携门架→门页。

垂向力的传递为:门页→携门架→直线轴承→长导柱→短导柱→短导柱支承→承载支架→车体。

注:丝杆只承受电机传递来的旋转力矩,不承受任何的向力;下导轨不承受门页的垂向力,只引导门页沿着上导轨的轨迹运行,下导轨的导轨内有突出挡销,防止下摆臂滚轮接触导轨承载门页垂向力而变形。

1. 门页及密封装置

（1）门页

门页为铝蜂窝复合结构，包含铝框架、外侧铝蒙板、内侧铝蒙板和铝蜂窝芯，采用热固化成型。为了加强机械强度，蒙板的周边都包在铝框架上。除了一些必要的、用于支撑门板和实现门板导向运动的部件外，门板内表面是平的。门板周边装有胶条，以实现门的周边密封。门板前沿装有一条特殊的中空胶条，以防止夹住障碍物。如图3-6所示。

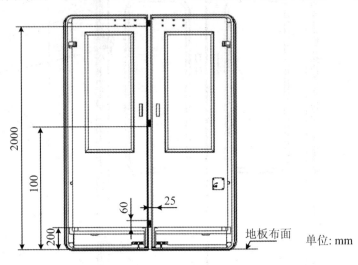

图3-6 门页示意图

（2）挡销和嵌块

在每个门页的前沿下部，装有一个附加的挡销，该挡销与门槛上的嵌块啮合，以实现门关上的挠度要求，增强门页关闭后的耐挤压力。如图3-7所示。

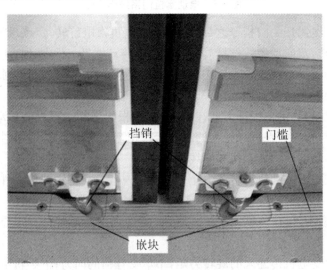

图3-7 挡销和嵌块

（3）密封装置

门页周边的密封框架由上部密封、左右密封、门槛组成。上部密封、左右密封、门槛配合在一起为车门密封胶条提供一个搭接面,如图 3-8 所示。当车门关闭后车门周边密封胶条密封框架由上部密封、左右密封、门槛组成。上部密封、左右密封、门槛设计成可调节结构(安装位置设有调节垫片,安装孔为长圆孔)以消除安装和加工误差。

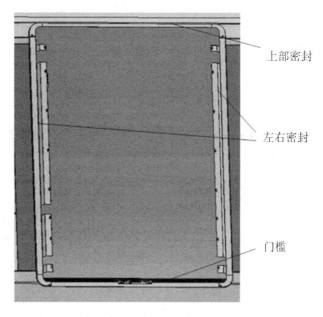

图 3-8　密封框架

门密封型材、门槛同车体间隙处须打胶处理。密封框架与门页配合,确保车门四周密封胶条有足够大的压缩量和搭接量,从而保证车门具有良好的密封性能。

2. 承载机构

(1) 承载支架

承载支架是车门所有传动机构安装的基础结构,通过过渡支架用 T 型螺栓及螺母安装在车体上,如图 3-9 和图 3-10 所示。过渡支架同车体连接处设有调整垫片,便于车宽方向的调节。承载支架和过渡支架之间也设有垫片,便于车门垂直方向的调节。

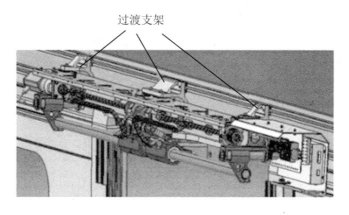

图 3-9　过渡支架

图 3-10 承载支架

(2) 导柱

在承载机构中导柱分为长导柱和短导柱,如图 3-11 所示。

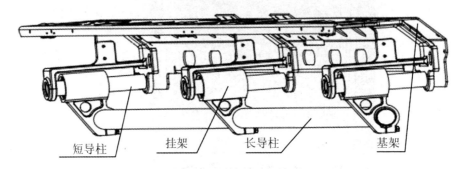

图 3-11 长导柱和短导柱

长导柱安装在 3 个挂架上,3 个挂架分别在 3 根短导柱上移动,3 根短导柱通过一个基架与承载支架形成整体机构。长导柱通过挂架与长导柱相连,挂架可以在短导柱上移动。长导柱为门页在车长方向的运动提供自由度并保证在开、关门过程中门页与车体平行。短导柱承受门板的重量并为门页在车宽方向的运动提供自由度。

(3) 携门架组件

携门架通过滚珠直线轴承在长导柱上滑动。它将力从机构传送到门页并且把力从门页传送到机构。携门架通过螺钉牢牢地安装在门页上,如图 3-12 所示。

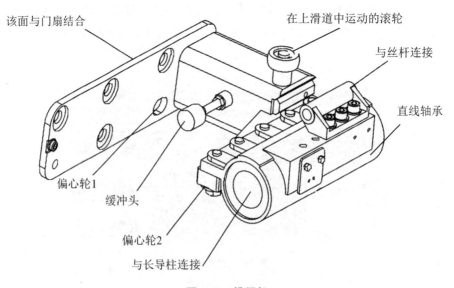

图 3-12 携门架

在携门架与门板连接处,提供了一个偏心调节装置(图 3-12 中偏心轮 1),该装置用来调节门页的"V"形。在携门架内部,还提供了一个偏心调节装置(图 3-12 中偏心轮 2),该装置用来调节门页与车体之间的平行度。

3. 驱动装置

(1) 电机

电机为直流无刷电机,具有可靠性高、噪声低、效率高、寿命长的优点,在使用寿命内可以免维护,如图 3-13 所示。电机通过螺栓固定在承载支架上。

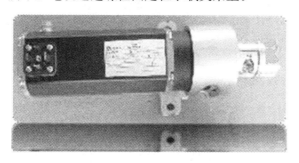

图 3-13 电机

(2) 丝杆

丝杆为双向反螺纹结构,一半左旋一半右旋,通过丝杆中支撑和丝杆右支撑悬挂在承载支架下方,丝杆左端通过联轴器与电机输出轴相连,联轴器存在一定挠度,能够缓和电机输出轴和丝杆的刚性连接。丝杆上运动的传动螺母组件分别通过携门架与左右门页相连,带动门页的相向运动,实现车门的开、关动作。如图 3-14 所示。

图 3-14 丝杆

(3) 传动螺母组件

传动螺母组件一端连接丝杆,另一端连接长导柱上的直线轴承,将电动机带动丝杆的旋转运动转化为直线轴承沿长导柱的水平运动,如图 3-15 所示。

4. 导向装置

(1) 上导轨

上导轨安装在承载机构上,通过携门架上的滚轮与上导轨的配合实现门页上部的运动导向,如图 3-16 所示。

(2) 下导轨

下导轨安装在门页上,与安装在车体结构上的滚轮摆臂装置配合,实现门页下部的运动导向,如图 3-17 所示。

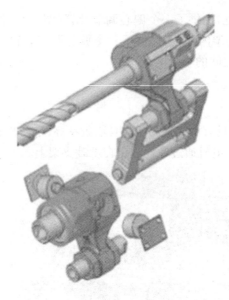

图 3-15 传动螺母组件

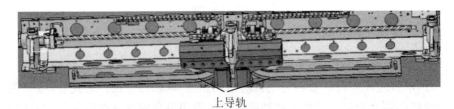

图 3-16 上导轨安装位置

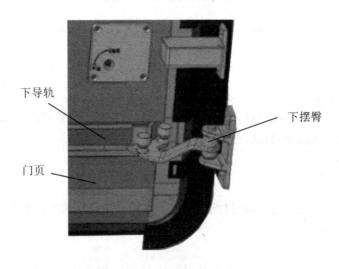

图 3-17 下导轨

(3) 下摆臂装置

下摆臂装置安装在车体门立柱 T 型槽上,摆臂装置为门页运动提供导向作用,如图 3-18 所示。摆臂装置和每个门页的下部的下滑道相配合,以实现每个门页下部的导向运动。

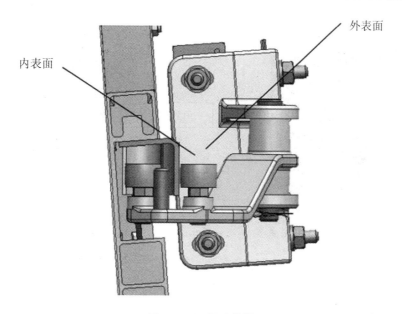

图 3-18　下摆臂装置

5. 全程锁闭装置

全程锁闭装置门系统的锁闭结构为自锁结构,如图 3-19 所示。该装置主动轴通过联轴器连接电机,从动轴连接丝杆,只有两种方法开门:一种是主动轴开门,如电机旋转带动主动轴-从动轴开门;另一种方法是操作紧急解锁开门。其余情况车门只能关不能开,保证车门的安全性。

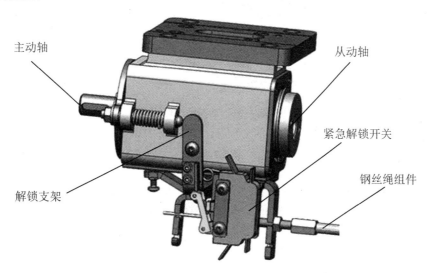

图 3-19　全程锁闭装置

6. 门到位开关

门到位开关安装在承载支架的中部位置,如图 3-20 所示。当车门完全关闭时,右侧车门结构中有传动螺母撞块挤压滚轮,如图 3-21 所示,将触发门到位开关中的行程开关动作,信号反馈至门机控制器(EDCU)显示该门已经完全关好。

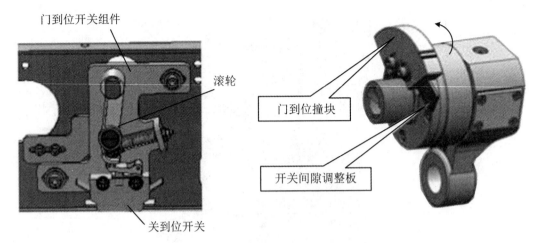

图 3-20　门到位开关　　　　　　　图 3-21　传动螺母撞块

7. 平衡轮装置

每个门页上设有一个凹槽,凹槽上安装有压板,该压板同安装在门头机构上的平衡轮相配合,如图 3-22 所示。防止任何可能的侧向移动力使车门偏移,同时可以减少门页在上下方向的震动,提高门系统的可靠性。

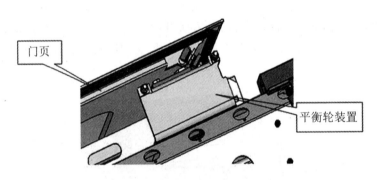

图 3-22　平衡轮组件

8. 紧急解锁装置

(1) 内部解锁装置

每个车门的右边车体门边立柱上安装有一个内部解锁装置,如图 3-23 所示,通过钢丝绳连接到全程锁闭装置的解锁开关上。当有零速信号时,乘客可手动(工作人员可使用方孔钥匙)操作该装置,通过紧急出口钢丝绳拉动全程锁闭装置的解锁开关,顺时针旋转到位,使车门解锁,打开车门。该装置附近应张贴醒目的提示标语。

在有零速信号时操作内部紧急解锁装置,将会触发限位开关,并发出"紧急操作"信号;通过牵拉钢丝绳,门锁被释放,可以手动开门;若在没有零速信号时操作内部紧急解锁装置,电机将反转,以阻止车门被打开。操作紧急手柄后须手动复位。

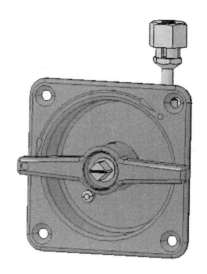

图 3-23 内部解锁装置

(2) 外部解锁装置

每节车辆的每侧外部中间设置一个解锁装置,该装置和内部解锁装置功能相同,也是通过钢丝绳连接到全程锁闭装置的同一个解锁开关上。紧急情况下需要乘务员使用方孔钥匙开门进入车内,协助乘客使用内紧急解锁开门。如图 3-24 所示。

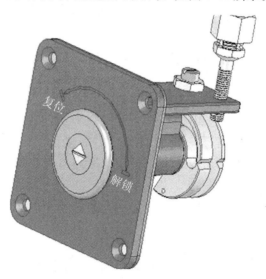

图 3-24 外部解锁装置

9. 门隔离装置

每个车门右下角装有车门隔离装置,如图 3-25 所示。操作该装置使车门机械锁闭,同时隔离故障车门,使故障车门不影响列车运行。该隔离装置在车内车外均可用方孔钥匙操作,操作时按照隔离装置上的指示顺时针操作(隔离)。

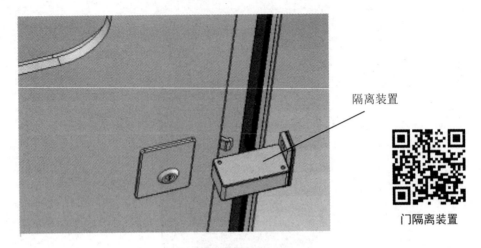

图 3-25 隔离装置

在门处于关闭位置时,使用方孔钥匙操作门页上的隔离锁,可以将门机械锁紧,同时实现该门的电气隔离。

门隔离状态下,车门被隔离开关的机械锁锁紧,此时使用紧急解锁装置也无法打开车门。

10. 电子门控制单元

电子门控制单元包括门机控制器(EDCU)、电源模块以及指示灯等,具有故障检查、诊断功能和报告功能。每个门控器上设置 USB 维护接口,可以下载故障信息。电子门控器上设有故障指示灯。EDCU 安装有维护按钮,用于维护人员对单个门进行自动开关门。

(1) 门机控制器

使用 DSP(数字信号处理器)作为 EDCU 的中央处理器,如图 3-26 所示。DSP 是为电机控制应用而优化的处理器,采用先进的控制算法实现对门速度和动作的精确控制,可以实现用软件取代模拟伺服电路,方便地修改控制策略,修正控制参数,兼具故障监测、自诊断和上位机管理与通信等功能。因为 EDCU 中没有需要硬件调节的环节,因此可以保证生产的一致性,并且不需要定期维护。

EDCU 面板上的 LED 指示灯能够确保无需任何测量手段即可方便地检查门系统,如图 3-27 所示。

(2) 电源模块

为了进行维修,可通过关闭位于内部驱动机构的端子排上的电源开关来切断一个门区域的电源,如图 3-28 所示。

(3) 指示灯

每个门设有 3 个车门指示灯:内侧车门指示灯、外侧车门指示灯、门隔离指示灯。内侧和外侧车门指示灯为橙色,门隔离指示灯为红色。

车门指示灯闪烁信号由 EDCU 驱动,当车门开到位时,内外侧车门指示灯常亮;关到位并锁到位时指示灯灭;在开关门过程中指示灯闪烁。若该门被隔离,门隔离指示灯常亮。若障碍物检测过程中始终没有移除障碍物,车门最终完全打开,内外侧车门指示灯由闪烁变为常亮,直到开门或关门指令重新将门启动。紧急解锁时内外侧车门指示灯保持常亮状态。

模块三　车门系统

图 3-26　门机控制器

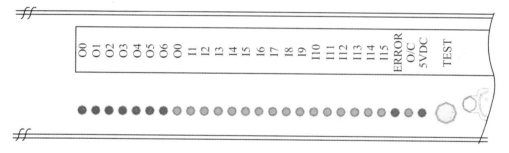

图 3-27　EDCU 面板 LED 指示灯

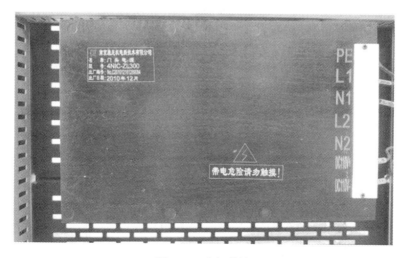

图 3-28　电源模块

二、车门的工作原理

1. 电气控制原理

电子门控单元 EDCU 是车辆电气和车门机械操纵机构之间的接口,电子门控单元对车门的控制由可编程序控制器实现,车门的电气控制原理如图 3-29 所示。当车门通电状态下,零速信号且有门释放信号时,EDCU 接收到开门信号/关门信号指令后,将向车门电机发送开门指令控制车门打开/关闭,并将车门的相关状态(门关好信号、门锁好信号、故障信息和障碍物检测信息等)传送给列车控制及诊断系统,同时发送指令控制车门指示灯显示对应车门状态。

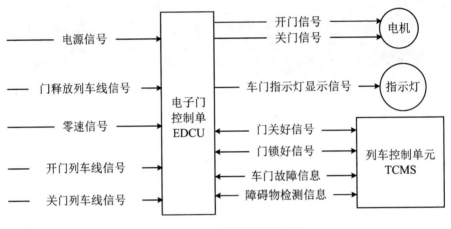

图 3-29 车门电气控制原理图

2. 安全互锁回路

车门安全互锁回路分左右两路,对全车左/右侧所有客室门环路输出继电器状态进行互锁,并将结果输出到左/右侧车门安全互锁回路继电器,如图 3-30 所示。

当一侧所有相应客室侧门关好,车门安全互锁回路闭合,每个车门的紧急解锁开关和门到位开关处于闭合位、门隔离开关处于断开位,该侧门安全互锁继电器得电。当一侧有任何车门打开、操作紧急解锁开关或门未关到位时,该侧门安全互锁继电器立即失电。当任何车门操作门隔离开关后,紧急解锁开关和门到位开关被短路,该车门的状态不再受安全互锁回路监控。

只有当所有车门安全互锁回路闭合,所有车门安全互锁继电器得电时列车才能牵引。

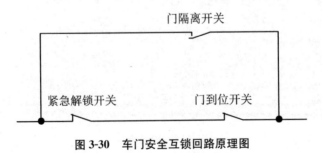

图 3-30 车门安全互锁回路原理图

三、车门的功能

1. 开关门控制

列车车门的开关由四根列车线来控制,分别为零速列车线、门释放列车线、开门列车线、关门列车线。通过门控器综合判断这四根列车线的状态,实现左、右侧车门的开关功能。初步定义的门状态与列车线的逻辑关系如表3-1所示(0为无效信号,1为有效信号)。

表 3-1 门状态与列车线逻辑关系表

零速列车线	门释放列车线	开门列车线	关门列车线	门的状态
0	0/1	0/1	0/1	关闭
1	0	0	0	保持
1	0	0	1	关闭
1	0	1	0	关闭
1	0	1	1	关闭
1	1	0	0	保持
1	1	0	1	关闭
1	1	1	0	打开
1	1	1	1	关闭

根据城轨车辆的操作,客室开关门操作与安装在司控台的"门模式选择"开关有关。该开关有以下两个挡位:自动开手动关和手动开手动关。

(1) 自动开手动关

自动开门:当列车在 ATO 模式下运行,并停在站台停车区时,ATC 系统会根据线路设定给出左侧或者右侧的开门命令,此时车门内侧和外侧指示灯闪烁,并有声音报警,车门打开。

手动关门:司机通过瞭望观察,确定无乘客上下车时,按下关门按钮并超过 500 ms,此时车门内侧和外侧指示灯闪烁,并有声音报警,延时 3 s 后,相应侧车门关闭。

(2) 手动开手动关

手动开门:列车在站台停靠稳当后,此时 ATC 左侧或者右侧门释放信号输出(若 ATP 没有发出门释放信号,并且此时所有门都关好指示灯亮,可将 ATC 模式选择开关 MS 旋转到 RM 或者 OFF 位,操作左侧门立柱或者右侧门立柱的开门按钮,ATC 发出门释放信号),按下相应侧开门按钮可打开相应侧车门。

手动关门:司机通过瞭望观察,确定无乘客上下车时,按下关门按钮并超过 500 ms,此时车门内侧和外侧指示灯闪烁,并有声音报警,延时 3 s 后,相应侧车门关闭。

2. 零速保护

车门只有当车辆为零速时才可以打开,当列车车门打开时,若零速信号丢失,车门导向关闭。

3. 紧急解锁

当一个车门被紧急解锁后,紧急解锁手柄操作的信息通过 MVB 网络传送至乘客信息系统,乘客信息系统的视频监视子系统将触发联动,使监控显示器将全屏切换至该门对应的监视画面。

在紧急情况操作解锁装置,无论是在 ATO 还是手动驾驶模式下,当有零速信号及门使能信号时,乘客可以手动打开车门;VOBC(车载控制器)通过来自门关闭回路的两条独立状态列车线来监视 DCLS(门关好并锁好)的状态。无零速信号或使能信号时,电机会施加一个反作用力,阻止车门被打开,车门保持关闭状态。在 ATP 正常情况下,当车移动时,如果操作紧急解锁装置,VOBC 检测到 DCLS(门关好并锁好)回路断开,VOBC 会触发紧急制动。

4. 门隔离功能

隔离装置由限位开关监视。对关闭的门使用乘务员钥匙操作该装置,将触动隔离开关。隔离开关的 NC 触点(常开)向电子门控器发出一个信号,电子门控器会关闭门所有运动功能,保留故障诊断及通信功能,并使内、外侧车门指示灯持续明亮,同时门控器将该门隔离的状态通过数据流传给网络,并在司机室 DDU 显示屏上显示。

5. 障碍物检测

每个车门的控制单元具有自动障碍检测功能。当障碍自动检测程序结束后,车门将关闭。

车门完全关闭时,车门防夹密封条允许检测不到的细小物体或衣服从关紧的门页之间拉出。在关门过程中,EDCU 能探测到大于 25 mm×60 mm 的障碍物。如果关门过程中障碍物探测功能启动,初始设置参数如下:

车门障碍检测

第 1 次车门将保持 150 N 的有效力并保持 0.5 s 后,车门重新打开 200 mm 并停留 1 s;第 2 次车门将保持 200 N 的有效力并保持 0.5 s 后,车门重新打开 200 mm 并停留 1 s;第 3 次车门将保持 200 N 的有效力并保持 0.5 s 后,车门打开到全开位置。

障碍物探测次数(1—5 次可调)以及相关参数可通过修改控制软件进行调整。

6. 车门安全联锁功能

车门安全联锁环路,分左右两路。对整车左、右侧所有客室门环路输出继电器状态进行联锁,并将结果输出到左、右侧车门安全联锁环路继电器。

当一侧所有相应客室侧门关好,车门安全联锁环路闭合,该侧门安全联锁继电器得电。当一侧有任何车门打开时该侧门安全联锁继电器立即失电。只有当所有车门安全联锁环路闭合,所有车门安全联锁继电器得电时列车才能牵引。

7. 门旁路功能

由于车门限位开关故障或车门故障造成门联锁环路中断,列车无法牵引时:

(1) 在 ATP 正常的情况下

在 ATP(列车自动保护)正常的情况下,出现车门状态丢失且无法恢复的情况时,ATO

会产生紧急制动,司机通过将故障车门进行隔离,从而使得门联锁回路闭合,此时列车牵引允许。

（2）在非 ATO 模式下

在非 ATO（列车自动驾驶）模式下,出现车门状态丢失且无法恢复的情况时,通过门牵引互锁解除开关 DOBS（门联锁旁路开关）来旁路车门状态,该开关仅在激活端驾驶室操作有效,使列车牵引允许。

8. 车门状态指示灯显示

每个车门的开、关状态,隔离、紧急解锁和列车车门监控旁路等状态在司机台显示屏上显示并予以储存。所有车门"打开"或"已关闭"信息在司机室由 DDU 显示屏显示。

在车辆每个客室侧门的内侧设有 2 个车门指示灯,外侧设有 1 个指示灯。客室门内外两个指示灯具体功能如表 3-2 所示：

表 3-2　客室门内外两个指示灯功能表

序号	车门状态	橙黄灯 （客室内部）	红灯 （隔离指示灯）	橙黄灯 （客室外部）
1	门关好	灭	灭	灭
2	门打开	亮	灭	亮
3	开、关门过程	闪	灭	闪
4	车门故障（包括门隔离）	灭	亮	灭
5	即将关门	闪	灭	闪

9. 车门的故障显示与诊断

车门控制单元具有自诊断功能并提供足够的数据储存容量。储存的故障信息至少包括：故障名称、代码、故障发生日期和时间、故障消失日期和时间。当故障存储满后,将清除最先存储的故障（先入先出原则）。即使 EDCU（电子门控单元）失电,故障仍然保存在内存中。

每个门控器会将数据流中定义好的故障信息和自己的位置编码通过智能仪表（RS485）发给所在车的主门控器,主门控器再将这些信息通过多功能车辆总线（MVB）发给网络,在司机室 DDU 显示屏上可以显示车门故障以及发生故障的车门,并能查询具体故障内容。

客室门的紧急解锁、门关好限位开关故障时,将导致门联锁失败,此时司机将故障门关好后操作该门隔离开关,将该门退出服务,恢复门联锁。

列车停稳后,客室门故障打不开时,尝试操作司机室门立柱上的开门按钮,若无效,尝试操作司机台的开门按钮;若仍无效,尝试关门一次再开门;若仍然无效,司机应选择换端操作开门,若换端后仍然无法开门,则司机可通过紧急解锁开关,将车门解锁然后手动打开。

客室门故障关不上时,尝试操作司机室门立柱上的关门按钮,若无效,尝试司机台的关门按钮,若仍无效,尝试开门一次再关门,若仍然无效,司机应选择换端操作关门,若换端后仍然无法关门,则司机手动将车门逐一关上。

除此之外,某些地铁车辆还具备车门再关门功能和紧急疏散功能。车门再关门功能是指当门控单元因重复数次而障碍物仍未能排除时,司机可以通过司机室的关门控制按钮对该门单独进行关门控制,合肥地铁车辆就是如此。紧急疏散功能:以合肥地铁车辆为例,合肥地铁1、2号线在正线两侧设置有紧急疏散平台,主要用于紧急情况下疏散乘客。在司机室左侧、右侧立柱上分别设左侧、右侧强行(旁路)使能按钮(即当系统自动开门出现故障或发不出开门使能信号时,可手动按强行使能按钮,然后再按开门按钮,将门打开),可以确保紧急情况下,打开一侧车门,便于乘客疏散。

项目三 车门维护

一、车门日常检查维护

电客车日常检查维护主要包括外观检查、关键部件检查及功能测试。

1. 车门外观检查

车门外观检查主要检查门页、门玻璃有无异常损伤,门页密封条有无损坏,外部文字、标记、铭牌、指示灯等是否齐全、外观是否正常。

2. 车门关键部件检查

① 检查内/外紧急解锁装置的功能:如果内/外紧急解锁装置动作,那么全程锁闭装置的限位开关一定要动作。

② 检查门隔离装置功能:将门移到关闭位置,在右门页上用一把方孔钥匙将锁栓旋转至隔离位置,隔离开关应动作,同时门被机械锁紧,不能打开。

③ 检查下摆臂3个滚轮是否丢失、断裂和松动。

④ 检查平衡轮是否断裂、是否松动和移位。

⑤ 检查传动螺母处锁紧螺母是否松动;检查门到位撞板紧固螺钉是否松动。

⑥ 检查开关组件滚轮与门到位、锁到撞块接触点是否超越撞块红色刻度线。

⑦ 检查左、右丝杆螺母中的挡圈,不得从中脱出;检查各处螺钉,确保不得松动。

3. 功能测试

(1)测试开关门是否正常和顺畅,观察开关门速度是否同步,有无异常声音。

(2)检查DUU显示屏上门的显示状态是否正常。

(3)测试车门打开或关闭过程中黄色指示是否灯闪烁,门开到位后黄色指示灯是否亮,门关闭后黄色指示灯是否灭,关门过程中提示音是否正常。

二、车门的尺寸调整

车门的维护主要是尺寸调整,包括机械尺寸和电气尺寸调整。机械尺寸调整主要是满足塞拉门机械部件运行的要求。电气尺寸调整主要是满足电气控制对塞拉门电气部件的要求。

1. 机械尺寸调整

机械调整主要对车门高度、净开宽度、对中、V 形以及平行度几个方面进行调整,包括以下内容:

(1) 车门高度的调整

在机构和车体之间垫 5 mm 垫片。根据图 3-31 所示的尺寸调整承载机构的上下和前后之间的尺寸,如无法满足要求,可以通过适量增减调整垫片和移动紧固件在腰型孔中的位置来达到要求。

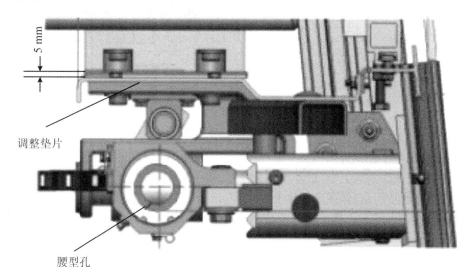

图 3-31 车门高度的调整

(2) 净开宽度调整

如果车门宽度达不到 1 300 mm,则需旋转缓冲头,使得螺纹长度变短以增大车门的净开宽度,调整完成后将缓冲头上的螺母旋紧。如图 3-32 所示。

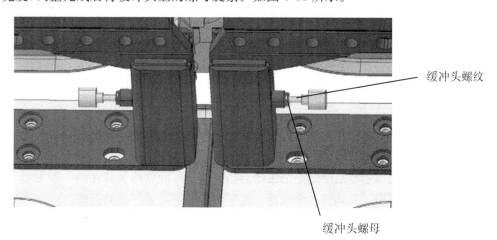

图 3-32 净开宽度调整

(3) 门页对中调整。

调整方法:松开螺母组件上的4个螺母;要求门关上后,门页护指胶条间距为44.3±4 mm;调整完成后将放松螺母旋紧。如图3-33所示。

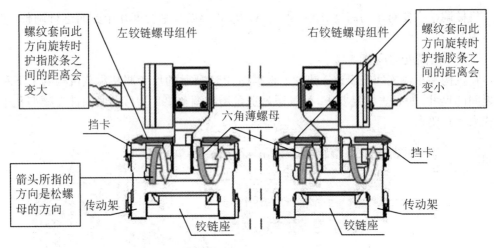

图 3-33 门页对中调整

(4) 门页 V 形调整方法。

将两个门页处于直道中,松开携门架上的固定螺钉(不要完全松开),用扳手旋转偏心轮,相继调整两个门页,保证上部比下部大2 mm,重新旋紧固定螺钉。如图3-34所示。

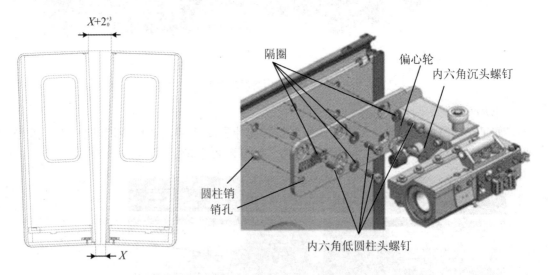

图 3-34 门页 V 形调整

(5) 门页平行度调整。

门页的平行度调整主要是使门完全关闭后始终与车体的侧墙保持在同一平面上,同时满足车门密封性的要求。其调整主要包括上部平行度和下部平行度的调整。

如图3-35所示,上部平行度的调整方法:找到携门架和直线轴承组件连接处的偏心轮,用扳手轻微松开携门架上五个螺钉,旋转偏心轮,使门板外侧与密封面平行,调整完毕后旋紧偏心轮上的紧固螺钉。

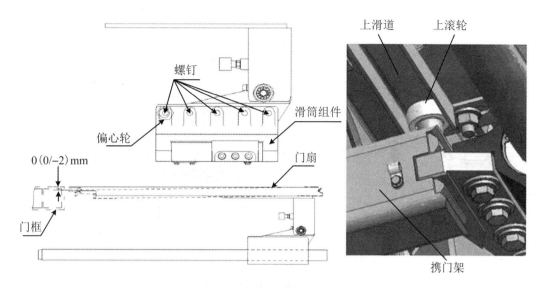

图 3-35 门页上部平行度调整

调整携门架的偏心轮仍无法满足车门上部平行度的要求,再考虑调整上导轨的尺寸,正常情况下不调整上导轨的尺寸,如图 3-36 所示,其方法为:松开上滑道前面的紧固螺钉,调整上滑道的前后相对位置,要求门页处于直道与弯道的交接口时,门页外侧到车体外侧的距离为 56 mm(+2 mm,−4 mm),调整完毕后旋紧紧固螺钉。

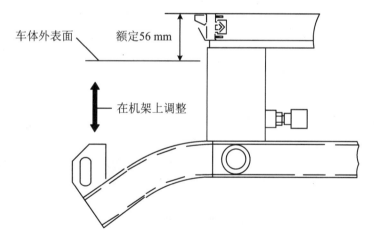

图 3-36 上导轨尺寸的调整

下部平行度的调整方法:松开固定摆臂组件的螺钉,前后调整摆臂的位置,要求门处于开到位状态时,门页下部到门槛密封面的距离为 56 mm(+2 mm,−4 mm),调整完毕,旋紧固定螺钉。如图 3-37 所示。

在车辆运行过程中,为了防止车门的震动引起平行度的变化,在车门上还设置了平衡轮组件和下挡销组件,这两个组件在车门中只起到门页平行度的定位作用,不能受到车门的运动作用力。

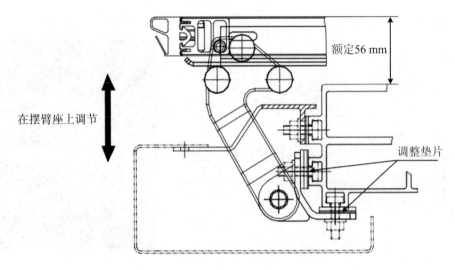

图 3-37　门页下部平行度的调整

(6) 平衡轮的调整

如图 3-38 所示,在门关闭位置,通过向下移动滚轮和在加强点挤压门板,使门板平行来实现两个压轮的调整。通过偏心轮进行高度调整;调整完成后,滚轮不得空转;门页正常开、关门,不得有异响。

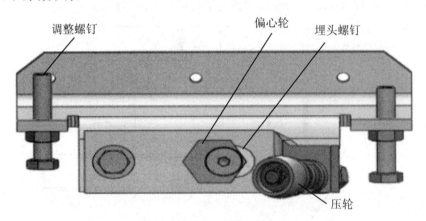

图 3-38　平衡轮的调整

(7) 下摆臂调节

松开 T 型螺栓上下移动摆臂,调整下摆臂滚轮嵌入滑道的尺寸;要求在开门状态(门页开度 700 mm 左右)摆臂面体上表面与上滑道底边的距离为 10—13 mm,具体尺寸要求见图 3-39。

(8) 下挡销的调整

如图 3-40 所示,把门页置于关闭状态。水平方向调整挡销支架(结合增减支架处的调整垫片),使挡销与门槛的挡块正确啮合,使挡销与嵌块的内侧间隙在门页处于关闭时达到 1—2 mm,门页在运行过程中挡销不得与嵌块相碰。上下调整挡销,使挡销末端和挡块底部之间的距离在 2—3 mm。

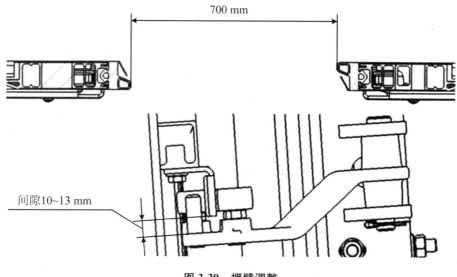

图 3-39 摆臂调整

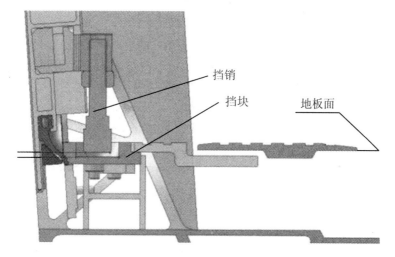

图 3-40 下挡销的调整

2. 电气尺寸调整

电气调整主要包括门到位开关、门隔离开关以及紧急解锁装置的调整，通过调整保证在车门的开关过程中，相应的电信号与 EDCU 之间正常通信。

（1）门到位开关的调整

如图 3-41 所示，松开连接螺栓，移动门到位开关组件，保证门到位开关位于开门位置时，开关闭合；门完全关闭时，开关断开。

如果仍不能满足门到位开关的开关门要求，则需要专业人员和专业工具对门到位开关的滚轮的位置以及右传动螺母组件中的撞块的位置进行调整。

（2）门隔离开关的调整

将门板移动到关门位置，移去隔离锁机构的锁盖，用方孔钥匙操作，使锁闩完全伸出，并检查锁闩操作活动杆，保证隔离开关已动作并改变了状态，如图3-42 所示。

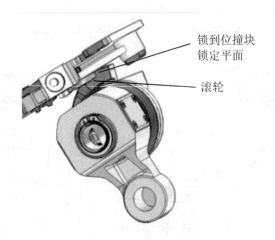

图 3-41 门到位开关的调整

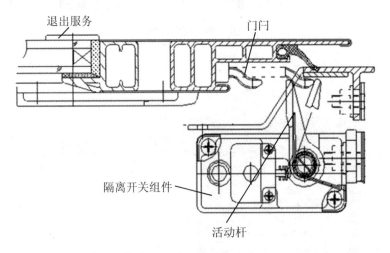

图 3-42 门隔离开关的调整

如果锁闩和开关触头位置太近或太远则要相应地增减垫片，使锁闩的最高位置与开关触头相接触。

在隔离时应注意能否听到开关被触发的声音，如果听不到则调整隔离锁组件与车体之间的垫片。在隔离锁被触发后，活动杆不能被压得太紧，既要保证开关被触发又要保证活动杆还有一点活动的余量。

隔离后观察转轴应处于隔离位。用手不能轻易使锁闩退回，如果旋转角度不够，通过增减垫片调整。

（3）紧急解锁开关

通过调整图 3-43 中所示的调节器来调整钢丝绳的张紧程度，以实现使用把手或方孔钥匙反复操作紧急解锁开关，直至调整到能够正确地解锁、复位，同时紧急解锁行程开关动作正确。

如果调节器已达到调整极限而无法调整，那么说明调节器的预装不正确。此时，必须将调节器调到适合的位置，并重新确定图中夹头在钢丝绳的夹紧位置。

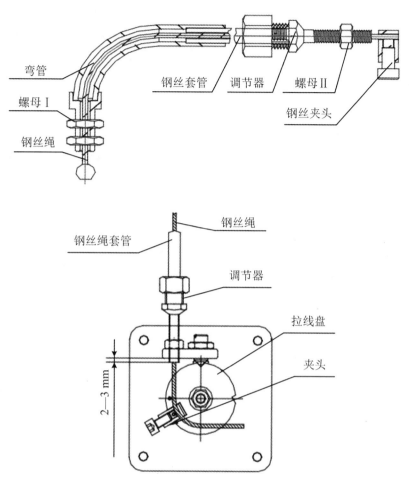

图 3-43 紧急解锁装置的调整

三、车门的故障及处理

车门在城市轨道交通车辆运行中起着重要的作用,是关系到乘客上下车安全的关键设备。车门使用频繁,也是城市轨道交通车辆中发生故障较多的设备,主要集中在车门不能正常开门和关门、车辆控制系统检测不到车门信号。具体分为机械故障和电气故障。

1. 机械故障

(1) 机械干涉

车门是通过各种机械部件装配而成的,在部件装配过程中由于安装的位置、尺寸问题,经常会出现运动部件与固定部件之间的相互干涉。例如下滑道挡块与下摆臂滚轮相互碰撞阻碍车门动作、丝杆弯曲导致传动螺母不能正常动作、平衡轮与门页碰撞阻碍车门动作等。

处理这类故障,如果是机械零部件自身缺陷更换零部件即可,如果是装配尺寸问题进行尺寸调整即可。

(2) 零部件损坏

在运行中,城市轨道交通车辆车门需要频繁开关动作,有些受力部件因材质、设计缺陷以及安装不规范等原因,会出现零部件裂纹甚至损坏,如丝杆支撑裂纹、导柱挂架断裂等。

零部件损坏通常可以通过更换新件解决,如果同一类零部件损坏率较大,应进行普查,检查分析是否存在系统设计问题或调整上的失误。

(3) 紧固件松动

车辆在线路运行中,受震动冲击,长时间会造成部分紧固件松动,从而导致车门机械尺寸发生变化,引起车门故障。车门紧固件的松动通常在车门动作时会产生异响,工作人员在检查维护车门时,应重点查看紧固件的防松标记,观察车门动作时有无异响情况。一旦发现,应及时进行紧固。

(4) 机械尺寸偏差

城市轨道交通车辆在运行中,会受到各种动态载荷的影响,动态载荷也会传递给车门结构,会使车门的零部件安装尺寸发生蠕变,随着时间推移,这种蠕变就使零部件的尺寸偏差超过正常范围,影响车门打开或关闭。比如门到位开关位置偏移导致门关好时门到位开关不动作,下挡销位置变化时使得关门时下挡销和门槛嵌块碰撞,紧急解锁钢丝绳松动使得无法正常进行门紧急解锁操作等。

这类故障是车门最常见的故障,解决这类故障可以进行尺寸核对,根据工艺文件进行尺寸调整,即可满足规定要求。

2. 电气故障

(1) 单个车门故障

引起城市轨道交通车辆单个车门故障的原因有很多,主要包括车门无法打开或关闭,主要集中在车门隔离、车门解锁、EDCU 故障以及电机故障,需要检查车门是否被隔离,检查车门解锁装置是否复位,通过车门软件下载 EDCU 故障分析数据,观察电机是否正常动作。

单个车门故障

在运营过程中遇到此类故障,地铁司机的操作如下:

① 若 DDU 显示车门防夹,按压重关门按钮;其余车门故障,重新开关一次车门。

② 报行调,申请离开司机室,播放客室广播,将故障车门位置记录在手背上。

③ 按压开门按钮,打开车门、屏蔽门。

④ 携带方孔钥匙、手持台,通过站台前往故障车门,将故障车门隔离。按压关门按钮,确认所有车门关闭灯亮,动车后报行调。

⑤ 若无法隔离,报行调,申请清客,采用门旁路,退出服务。

车门隔离步骤指引:

① 确认车门状态及门槽无异物,紧急解锁正常位。

② 一关:将故障车门手动关闭,确认车门关闭良好。

③ 二切:用方孔钥匙旋动车门隔离开关,将其打到隔离位。确认车门上方门头指示灯红灯亮、开门指示灯黄灯灭。

④ 三推:双手向两侧反推车门,确认车门反推不开,锁闭良好。

⑤ 四好:确认 DDU 故障车门图标显示黄色隔离小锁,关车门、屏蔽门,确认所有车门

关闭灯亮,动车后报行调。

(2) 部分车门无法正常关闭

引起部分车门无法正常关闭也须从车门解锁、断路器故障、EDCU故障以及电机故障几个方面进行排查,检查车门解锁装置是否复位,检查断路器是否跳闸,使用万用表测试EDCU是否正常,通过车门软件下载EDCU故障分析数据。

在运营过程中遇到此类故障,地铁司机的操作如下:

① 重新按压一次开门按钮。

② 报行调,播放客室广播。

③ 查看DDU,若单节车出现有规律的间隔开门故障,广播引导乘客上下车并报行调。终点站时检查相应车客室电器柜相关断路器是否断开,若断开则闭合。未断开,报行调,清客退出服务。

④ 若整列车出现间隔开门,检查相关断路器,若断开则闭合,按压开门按钮。

⑤ 若无效,广播引导乘客上下车,报行调,终点站清客退出服务。

(3) 部分车门无法正常打开

与部分车门无法正常关闭故障一样,部分车门无法正常打开也须从车门解锁、断路器故障、EDCU故障以及电机故障几个方面进行排查。

在运营过程中遇到此类故障,地铁司机的操作如下:

① 按压重关门按钮。

② 报行调,播客室广播。

③ 查看DDU,若单节车间隔车门未关闭(间隔关门),记录故障车门位置,打开车门、屏蔽门,播放客室广播,报行调,申请离开司机室,检查相应车客室电气柜相关断路器,若断开则闭合,重新关门。未断开,则隔离故障车门,站台作业完毕,动车后报行调。

④ 整列车出现有规律间隔关门,检查司机室电气柜相关断路器,若断开则闭合,重新关门。未断开,播放客室广播,报行调,申请清客。清客完毕后,连续按压两次车门允许按钮,确认人机界面(HMI)出现车门旁路图标,按行调命令退出服务。

⑤ 若无效,报行调,申请切除ATP防护系统,自行将门旁路开关打至旁路位,退出服务。

(4) 整侧车门无法正常打开

排查方法有检查开门按钮是否按压到位、检查断路器是否跳闸。

在运营过程中遇到此类故障,地铁司机的操作如下:

① 若无开门信号,按压车门允许按钮,开门按钮灯亮后,按压开门按钮;若有开门信号,直接按压开门按钮。

② 无效,按压一次关门按钮,尝试再次开门。

③ 无效,按压驾驶台开门按钮。

整侧车门无法打开

④ 断合主控,按压车门允许按钮,开门按钮灯亮后,按压开门按钮。

⑤ 检查相关断路器,若断开则闭合,按压开门按钮。

⑥ 报行调,申请切除ATP防护系统,按压开门按钮。

⑦ 打开屏蔽门,报行调,申请离开司机室,至尾端激活司机室,尝试开门,车门打开,报行调,申请清客。

⑧ 无效,在尾端司机室报行调,申请解锁车门清客。经行调同意后,司机沿途解锁每节车离已激活的司机室最近的一个车门,至头端司机室人工播放清客广播。

(5) 整侧关门按钮未按压到位

排查方法有检查关门按钮是否按压到位、断路器是否跳闸、关门按钮是否故障。

在运营过程中遇到此类故障,地铁司机的操作如下:

① 重新按压一次关门按钮。

② 无效,按压一次开门按钮,尝试再次关门。

③ 无效,按压驾驶台关门按钮。

④ 无效,按压重关门按钮。

⑤ 断合主控,按压关门按钮。

⑥ 检查 DCTCB-L/R 断路器,若断开则闭合,按压关门按钮。

⑦ 报行调,申请切除 ATPFS,按压关门按钮。

⑧ 无效,报行调申请清客,自行将 DOBS 打至旁路位,退出服务。

(6) 关门后所有车门关闭灯不亮

排查方法是检查门关好指示灯是否损坏或车门是否关闭。

在运营过程中遇到此类故障,地铁司机的操作如下:

① 重新开关一次车门。

② 检查 DDU,若客室门显示异常,按"站台单个车门故障"处理。

③ 若 DDU 无任何异常显示,按下灯测试按钮,若所有车门关闭灯不亮,则查看 HMI,确认 HMI 有推荐速度,报行调动车。

④ 按下灯测试按钮,若所有车门关闭灯亮,报行调,检查尾端司机室 CLCB-L/R 断路器,若断开则闭合。

⑤ 若断路器正常,报行调,申请清客,连续按压两次车门允许按钮,确认 HMI 出现车门旁路图标,退出服务。

⑥ 无效,报行调,申请切除 ATPFS,自行将 DOBS 打至旁路位,退出服务。

3. 门机控制器故障诊断

诊断系统的作用是自动查找并指明功能故障,以指导操作人员根据技术说明来隔离车门,或指导服务人员查找并维修故障。

为了进行诊断,如图 3-26 所示,电子门控器(EDCU)提供:红色 LED's,指明输出 EDCU 控制信号的电平。绿色 LED's,指明输入 EDCU 控制信号的电平。诊断软件模块连续监控门功能,查找不正常的情况,通过闪动编码指明。

通过红色"ERROR"LED 常亮来表示 EDCU 的硬件故障或系统存储器的软件丢失。通过便携式电脑和 DSS 诊断软件读取并存储 EDCU 的诊断数据。

另外,诊断数据会通过数据总线传输到 TCMS。EDCU 面板上的 LED 能够确保无需任何测量手段即可方便检查门系统。

以下为指示内容:

I0—I15:输入信号的逻辑电平(绿色);O0—O6:输出信号的逻辑电平(红色)。

ERROR:故障指示(红色);O/C:安全继电器状态,门驱动电机启动(开门方向或关门方向)(绿色);5VDC:内部电压(红色)。表 3-3 给出了门机控制器 LED 灯显示状态。

表 3-3 门机控制器 LED 灯显示状态对应表

LED 灯显示	信号表示	状态描述
I0	紧急解锁开关	"亮" = 门紧急解锁
I1	锁到位开关	"灭" = 门锁到位
I2	隔离开关	"灭" = 门隔离
I3	互锁回路	"亮" = 互锁回路接通
I4	关到位开关	"灭" = 门关到位
I5	未使用	
I6	门地址编码	"亮/灭" = 位 1
I7	门地址编码	"亮/灭" = 位 2
I8	门地址编码	"亮/灭" = 位 3
I9	门地址编码	"亮/灭" = 位 4
I10	开门列车线	"亮" = 开门
I11	关门列车线	"亮" = 关门
I12	重开门列车线	"亮" = 重开门
I13	零速列车线	"亮" = 车速≤1 km/h
I14	未使用	
I15	未使用	
O0	内侧车门指示灯	"亮" = 内侧车门指示灯亮
O1	车门隔离指示灯	"亮" = 车门隔离指示灯亮
O2	未使用	
O3	未使用	
O4	未使用	
O5	未使用	

除了以上所述的所有输入输出口配有 LED 外,以下元件及功能也配有 LED

ERROR	门故障指示	"亮"＝EDCU 硬件故障或软件丢失
		"闪烁"＝当前最高级别
O/C	安全继电器状态和开/关门状态指示	"亮"＝内部安全继电器闭合
		"闪烁"＝门驱动电机处于开/关门状态
5VDC	5 V 电源指示	"亮"＝EDCU 内部 5 V 电源电压正常

门诊断系统将检测以下所有的诊断数据。通过 EDCU 上红色"ERROR"LED 的闪动次数指明所有的车门故障类型。所有这些诊断代码都可以读出，如表 3-4 所示。

表 3-4 诊断代码说明

ERROR 闪动次数	故障类型	故障处理方法
1	门驱动电机电路断路	检查电机及其电路、接线、EDCU 输出电路
2	门锁到位开关故障	调节门锁闭开关安装位置，更换门锁闭开关
3	门关到位开关故障	调节门关闭开关安装位置，更换门关闭开关
4	门 3 s 内没有解锁	检查门驱动机构的自由运动、门的调节、安全继电器的功能和 EDCU
5	门位置传感器故障	检查门位置传感器和 EDCU 的输入电路
6	在固定次数的失败关门过程后，关门过程的障碍检测触发	清除门导轨上的障碍物
7	开门过程障碍检测触发达到 6 次	检查 EDCU 的门位置传感器信号输入，检查调节门驱动机构，调节关到位开关
8	EDCU 内部安全继电器故障	检查零速信号相关电路的接线，更换 EDCU
9	门未经许可离开了关到位且锁到位位置	检查紧急解锁装置、紧急解锁开关的调节和接线；检查门驱动机构、门锁闭装置；检查关门到位开关和 EDCU 输入线路的调节和接线
10	门锁到位装置故障	检查紧急解锁装置、紧急解锁开关的调节和接线；检查门驱动机构、门锁闭装置；检查关门到位开关和 EDCU 输入线路的调节和接线
11	内侧车门指示灯的 EDCU 输出短路	检查与 EDCU 输出端 O0 连接的零件、EDCU 的接线和输出
12	车门切除指示灯 EDCU 输出短路	检查与 EDCU 输出端 O1 连接的零件、EDCU 的接线和输出
13	保留	保留
14	保留	保留
15	诊断存储故障	更换 EDCU
16	数据总线通信故障	检查车辆数据总线电缆、连接器和总线接口

课后习题

一、判断题

1. 一般车门按用途分为客室车门、司机室车门、紧急疏散门、司机室通道门四种。（　　）
2. 城市轨道交通车辆单节车辆共有 5 对车门。（　　）
3. 塞拉门开启时门页贴靠在侧墙外侧，关闭时门页外表面与车体外墙成一平面。（　　）
4. 紧急解锁装置在每个车门的内外两侧均设置，便于紧急情况下乘客手动打开车门。（　　）
5. 车门只有当车辆为零速时才可以打开，当列车车门打开时，若零速信号丢失，车门导向关闭。（　　）

二、选择题

1. 地铁自运营以来，（　　）的故障率一直居车辆故障首位。
   A. 弹簧减震装置系统　　　　B. 车门系统
   C. 中央牵引装置系统　　　　D. 传动装置系统
2. 当列车速度大于 5 km/h 时，列车上任何与外界联系的车门都不允许正常打开，一旦被强行打开，列车将执行（　　）。
   A. 停车制动　　　　　　　　B. 紧急制动
   C. 保压制动　　　　　　　　D. 快速制动
3. （　　）为可伸缩的套节式踏级板，两侧设有扶手栏杆，中间铝合金踏板上涂有防滑漆，故乘客在上面行走时不会滑跌。
   A. 司机室车门　　　　　　　B. 司机室通道门
   C. 客室车门　　　　　　　　D. 紧急疏散门
4. 单个车门发生故障无关门信号，为了不影响正常运行，应该操作以下哪个装置？（　　）
   A. 内紧急解锁　　　　　　　B. 外紧急解锁
   C. 门隔离　　　　　　　　　D. 门旁路
5. 客室外侧的橙黄色等闪烁，表示（　　）。
   A. 门关好　　　　　　　　　B. 门打开
   C. 车门故障　　　　　　　　D. 开/关门过程

三、简答题

1. 车门按照开启方式划分可分为哪几类？
2. 塞拉门运动时的力是怎么传递的？
3. 单个车门发生故障时的处理方法是什么？

模块四　转　向　架

【知识目标】
1. 掌握转向架的作用、技术要求、分类与组成。
2. 掌握跨座式单轨车辆转向架的结构特点和主要零部件。
3. 掌握转向架零部件维护的基本要领。

【技能目标】
1. 能对照实物识别转向架的组成零部件。
2. 能熟记转向架外观检查通用要求。
3. 能对各零部件进行外观检查和尺寸误差的检查。
4. 会使用轮径尺和第四种检查器测量车轮相应的尺寸。

项目一　转向架概述

一、转向架的主要作用

1. 支撑车体、传递载荷

转向架承受车辆自重和载重，使轴重均匀分配，传递给钢轨，并传递从车体至轮对之间或轮轨至车体之间的各种载荷及作用力。一般情况下，车体重量通过二系弹簧传给转向架构架，然后通过一系弹簧均匀地分配到各个轴箱上，最后经轮对作用于钢轨。若转向架有摇枕，车体重量由摇枕承载，由摇枕传递给二系弹簧。

2. 使车辆顺利通过曲线

转向架可以围绕其中心相对于车体回转，能灵活地沿着直线线路运行或顺利地通过曲线，减少运行阻力与噪声，提高运行速度，保证车辆安全运行。

普通列车转向架通过曲线时，钢轨与导轮之间的横向作用力，使转向架相对于车体产生一定偏转，让列车顺利通过曲线。

径向转向架在通过曲线时，除其转向架能绕转向架中心偏转以外，其轮对也能够顺着曲线方向偏转一定角度，能进一步减少轮缘与钢轨的冲角，降低轮轨横向力，让转向架具有更高的曲线通过能力。

3. 传递牵引力和制动力

在牵引时，牵引电机产生转矩通过齿轮传动装置使轮对沿钢轨滚动，轮对与钢轨之间的黏着作用使车轮滚动力矩转化为向前的轮周牵引力,如图4-1所示。

制动时,电机或制动器给轮对施加的反向力矩,轮对与钢轨之间的黏着作用使该力矩转化为向后的制动力。制动力与牵引力传递过程相同,方向相反,使列车具有良好的制动效果,以保证列车能在规定的距离内停车。

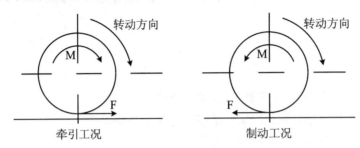

图 4-1　轮对旋转受力方向示意图

若转向架安装的电机是直线电机,其牵引力和电制动力不需要车轮来传递,车轮只起到支撑车辆的作用。直线电机通过牵引杆把牵引力(制动力)传递给构架。

4. 缓和震动和冲击,提高乘坐舒适性

转向架的结构要便于弹簧减震装置的安装,使之具有良好的减震特性,以缓和车辆和线路之间的相互作用,减少震动和冲击,减少动应力,提高车辆运行平稳性和安全性。

轨道上存在着各种各样的导致不平顺的因素,实际上车轮也不是理想的几何圆形,踏面擦伤、轨道接头、变形、局部不平顺,以及道岔、弯道等因素都会使轮对产生震动,震动通过转向架传给车体,一方面降低了客室乘坐舒适性,另一方面使车辆部件和线路容易损坏。所以转向架应该具有缓和冲击、减震的功能。

二、转向架的技术要求

为了保证转向架性能,必须确保转向架具有良好的运用性能和可维修性,转向架设计时应充分考虑以下要求:

1. 转向架设计应有较高的可靠性

转向架是承载列车安全运行的关键设备,在任何条件下,列车运行过程中不得出现断裂和影响功能的变形,所以转向架各部件必须具备较强的刚度,安全可靠。

2. 转向架要具有良好的动力学性能

转向架应降低自重,降低簧下质量;转向架要选择合适的一系悬挂装置、二系悬挂装置和抗侧滚扭杆等弹簧件,以及合适阻尼系数的减震器,以建立良好的悬挂系统;为了避免共振,转向架固有频率,包括悬挂件的固有频率,应与车体及安装在其上的设备的固有频率分散;转向架各部件在允许磨损范围内,在各种运营条件下,应避免噪声及额外震动。

3. 既要考虑合适的刚度,又要考虑合适的柔度

一方面转向架各部件本身应有一定的刚度,确保安全,又需要有一定的弹性,缓和冲击,减少受力,提高寿命。另一方面各部件之间的安装和连接也要有一定的刚度和柔度,如牵引杆、吊杆等都通过橡胶关节来安装,既可保证良好的定位,又可减少冲击。此外转向架在横向运动、垂向运动、回转运动等方面应具有一定的自由度,但同时也受到减震器、摩擦副、止挡等部件的限制,才能确保转向架的动力学性能和曲线通过性能。

4. 要确保良好的可维修性

转向架运用过程中承受的冲击和磨损,使转向架成为列车各部件中维护工作量最多的部件,地铁转向架使用4—6年后就要分解检修,所以转向架在设计时就应考虑其可维修性。地铁车辆转向架在设计过程中应注意以下问题:

① 所有转向架及其相同功能的部件都具有互换性,如转向架整件、构架、轴箱、弹簧等,不同位置的转向架基本都可以互换。

② 在确保性能基础上,转向架结构应尽量简单,充分考虑维修空间,构架上各部件的对位、拆装、调整应简单易操作。

③ 转向架上的部件维护周期应尽量延长,最好能与列车架修和大修同步进行。

表4-1是合肥地铁转向架的技术参数:

表 4-1 合肥地铁转向架的技术参数

参数名称	单位	动车转向架	拖车转向架
轨距	mm	1 435	1 435
轴重	t	14	14
车辆定距	mm	12 600	12 600
转向架轴距	mm	2 300	2 300
轮径(新轮)	mm	840	840
轮径(全磨损)	mm	770	770
最高运行速度	km/h	80	80
构造速度	km/h	88	88
车轮内侧距	mm	1 353	1 353
轮辋宽度	mm	135	135
转向架重量	kg	6 500	4 500
轴颈直径	mm	120	120
转向架最大长度	mm	3 194	3 305(含WFL),3194(不含WFL)
转向架最大宽度	mm	2 470	2 470
转向架最大高度	mm	921	921
齿轮传动比	/	7.071	/

三、转向架的分类与组成

由于转向架所应用的城市轨道交通车辆的不同,以合肥地铁1号线为例,根据转向架是否含有驱动装置,分动车转向架(图 4-2)和拖车转向架,拖车转向架又分为一位端转向架(图 4-3)和二位端转向架(图 4-4)。转向架主要包括构架、轮对、轴箱、抗侧滚扭杆、弹性悬挂装置、中央牵引装置、基础制动装置。动车转向架还包括联轴器、齿轮箱、牵引电机。

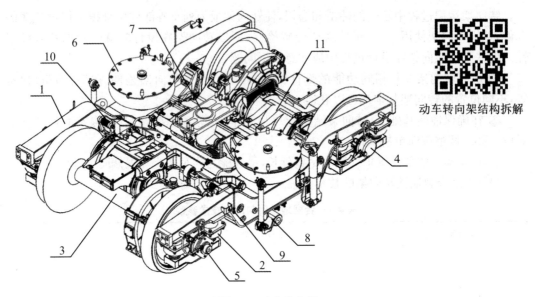

动车转向架结构拆解

图 4-2 动车转向架

1. 动车构架装置;2. 一系悬挂装置;3. 轮对轴箱装置;4. 速度传感器轴端装置;5. 接地轴端装置;
6. 二系悬挂装置;7. 牵引装置;8. 抗侧滚扭杆装置;9. 阀总成;10. 基础制动装置;11. 牵引传动装置

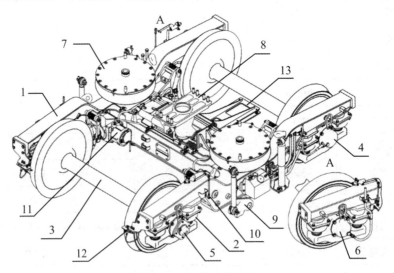

图 4-3 一位拖车转向架

1. 拖车构架装置;2. 一系悬挂装置;3. 轮对轴箱装置;4. 速度传感器轴端布置;5. 接地轴端布置;
6. 信号轴端布置;7. 二系悬挂装置;8. 牵引装置;9. 抗侧滚扭杆装置;10. 阀总成;
11. 基础制动装置;12. 轮缘润滑装置;13. TI 天线布置

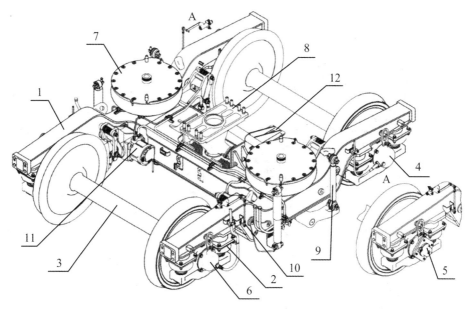

图 4-4 二位拖车转向架

1. 拖车构架装置;2. 一系悬挂装置;3. 轮对轴箱装置;4. 速度传感器轴端布置;5. 接地轴端布置;6. 信号轴端布置;7. 二系悬挂装置;8. 牵引装置;9. 抗侧滚扭杆装置;10. 阀总成;11. 基础制动装置;12. 接近器天线布置

如图 4-5 所示,动车转向架安装有牵引电机和齿轮箱,每台转向架安装 2 个接地装置、2 个速度传感器。一位拖车转向架安装 TI 天线和轮缘润滑装置,每台转向架安装 1 个轴端接地装置、2 个防滑器速度传感器和 1 个信号速度传感器。第三轨受流时在转向架上设有受流器安装座。

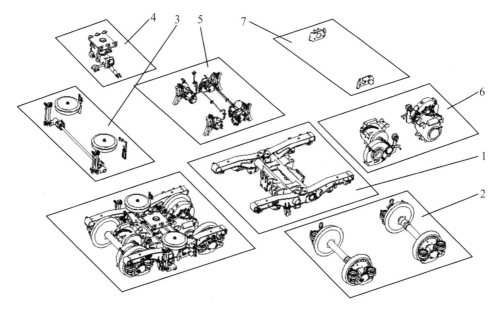

图 4-5 动车转向架组成

1. 构架组成;2. 轮对轴箱装置;3. 二系悬挂装置;4. 牵引装置;5. 基础制动装置;6. 驱动装置;7. 受流器安装座

如图 4-6 所示,二位拖车转向架上安装接近器天线,每台转向架安装 1 个轴端接地装置、2 个防滑器速度传感器和 1 个信号速度传感器。

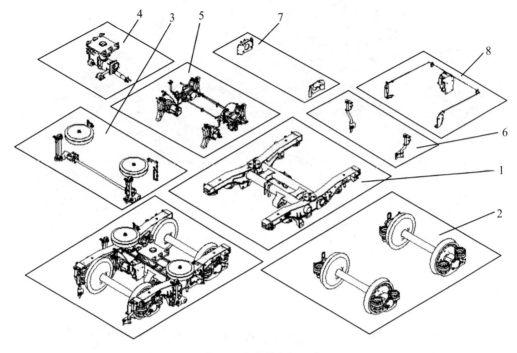

图 4-6　拖车转向架组成

1. 构架组成；2. 轮对轴箱装置；3. 二系悬挂装置；4. 中央牵引装置；
5. 基础制动装置；6. 排障器装置；7. 受流器安装座；8. 轮缘润滑装置

项目二　转向架结构与原理

一、构架

1. 构架的主要功能

转向架构架为 H 形,主要结构由两个侧梁和一个横梁组成。用于固定其他设备的支架、固定座和附件都焊接在构架上,如图 4-7、图 4-8、图 4-9 和图 4-10 所示。

构架把转向架各零部件组合成一个总体,是转向架承受作用力的部分。它有以下特点:

① 部分尺寸精度要求较高,使各部件安装具有较高的定位精度,使转向架达到较高的运行性能。

② 便于各部件及附加装置的安装,包括轮对、传动齿轮装置、牵引电机、制动系统的安装。

③ 结构经过科学设计,具有足够高的强度,承受并传递牵引力、制动力、车体重量以及各种冲击、震动,保证列车运行安全。

模块四 转向架

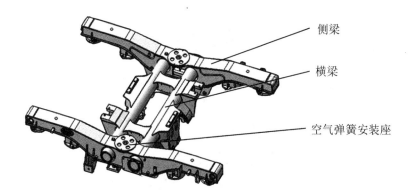

图 4-7 动车构架

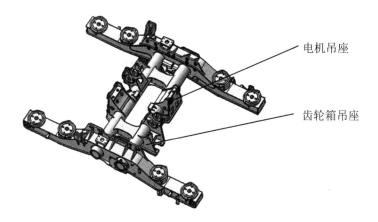

图 4-8 动车构架(背面)

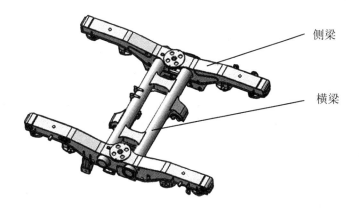

图 4-9 拖车构架

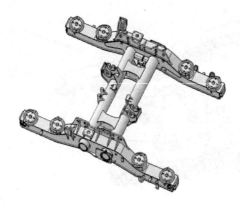

图 4-10 拖车构架(背面)

2. 构架的分类

(1) 按制造工艺类型划分

按制造工艺类型的不同,构架可分为铸钢构架和焊接构架。由于铸钢构架重量大,铸造工艺复杂,使用中受到一定程度的限制,因此城市轨道交通车辆一般采用焊接构架,焊接构架的组成梁是中空箱型,重量轻,节省材料,且能满足强度和刚度的要求。压型钢板的焊接构架,其梁件可以按等强度设计,箱型截面尺寸可以依据各部位受力情况设计,而且可以减少焊缝数量,合理分布焊缝,这样不仅可以有足够的强度,而且轻量化,材料利用率高,但这对焊接设备的要求高,而且成本高。

(2) 按结构形式划分

按结构形式的不同,构架通常又分为开口式、封闭式,或者分为 H 形、日字形、目字形等,目前城市轨道交通车辆转向架普遍采用 H 形轻量化低合金高强度钢板焊接构架。

3. 构架的组成

构架装置是转向架的主要结构件,分为动车构架装置(图 4-11)和拖车构架装置(图 4-12)。两者均由两个侧梁和一个横梁对接而成,属于 H 形构架,包括采用钢板焊接结构的箱型侧梁以及与侧梁相贯通的无缝钢管横梁。动车构架设置牵引电机和齿轮箱的安装座,拖车构架设置轮缘润滑装置和天线装置安装座。

侧梁采用中空箱型结构,下部设有制动吊座和抗侧滚扭杆座,用于安装制动缸和抗侧滚扭杆。

横梁为无缝钢管结构,由两个箱型纵梁连接成横梁框架。横梁上对角焊接有电机吊座、齿轮箱吊座和牵引拉杆座,分别用于安装牵引电机、齿轮箱吊杆和牵引拉杆。箱型纵梁的内面上用于安装横向挡。

构架焊接后,进行整体热处理,去除焊接残余应力,之后在精加工中心上对主要定位安装部位进行精加工,保证零部件组装的精度,最后进行整体打砂和油漆。

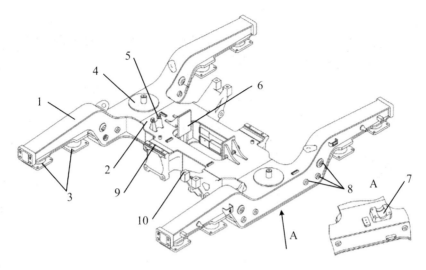

图 4-11 动车构架装置

1. 侧梁;2. 横梁;3. 一系悬挂装置安装座;4. 空气弹簧安装座;5. 二系横向减震器座;
6. 横向止挡座;7. 抗侧滚扭杆安装座;8. 基础制动安装座;9. 牵引电机安装座;10. 齿轮箱安装座

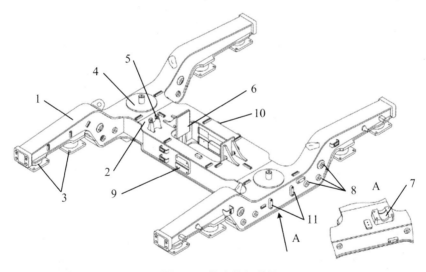

图 4-12 拖车构架装置

1. 侧梁;2. 横梁;3. 一系悬挂装置安装座;4. 空气弹簧安装座;5. 二系横向减震器座;6. 横向止挡座;
7. 抗侧滚扭杆安装座;8. 基础制动安装座;9. 接近器天线安装座;10. TI天线安装座;11. 油箱安装座

二、轮对轴箱装置

1. 轮对轴箱装置主要功能

轮对轴箱装置(图 4-13)分为动车轮对轴箱装置(图 4-14)和拖车轮对轴箱装置(图 4-15),由车轴、车轮、轴承、轴箱体、轴箱后盖、轴承等部分组成。

（1）轮对主要功能

车辆与轨道的接触部分，引导车辆安全地沿轨道运行；承载车辆重量；将牵引力和制动力传递到轨道（齿轮箱安装于动车转向架轮对）。

（2）轴箱主要功能

将轮对的旋转运动转变为列车沿钢轨上的平动；一系悬挂装置的定位基础；支撑构架及以上部件重量，传递垂向力；传递牵引力和制动力。

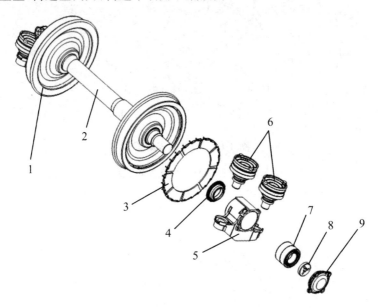

图 4-13　轮对轴箱装置

1. 车轮；2. 车轴；3. 阻尼器；4. 防尘挡圈；5. 轴箱；6. 轴箱弹簧；7. 滚动轴承；8. 压板；9. 轴箱前盖

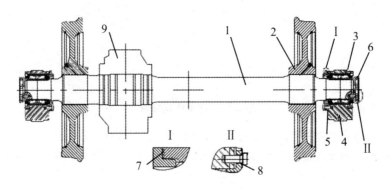

图 4-14　动车轮对轴箱装置

1. 动车车轴；2. 车轮；3. 轴承；4. 轴箱体；5. 轴箱后盖；6. 轴端压盖；7. 轴箱密封垫；8. 防松片；9. 齿轮箱

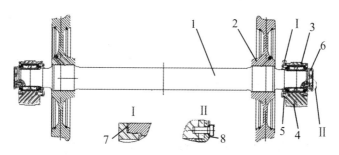

图 4-15 拖车轮对轴箱装置

1. 拖车车轴；2. 车轮；3. 轴承；4. 轴箱体；5. 轴箱后盖；6. 轴端压盖；7. 轴箱密封垫；8. 防松片

2. 轮对装置

轮对装置由一根车轴和两个同型号的车轮通过过盈配合组装而成，轮对的组装通常采用冷压落热套的工艺，将车轮和车轴牢固地结合在一起，以保证其使用过程中不会松脱。

如图 4-16 所示，轮对的内侧距标准为 1 353±2 mm，轮对内侧距是一项重要的运行安全参数，过大（即轮缘与钢轨之间的游隙过小）会导致轮缘与钢轨的严重磨耗，过小（即轮缘与钢轨之间的游隙过大）导致车辆蛇形运动振幅增大，同时有可能发生掉道现象。

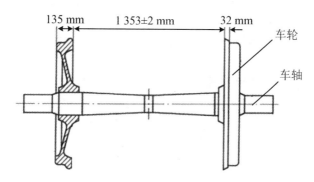

图 4-16 轮对装置

（1）车轮

如图 4-17 所示，目前普遍采用的是磨耗型踏面的整体碾钢轮，由踏面、轮缘、辐板和轮毂组成。

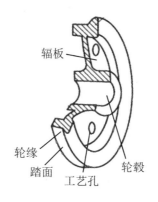

图 4-17 车轮结构

车轮直径是 840 mm,磨耗极限是 770 mm,主要是为了保证车轮具有 70 mm 的镟修量,从而保证车轮的使用寿命。车轮加装有降噪阻尼器,能有效地降低车辆通过曲线时轮轨间由于侧滑、挤压、摩擦而产生的高频噪声。

车轮的表面车有一圈最终镟轮标记的凹槽。该凹槽的直径恰好是允许镟 4 次轮的标记,每次镟轮厚度为 7 mm。

(2) 车轴

车轴用来连接车轮和转向架构架,支撑转向架和车体,传递牵引力和制动力,承受车体重量。

车轴轴承为圆锥滚子轴承并且是终身润滑的,也就是说在运营期间无需添加润滑油脂。轴承有集成密封结构,可以防止润滑脂的流失以及灰尘和其他污染物的进入。这也可以作为轴箱自身密封的补充。

如图 4-18 所示,动车轴上装配了两个车轮,齿轮箱通过压装在车轴上的轴承和斜齿轮安装在动车轴上。

图 4-18 动车轴组件

拖车轴包括两个冷压车轮、轴箱,轴箱通过轴承安装在轴上,如图 4-19 所示。

图 4-19 拖车轴组件

由于车轴各部位受力状态不同及装配的需要,其直径也不大一样,其组成部分如图 4-20 所示:

① 轴颈:用以安装滚动轴承,负担车辆重量,并传递各方向的静动载荷。

② 轮座:为车轴与车轮配合部位。轮座直径向外侧逐渐减少,成为锥体。

③ 防尘挡板座:为车轴与防尘挡板座配合部位,其直径比轴颈大,比轮座小,位置介于

两者之间,是轴颈与轮座的过渡部分,以减少应力集中。

④ 齿轮座、齿轮箱轴承座:动车车轴的一端有齿轮座、齿轮箱轴承座。

⑤ 轴身:为车轴中央部分,该部位受力最小。

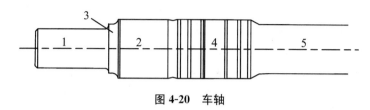

图 4-20 车轴

1. 轴颈;2. 轮座;3. 防尘挡板座;4. 齿轮座、齿轮箱轴承座;5. 轴身

(3) 车轮的镟修

运营中车轮的最小直径为 770 mm。因此,镟过轮的车轮必须有足够的余量,以保证转向架在运营中该最小轮径不会受到侵害。

根据车轮外侧轮缘周围的加工凹槽,可以目测车轮的磨耗程度。当车轮的侧面接触到凹槽的顶部时,则意味着车轮踏面离最小直径的限制还有 7 mm 的余量。

镟轮之后,车轮的踏面应符合相关标准中对磨耗型踏面的要求。运用限度:在同一根车轴上,车轮的直径差值不得超过 2 mm,同一转向架不得超过 4 mm,同一车体下的转向架车轮直径差值不得超过 6 mm。超过以上限度须进行镟轮处理。

镟轮后,在同一根车轴上,车轮的直径差值不得超过 0.5 mm。同一转向架以及同一车体下的转向架上的车轮的直径差值应不超过 2 mm。

当车轮磨耗或对车轮进行镟修后,导致空气弹簧充气状态下车体地板面高度不符合要求时,应在空气弹簧下端加垫片进行调整,同时校正防过冲止挡的间隙和天线安装高度。

3. 轴箱装置

轴承与轴箱的组合体称为轴箱装置,它是实现轮对与构架既相互连接又相互运动的关键部件。

(1) 轴箱的组成

轴箱主要由轴箱体、轴箱轴承、轴箱前盖、轴端压板、防尘挡圈和 O 形密封圈等组成,如图 4-21 所示。

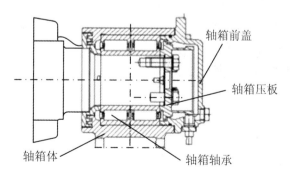

图 4-21 轴箱组成

(2) 轴箱的定位方式

约束轮对与构架之间的相对运动的机构称为轴箱定位装置,由于轴箱相对于轮对左右

前后的间隙很小,故轴箱定位也是约束同一转向架两轮对相对运动的轮对定位。

对于轴箱定位的基本要求是:在纵向和横向上应该具有适宜的弹性定位刚度值;结构应简单可靠,性能稳定,无磨耗或少磨耗,检修方便,重量轻。

适宜的轴箱定位,不仅可以避免车辆在一定运行速度范围内发生蛇行运动导致失稳,还可以保证车辆曲线运行具有良好的导向性,从而减少轮对与钢轨之间的冲击和侧压力,减轻车轮轮缘与钢轨的磨耗,确保车辆运行的安全性和平稳性。

① 拉板式轴箱定位方式。用特种弹簧钢材制成的薄片形定位拉板,其一端与轴箱连接,另一端通过橡胶节点与构架相连。利用拉板在纵、横向的不同刚度来约束构架与轴箱的相对运动,以实现弹性定位。拉板上下弯曲刚度小,对轴箱与构架上下方向的相对位移就约束很小,如图4-22所示。

 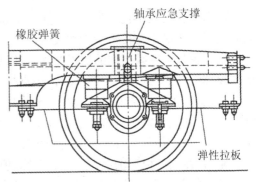

图 4-22　拉板式轴箱定位方式

② 拉杆式轴箱定位方式。拉杆的两端分别与构架轴箱销接,拉杆两端的橡胶垫、套分别限制轴箱与构架之间的横向与纵向的相对位移,实现弹性定位。拉杆允许轴箱与构架在上下方向有较大的相对位移,如图4-23所示。

 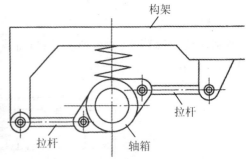

图 4-23　拉杆式轴箱定位方式

③ 转臂式轴箱定位方式。又称弹性铰定位,定位转臂的一端与圆筒形轴箱体固接,另一端以橡胶弹性节点与构架上的安装座相连接。弹性节点允许轴箱与构架在上下方向有较大的位移,弹性节点内的橡胶件的设计满足轴箱在纵向和横向上具有适宜的、不同的定位刚度要求,其结构如图4-24所示。

④ 层叠式橡胶弹簧定位方式。在构架与轴箱之间装设压剪型层叠式橡胶,其垂向刚度较小,使轴箱相对构架有较大的上下方向位移,而它的纵、横向有适宜的刚度,以实现良

好的弹性定位。如图 4-25 所示。

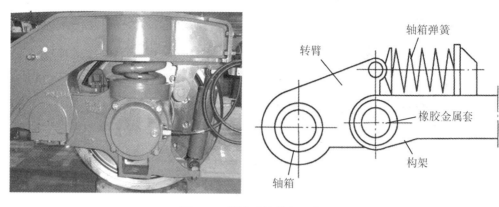

图 4-24　转臂式轴箱定位方式

上述的定位方式,均为无磨耗的轴箱弹性定位的装置,通过对橡胶金属弹性铰接或弹性节点的设计,可以实现轴纵、横向不同定位刚度的要求,从而取得较为理想的定位性能。

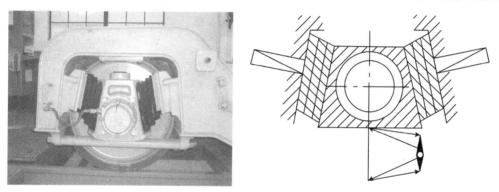

图 4-25　层叠式橡胶弹簧定位方式

(3) 轴端

根据列车总体布置要求,转向架设置了三种轴端,分别为速度传感器轴端(图 4-26)、接地轴端(图 4-27)和信号轴端(图 4-28),各轴端在转向架上的布置见图。

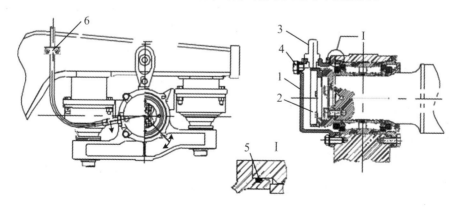

图 4-26　速度传感器轴端

1. 防滑轴箱盖;2. 测速齿轮;3. 速度传感器;4. 螺堵;5. 密封圈;6. 线卡

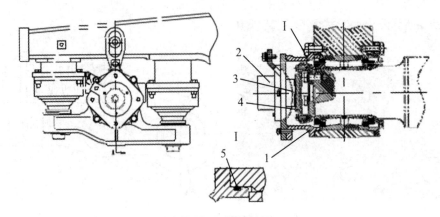

图 4-27 接地轴端

1. 接地轴箱盖；2. 接地装置；3. 接地电刷；4. 接地铜盘；5. 密封圈

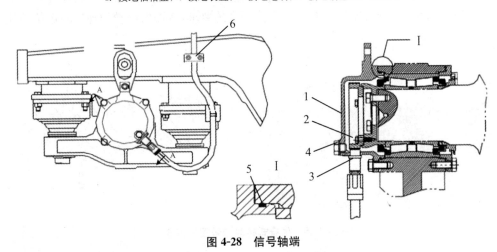

图 4-28 信号轴端

1. 信号轴箱盖；2. 测速齿轮；3. 速度传感器；4. 螺堵；5. 密封圈；6. 线卡

轴端的主要功能如下：速度传感器轴端为列车制动等系统提供各轴的速度信号。接地轴端将车辆接地和回流电流引导到轮对上，通过接触传递到钢轨上，防止电流通过轴承，造成轴承的电化腐蚀。信号轴端为列车信号等系统提供速度信号。

三、弹簧悬挂装置

车体不是刚性地安装在转向架上，而是通过弹簧悬挂装置连接起来，并经过减震装置衰减车体震动，整个车辆就是一个多刚体、多自由度的震动系统。

1. 弹簧悬挂装置的主要功能

弹性悬挂装置的主要功能是缓和和衰减车辆震动和冲击，使车辆运行安全平稳，提高列车乘坐舒适性。

（1）弹簧装置

车辆弹簧装置的作用主要体现在：一是使车辆质量及载荷比较平均地传递给各轮轴；

二是缓和因线路的不平顺、轨缝、道岔、钢轨磨耗或沉降不均匀,以及车轮擦伤、车轮不圆、轴颈偏心等原因引起的车辆震动和冲击;三是依托定位装置,如轴箱定位装置,心盘与构架之间的纵、横向缓冲止挡等发挥弹性约束作用。

(2)橡胶元件

车辆上采用的橡胶元件具有以下优点:

① 可避免金属件之间的磨耗,安装、拆卸简便,且不需润滑,故有利于维修及降低维修成本;② 可减轻自重;③ 具有较高内阻,对高频震动的减震以及隔音有良好效果。

橡胶件主要缺点:

① 不耐高温,不耐低温,耐油性差;② 使用时间长容易老化。

2. 一系悬挂装置

一系悬挂装置为轮对和转向架构架提供连接。它传递轮对和转向架间的牵引力和制动力,并为轮对提供必要的平面刚度,以保证转向架的动态稳定性。

(1)一系悬挂装置的作用

① 保护转向架构架和车辆免受来自轨道的过度震动。

② 在特殊轨道运行状态下确保车辆不会脱轨。

③ 能够发挥良好的曲线性能,同时在运行速度范围内确保转向架的动态稳定性。

一系悬挂装置主要功能:将轮对定位在构架上,连接轮对与构架;承受车辆载荷,传递牵引力、制动力、轮轨横向力等;衰减来自轨道的震动,保证转向架脱轨系数、减载率、稳定性的指标在安全范围内。

(2)一系悬挂装置的组成

一系悬挂以锥形橡胶堆定位方式为例,如图 4-29 所示。

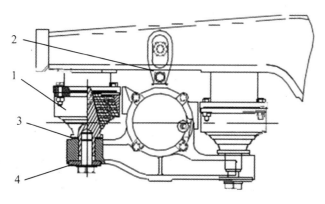

图 4-29 一系悬挂装置-锥形橡胶堆定位装置

1. 一系橡胶弹簧;2. 轮对提吊;3. 一系调整垫;4. 垫板

一系悬挂由一系橡胶弹簧、轮对提吊等部分组成。两个螺栓将轴箱弹簧上端固定在构架上的一系悬挂装置座上。采用此种一系悬挂装置可减轻重量。有的一系悬挂装置加装液压减震器,以吸收垂向震动。

3. 二系悬挂装置

二系悬挂主要目标是提高乘客的乘坐舒适度,并且给转向架上的车体提供柔性支撑,保证转向架与车体底架作相对转动,同时空气弹簧装置可以在各种载客量情况下保持恒定的地板面高度。

如图 4-30 所示,二系悬挂装置主要由空气弹簧、垂向减震器、横向减震器、高度阀、差压阀、横向止挡和抗侧滚扭杆组成。

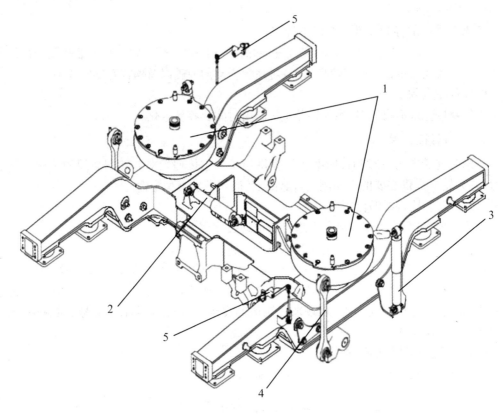

图 4-30 二系悬挂装置

1. 空气弹簧;2. 横向减震器;3. 垂向减震器;4. 抗侧滚扭杆;5. 高度调整装置

(1) 空气弹簧

二系悬挂装置采用低横向刚度的新结构空气弹簧,如图 4-31 所示,可大大提高乘坐舒适性和通过曲线的性能,能缓和车体的垂向和横向震动。

两个空气弹簧,对称地安装在构架纵向中心线的侧车体直接落盖板上。每一空气弹簧串联一个附加的辅助弹簧(紧急弹簧),当空气弹簧泄气时,辅助弹簧可作为保护装置保证车辆能够继续前行,但是会降低乘坐舒适度。

空气弹簧装置具有以下特点:

① 刚度可选择低值,具有较高柔度,可降低车辆的自震频率,提高车辆乘坐舒适性。

② 具有非线性特性,可以根据车辆震动性能需要,设计成具有比较理想的弹性特性曲线,载荷加大时,刚度变大。

③ 由于空气弹簧刚度随着载荷增大而变大,可以设计成保持列车在空重载情况下震动频率一致,从而使列车在不同载荷状态下运行平稳性相近。

④ 与高度调整阀并用,可使车辆地板面在不同的载荷下,高度基本保持一致。

⑤ 可以承受三维方向载荷,使车辆各方向具有一定柔度,提高列车运行性能。

⑥ 空气弹簧和附加空气室之间设有适宜的节流孔,车辆震动时,进出空气弹簧的空气在此节流,使空气弹簧具有减震作用。

⑦ 可以在应急弹簧底下加垫片调整空气弹簧座高度,补偿踏面磨耗导致的车体降低。

⑧ 空气弹簧具有良好的吸收高频震动和隔音的性能。

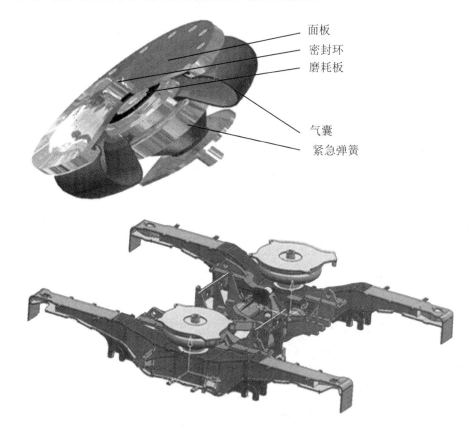

图 4-31 空气弹簧装置

(2) 高度调整装置

在每个空气弹簧上对应安装高度调整装置,用于自动调节空气弹簧的充气、排气,主要包括高度调整阀、水平杠杆、高度阀调整杆和安全吊链等,如图 4-32 所示。

高度调整装置用来检测车体与转向架之间由于乘客负载变化而引起的高度变化,并针对高度变化情况对空气弹簧进行充、放气,进而保证车辆处于恒定的平衡高度。

高度阀安装在车体上,高度阀调整杆下端安装在构架上,上端与水平杠杆的一端相连,水平杠杆的另一端穿过高度阀的转轴。这样,车体与转向架之间的高度变化就转化为水平杠杆的角度变化,完成了高度阀的打开或关闭。

高度阀调整杆的两端使用球形关节轴承,能满足车体与转向架间相对位移的要求。高度调整装置不能用于补偿车轮和转向架等零件的磨损。

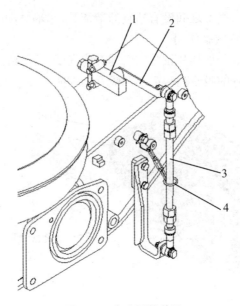

图 4-32 高度调整装置

1. 高度调整阀；2. 水平杠杆；3. 高度阀调整杆；4. 安全吊链

为了保证车辆的运行安全，在两个空气弹簧的附加空气室（图 4-33）之间安装差压阀（图 4-34）。

图 4-33 附加空气室

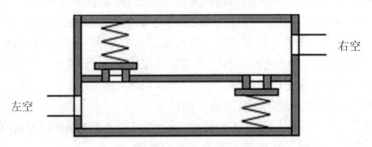

图 4-34 差压阀结构示意图

差压阀保证一个转向架两侧空气弹簧的内压之差不超过为保证行车安全规定的某个定值。差压阀装在车体上，设置在两空气弹簧之间，当两空气弹簧的压力差超过1.5 bar

时,阀门打开,两空气弹簧连通,防止一侧空气弹簧过充而导致车体侧翻,保证车辆安全运行。

附加空气室与空气弹簧之间有节流孔,对车体的垂向震动起到一定的衰减作用,因此可以不需要加装垂直减震器。因此,加装垂向减震器的二系悬挂装置可以不设附加空气室,如合肥地铁1号线车辆。

(3) 抗侧滚扭杆

为了提高车辆的运行平稳性和抗侧滚能力,每个转向架安装了一套抗侧滚扭杆装置。抗侧滚扭杆主要由扭杆、扭臂和吊杆组成,如图4-35所示。扭杆是一根具有一定扭转刚度的弹簧杆,横贯构架衡梁,两端装有扭臂,通过吊杆把车底架和扭臂的一端铰接。

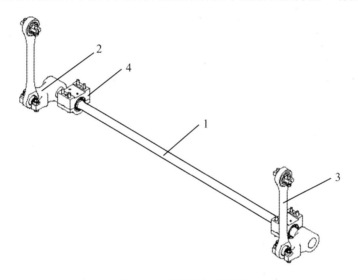

图4-35 抗侧滚扭杆装置
1. 扭杆;2. 扭臂;3. 拉杆;4. 扭座

地铁车辆通过两系悬挂来满足车辆更好的性能要求。为了提高乘坐舒适性,二系悬挂采用较小的刚度,但车辆在外力的作用下产生的侧滚运动,还有车体因曲线、侧向力、偏载等因素导致车体偏斜时,二系悬挂较小的刚度使车体两侧较容易出现相对转向架的高度差,即车体相对于转向架发生侧滚运动,这将降低车辆乘坐舒适性和运行平稳性,严重的将使车辆超出地铁车辆限界。

在车体和转向架之间安装抗侧滚扭杆,用于抑制车体的侧滚运动,从而提高乘客的舒适度,抗侧滚扭杆通过两个摩擦套固定在转向架构架底部,并通过两个连杆与车体连接。车体如果产生侧滚,将使抗侧滚扭杆扭曲,抗侧滚扭杆扭曲的过程抵消了车体的侧滚运动,起到缓冲并减少车体侧滚的作用。

(4) 横向止挡

横向止挡装置如图4-36所示,横向止挡位于牵引座两侧,设有自由间隙和弹性间隙。由柔性横向缓冲器和刚性的横向止挡组成。采用柔性的横向缓冲器是为了与低横向刚度的空气弹簧相适应,能有效地缓解车辆的横向震动。采用刚性的横向止挡是为了限制车体的横向位移,保证车辆满足限界要求。

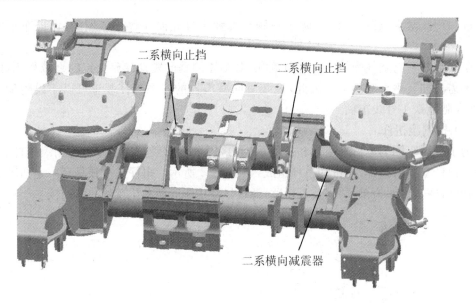

图 4-36 横向止挡装置

(5) 减震器

减震器使用油压,与弹簧一起组成弹簧减震装置,弹簧起缓冲减震作用。通常油压减震器通过把震动机械能转化为热能散发掉来减少震动,如图 4-37 所示,主要分为垂向液压减震器和横向液压减震器。

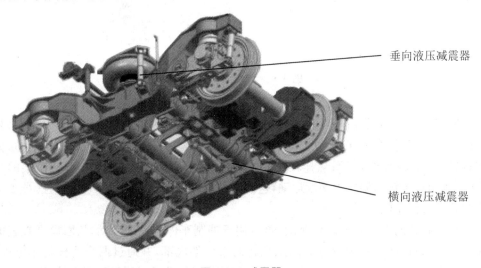

图 4-37 减震器

① 垂向液压减震器。垂向减震器端部装有弹性节点,允许车体与转向架之间有垂向位移。

② 横向液压减震器。横向减震器安装在转向架和车体中心销之间。它的端部有横弹节点,允许车体和转向架之间有横向相对运动。

四、中央牵引装置

1. 中央牵引装置的主要功能

城市轨道交通车辆普遍采用无摇枕结构的转向架。由于没有摇枕，车体直接安装于空气弹簧上，必须靠中央牵引装置来实现摇枕所具有的传递纵向力和转向功能。

中央牵引装置有以下作用：在车体与转向架构架之间起着传递牵引力和制动力的作用，同时通过橡胶连接套缓和并减轻传递中的震动和冲击，使力传递平稳，在结构上便于车体与转向架的拆装。动车和拖车转向架牵引杆结构是相同的。

2. 中央牵引装置的组成

牵引装置连接转向架构架和车体，用于在转向架与车体之间传递纵向力，允许车体和转向架之间做任何形式的相对位移。牵引装置结构如图 4-38 所示，动车和拖车转向架的牵引装置是完全相同的。

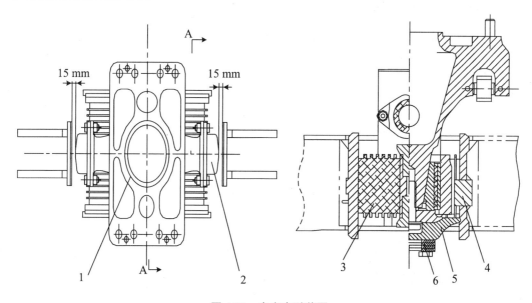

图 4-38 中央牵引装置

1. 牵引中心销；2. 横向止挡；3. 牵引橡胶堆；4. 防过充止挡座；5. 防过充止挡；6. 调整垫片

牵引装置分为以下四部分：

（1）牵引中心销

通过螺栓安装于车体底架枕梁中心，其与装于转向架横梁中部左右的横向挡各保持 15 mm 间隙，当车体与转向架间的横向自由运动超过 15 mm 时，中心销组成将与装在横梁上的弹性橡胶止挡接触，并压缩橡胶止挡。

（2）牵引橡胶堆

一个牵引装置有 4 个牵引橡胶堆，为纵向预压紧式，连接在牵引装置与构架之间，传递纵向牵引力和制动力。

(3) 起吊止挡

为了防止空气弹簧充气过量,在中心销底部安装有起吊止挡,同时也可用于整车起吊。

(4) 调整垫片

为了补偿车轮磨损量和保持起吊止挡与转向架构架防过充止挡之间的间隙在公差范围内,在不落轮镟车轮后,需将调整垫片拆下安装到起吊止挡上面。

五、基础制动装置

1. 基础制动装置的功能与分类

基础制动装置是城市轨道交通车辆空气制动系统的制动执行装置,所有空气制动力均是通过基础制动装置产生的。

根据制动方式的不同,城市轨道交通车辆的基础制动装置分为闸瓦基础制动装置、盘形基础制动装置和轨道电磁基础制动装置。

2. 基础制动装置的组成

(1) 闸瓦基础制动装置

闸瓦制动又称为踏面制动,如图 4-39 所示。每台转向架有四个踏面单元制动缸,分为两个具有停放功能的踏面单元制动缸和两个不具有停放功能的踏面单元制动缸,使用高耐磨合成闸瓦。

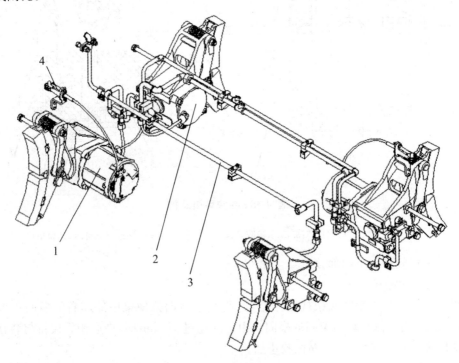

图 4-39 基础制动装置

1. 带停放制动的单元制动缸;2. 单元制动缸;3. 制动配管;4. 手动缓解拉链

闸瓦单元制动机由闸缸、活塞、杠杆、活塞弹簧、闸瓦间隙自动调节器、吊杆、扭簧、闸瓦托、闸瓦和壳体等组成,如图 4-40 所示。制动时制动控制装置根据制动质量使制动缸活塞推杆产生推力,经过一系列杆件的传递、分配,使每块闸瓦紧贴车轮产生摩擦力。缓解时,制动控制装置将制动缸内部的空气排出,制动缸活塞在缓解弹簧的作用下退回,通过杆件带动闸瓦和车轮分离。

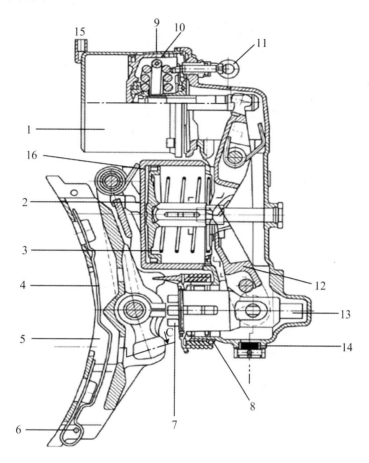

图 4-40 单元制动机

1. 弹簧制动器;2. 制动缸活塞;3. 缓解弹簧;4. 锁紧簧片;5. 闸瓦;6. 开口销;7. 调整螺母;8. 皮腔;
9. 弹簧制动器的弹簧;10. 弹簧制动器的活塞;11. 紧急缓解拉环;12. 杠杆;13. 闸瓦间隙自动调节器的推杆;
14. 滤清器;15. 空气压缩机传出的空气向弹簧制动器充气时的接口;
16. 空气压缩机传出的空气向制动缸充气时的接口

闸瓦制动的优点是:结构简单、控制简单以及对车轮踏面有一定的清扫作用。但是闸瓦制动也有缺点:车轮踏面损伤较为严重,制动过程中产生的热负荷容易使车轮踏面因为局部温度过高产生疲劳断裂及造成摩擦系数不稳定等。

(2) 盘形基础制动装置

盘形基础制动装置由单元制动缸、夹钳装置、闸片和制动盘组成。制动时,制动缸缸体和活塞杆带动两根杠杆,通过杠杆和支点拉板组成的夹钳,使装在闸片托上的闸片同时夹紧制动盘上的两个摩擦面,通过闸片与制动盘之间摩擦作用,将电动车组的动能转化为热能,起到制动的作用。

盘形制动不存在对车轮的热影响,减少了其磨损,延长了其使用寿命;散热性较好,故允许有较高的制动功率;可自由选择制动盘和闸片的材料,可获得较高的摩擦系数,同时制动装置重量有所减轻;轮轨间的黏着系数有所降低。盘形基础制动装置可分为轴盘式和轮盘式,如图 4-41 所示。

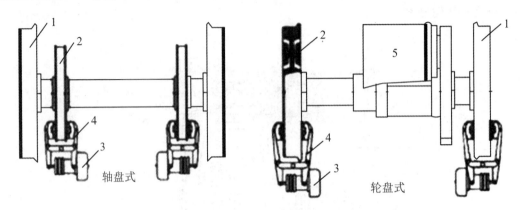

图 4-41　盘形制动装置

1. 轮对;2. 制动盘;3. 单元制动缸;4. 制动夹钳;5. 牵引电机

(3) 轨道电磁基础制动装置

轨道电磁制动通过磨耗板与钢轨之间的摩擦作用,将电动车组的动能转化为热能,并最终耗散于空气中,起到制动的作用,如图 4-42 所示。

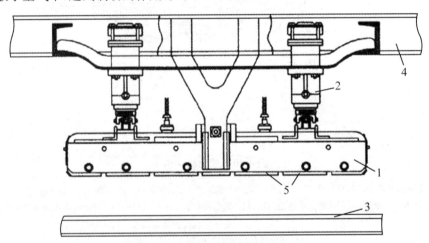

图 4-42　轨道电磁制动装置

1. 电磁铁;2. 升降风缸;3. 钢轨;4. 转向构架侧梁;5. 磨耗板

轨道电磁制动可获得较大的制动力,常被轨道车辆当作紧急制动的一种补充制动手段。但是对于钢轨的磨耗量大,钢轨更换较为复杂、成本高。因此,该种基础制动方式已不再应用于城市轨道交通车辆。

六、牵引传动装置

1. 牵引传动装置的主要功能

牵引传动装置的作用是将牵引电动机的扭矩有效地转化为转向架轮对转矩,利用轮轨的黏着机理,驱使机车或动车沿着钢轨运行。

牵引传动装置是一种减速装置,用来使高转速、小扭矩的牵引电动机驱动具有较大阻力矩的动轴。在城市轨道交通车辆中,只有动车才具有牵引传动装置。

2. 牵引传动装置的组成

牵引传动装置由牵引电机、联轴器和齿轮箱组成。牵引传动装置结构如图 4-43 所示。

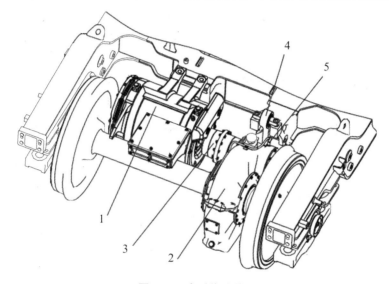

图 4-43 牵引传动装置

1. 牵引电机;2. 齿轮箱;3. 联轴器;4. 齿轮箱吊杆;5. 速度传感器

（1）联轴器

联轴器又叫联轴节,牵引电机的转矩通过联轴器传给齿轮箱小齿轮。由于车辆运行中轮对的震动、一系悬挂装置的弹性变形和蠕变,小齿轮中心、联轴器中心、电机转轴中心不会总处于一条直线上,三者总会发生一定程度上的相对运动。弧齿联轴器的内箍齿轮的外齿外形具有一定弧度,在联轴器两端产生偏移时仍能正常传动。

联轴器能承受电机和减速齿轮箱之间的所有垂向、横向、纵向和圆锥方向上的相对运动。联轴器由完全相同的两半组成,中间通过螺栓进行连接。

（2）齿轮箱

车辆齿轮箱主体安装在车轴上,一端通过齿轮箱吊杆悬挂在构架上,能有效地使传到构架上震动减少。采用斜齿轮进行传动,斜齿轮传动能有效减少齿与齿之间的接触应力,减少齿轮磨损,提高齿轮使用寿命。大齿轮端轴承为圆锥滚子轴承,小齿轮端轴承为圆柱滚子轴承。当润滑油油面低于油标最低标准刻度时,应检查齿轮箱是否漏油,并添加润滑油。

(3) 牵引电机

牵引电机的基本结构和普通电动机相似，但由于其工作条件的特殊性，它应具有以下特点：

① 牵引电机悬挂在城市轨道交通车辆转向架构架上或车轴上，并借助传动装置驱动车辆前进，因此牵引电机在结构上必须考虑传动和悬挂两方面的问题。

② 牵引电机的安装尺寸受到很大的限制，径向尺寸受到轮径直径限制，轴向尺寸受到轴距的限制，故要求其结构必须紧凑。

③ 车辆运行时，钢轨对车辆的一切动力影响都会传给牵引电机，使牵引电机承受很大的冲击和震动。

牵引电机设有防脱止挡，防止万一电机吊座失效时，电机掉落在轨道上。电机和构架之间还有接地线。齿轮箱为一级或两级传动，大齿轮压装在车轴上，另一端通过弹性齿轮箱吊杆安装在转向架构架上。构架上设有一个安全止挡块，当齿轮箱吊挂失效后，可以起到临时的安全保护作用。齿轮箱上安装有牵引系统速度传感器。

七、轮缘润滑与天线装置

为了减少车轮和轨道的磨耗，在列车两端的端部转向架一位端各安装一套油式轮缘润滑装置，如图4-44所示。

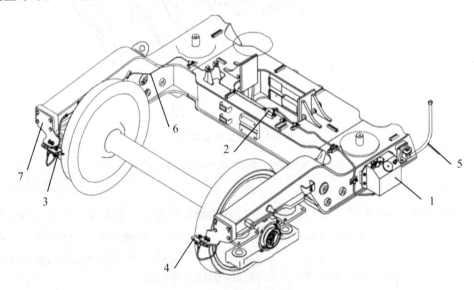

图4-44 轮缘润滑装置

1. 油箱；2. 分配器；3. 喷嘴；4. 过渡板；5. 软管；6. 管路；7. 喷嘴安装座

1. 轮缘润滑装置的主要功能

每列车在两辆头车的第一个轮对上安装轮缘润滑装置。轮缘润滑装置及布置如图4-45所示，轮缘润滑装置通过压缩空气将润滑剂喷射到轮缘上，降低钢轨和轮缘的磨耗和通过曲线时的噪声。运行时只有车辆前进方向侧的装置工作。

轮缘润滑通过在车轮上使用一薄层润滑材料，然后沉积在轨道上，从而减少车轮和轨道之间的磨耗。

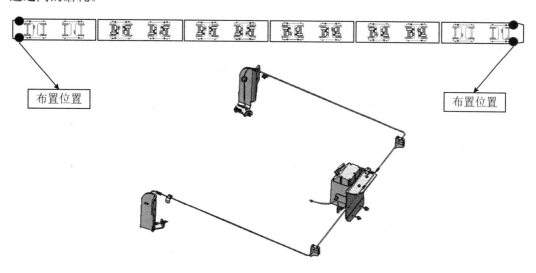

图 4-45 轮缘润滑装置及布置位置

2. 轮缘润滑装置的主要组成

轮缘润滑装置如图 4-46 所示。轮缘润滑装置采用液体润滑,只安装于前 6 列车两端的第一个轮对上。轮缘润滑组件包括:电控箱,由一个 2 位 2 通电磁阀和电控系统组成;油箱部分,由油箱、气动泵和油气混合块组成;油气分配器、喷嘴以及连接各部分之间的管路。

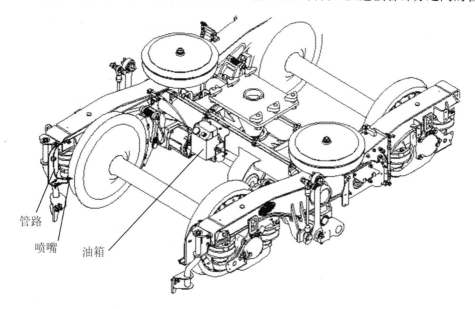

图 4-46 轮缘润滑装置

3. 轮缘润滑装置工作原理

电控箱控制动润滑油的喷射周期和控制模式,直线轨道上的喷射模式为时间控制,弯道上的喷射模式为弯道控制模式。

油箱用于储存润滑油,气动泵用于将润滑油从油箱内输出并输送到油气混合块,油气混合块将润滑油和压缩空气混合。油气分配器,能将油气混合物平均分配给两个润滑点。喷嘴使润滑剂从喷嘴出口处以 150—200 m/s 的高速喷到轮缘上。

轮缘润滑装置的工作原理如图 4-47 所示。

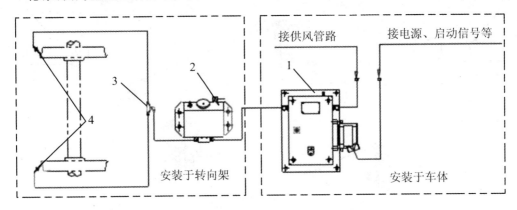

图 4-47　轮缘润滑装置工作原理图

1. 电控箱;2. 油箱;3. 分配器;4. 喷嘴

4. 天线装置

每列车在两辆头车(Tc 车)转向架上安装了进行车—地无线通信的查询天线,分为 TI 天线和 PP 天线,TI 天线装置的安装如图 4-48 所示,PP 天线装置的安装如图 4-49 所示。

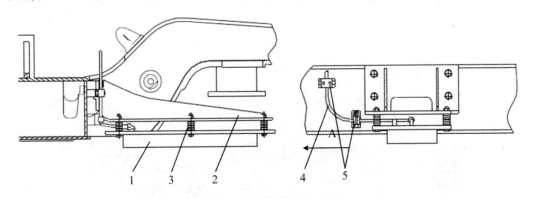

图 4-48　TI 天线安装图

1. TI 天线;2. TI 天线安装座;3. 调整垫;4. 电缆线;5. 线卡

TI 天线为应答器查询天线,用来接收应答器信号,进行地面信号查询和区间车辆定位;PP 天线为接近传感器天线,用来进行到站停车精确定位信号查询。

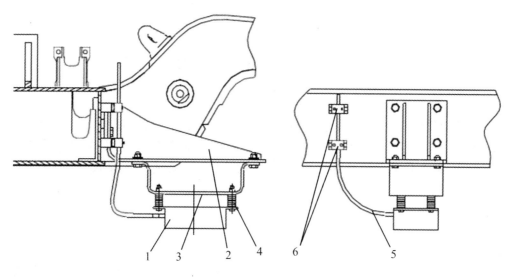

图 4-49 PP 天线安装图

1. PP 天线；2. PP 天线安装座；3. 过渡板；4. 调整垫；5. 电缆线；6. 线卡

八、转向架力的传递过程

转向架主要承受有垂向力（车体所施加）、纵向力（牵引力和制动力）和横向力（车体侧向震动和轨道施加）三种作用力。

1. 垂向力传递过程

垂向力包括车辆自重和乘客载荷，自上而下传递。

垂向力传递路径如下：车体→空气弹簧（二系悬挂）→构架→圆锥叠层弹簧（一系悬挂）→轴箱→车轴→车轮→钢轨。

2. 纵向力传递过程

纵向力包括牵引力、制动力和列车运行时由于速度变化产生的冲击力。

① 对于动车转向架，牵引力、电制动力的传递路径如下：牵引电机→联轴节→齿轮箱（减速箱）→轮对→轴箱→圆锥叠层弹簧（一系悬挂）→构架→牵引拉杆→中心销→车体。

② 空气制动力的传递路径：单元制动缸→闸瓦→轮对→轴箱→圆锥叠层弹簧（一系悬挂）→构架→牵引拉杆→中心销→车体。

③ 对于拖车转向架，牵引力和制动力是通过车钩自上而下传递的，传递路径如下：车钩→车体→中心销→牵引拉杆→构架→圆锥叠层弹簧（一系悬挂）→轴箱→轮对。

3. 横向力传递过程

横向力传递路径如下：钢轨→轮对→轴箱→圆锥叠层弹簧（一系悬挂）→构架→车体。

项目三　跨座式单轨车辆转向架

跨座式单轨铁路是只通过单根轨道来支承、稳定和导向,车体骑跨在轨道梁上运行的铁路。技术上的特点主要体现在车辆的转向架、轨道梁和线路道岔三方面,走行机理完全不同于钢轮-钢轨系统,轨道梁承受较大的扭转荷载。就性能而言,跨座式单轨铁路具有占用空间少、适应地形好、舒适、环保等特点。

一、跨座式单轨车辆转向架的特点

跨座式单轨车车辆转向架分为动力转向架(图 4-50)和无动力转向架(图 4-51)两种类型。如图 4-52 所示,每台转向架配有 4 个走行轮,转向架构架为焊接钢板结构,4 个导向轮安装在构架上部,2 个稳定轮安装在构架下部。所有轮胎为橡胶轮胎,填充氮气(也可填充空气)。每个轮上都配有一个由硬质橡胶制成的辅助轮,在气压不足爆胎时起到保护作用。

另外,每个走行轮还配有由压力开关和集流环组成的内压检测装置,可以使车辆在轮胎降压时检测轮胎漏气的情况。

跨座式单轨车辆的转向架相对复杂,是单轨车辆的重要组成部件之一,主要由转向架构架、轮胎以及辅助轮胎、中央悬挂装置、基础制动装置、驱动传动装置、内压检测装置、集电装置、接地装置、隔音材料等组成。

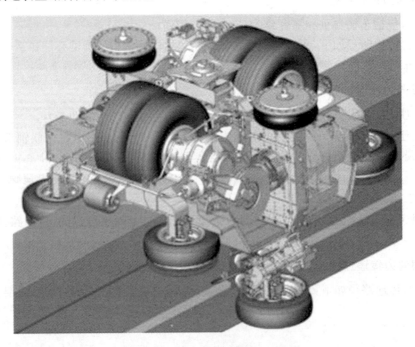

图 4-50　跨座式单轨车辆动力转向架

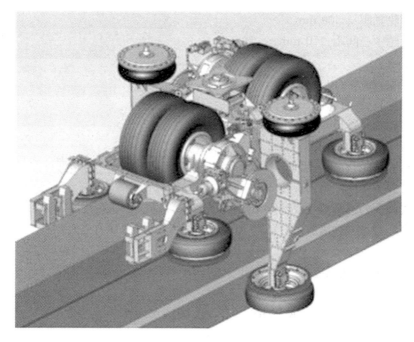

图 4-51 跨座式单轨车辆无动力转向架

图 4-52 跨座式单轨车辆转向架

该转向架具有以下特点：① 采用橡胶轮胎，运行噪声低，爬坡能力强；② 能通过最小 50 m 半径的曲线线路；③ 采用跨座式结构，轨道体积小，占地少，能降低工程建设周期和成本；④ 安全性相对较高；⑤ 给人以舒适的乘坐感，低噪声；⑥ 设计安全，无脱轨危险；⑦ 轻量化设计，轴重小。

二、跨座式单轨车辆转向架技术参数

① 走行轮直径(自由)：1 006 mm(动态直径 982 mm)。

② 走行轮轴距：1 500 mm。

③ 走行轮中心间距：400 mm。

④ 轴重：11 t。

⑤ 稳定轮直径（自由）：730 mm。

⑥ 导向轮直径（自由）：730 mm。

⑦ 导向轮轴距：2 500 mm。

⑧ 走行安全轮轴距：2 990 mm。

⑨ 空气弹簧距轨面高度：928 mm。

⑩ 空气弹簧横向间距：2 050 mm。

⑪ 空气弹簧公称有效直径：450 mm。

⑫ 最高运行、均衡（满载）速度：75 km/h、80 km/h［另设计有运行（构造）速度/最高试验速度］。

⑬ 转向架重量（包括电机）：4 500 kg（拖）、6 250 kg（动）。

三、跨座式单轨车辆转向架的结构

1. 转向架构架组成

转向架构架采用钢板焊接结构和轻量化设计，设有空气弹簧附加空气室，如图 4-53 所示。构架分为两种：动力转向架构架和无动力转向架构架，这两种构架主体结构基本相同。

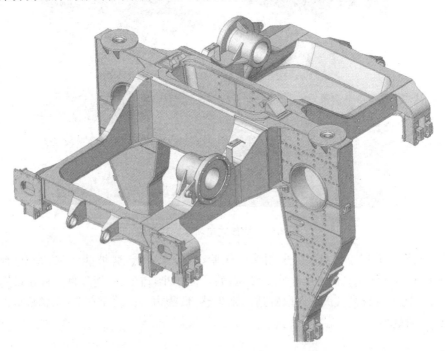

图 4-53 转向架构架

构架是转向架的关键承载结构，用以安装、连接转向架其他设备。构架主要由以下零部件组成：构架体、稳定轮支架、导向轮支架、减震器座、高度阀杆座、电机座（仅动力转向架)、隔音板安装座(仅动力转向架)、集电装置座、接地装置座、ATP 天线安装座(仅无动力转向架)。

2. 轮胎

轮胎是单轨车辆运行过程中的重要部件之一,它直接影响车辆的行车安全。在单轨车辆中,轮胎被分为走行轮胎和水平轮胎,其中水平轮胎又被分为导向轮和稳定轮。同时,一个转向架上的 4 条走行轮配备了 2 个走行轮辅助轮,6 条水平轮胎配备了 6 个水平轮辅助轮。

(1) 走行轮

如图 4-54 和图 4-55 所示,走形轮在跨座式单轨车辆转向架中承担走行任务,是一个充氮气的无内胎橡胶轮胎。通过圆锥滚子轴承,经过悬臂式空心车轴,与齿轮箱相连接,传递牵引力。

(2) 走行辅助轮

走行辅助轮如图 4-56 所示,作为安全防范措施,当走行轮胎发生故障时,其承担走行任务(速度为 15 km/h)。其安装在构架两端,转向架共有两套,属于实心轮,由铸铝轮芯和聚氨酯橡胶组成,正常运行时,距离轨道面约 59 mm。

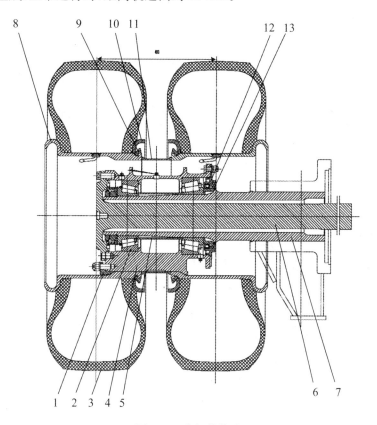

图 4-54　走行轮轮胎

1. 楔块;2. 轴承;3. 轮胎;4. 轮芯;5. 轴承间隔筒;6. 驱动轴;7. 空心轴;
8. 轮辋;9. 锁环;10. 边环;11. 轮辋间隔筒;12. 后盖;13. 防尘圈

图 4-55　走行轮轮胎实物图

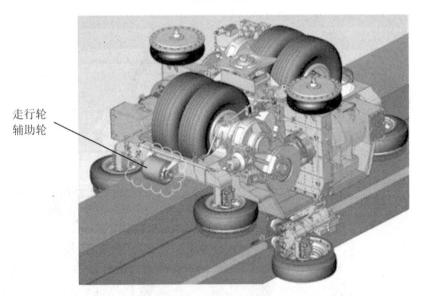

图 4-56　走行轮辅助轮

(3) 导向轮和稳定轮

导向轮起导向作用；稳定轮维持车辆平衡，防止侧倾。如图 4-57 所示。

导向轮和稳定轮的结构相同，仅车轮安装方向不同。通过螺栓与构架连接，是一种需要充氮气的有内胎的橡胶轮胎，为铝轮辋结构，设有安全轮。通过圆锥滚子轴承，水平安装使用。

在导向轮的下方和稳定轮的上方安装有辅助轮，以便在运行过程中导向轮或稳定轮发生爆胎不能正常使用时，起到应急导向或稳定的作用。

图 4-57 导向轮和稳定轮

3. 驱动装置

如图 4-58 所示,驱动装置主要由牵引电机、联轴器和齿轮箱组成。与旋转电机车辆转向架的驱动装置的区别在于,非动力转向架有齿轮箱而不安装牵引电机和联轴器。

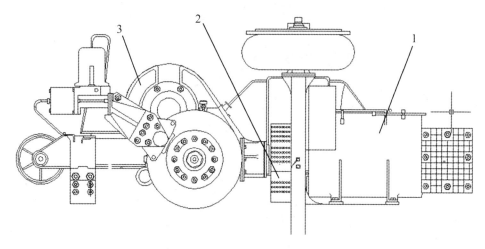

图 4-58 驱动装置

1. 牵引电机;2. 联轴器;3. 齿轮箱

(1) 牵引电机

如图 4-59 所示,牵引电机也是旋转电机,与旋转电机车辆的牵引电机一样,用来为车辆提供牵引力,是车辆的动力来源。

(2) 齿轮箱

采用两级减速及直角传动,中间轴安装有制动盘,设有卡钳安装座,通过螺栓安装在构架上,用来传递牵引力,如图 4-60 所示。在非动力转向架上也安装有齿轮箱,可安装速度传感器,此时齿轮箱主要用于制动,无输入轴。

图 4-59　牵引电机

图 4-60　齿轮箱

(3) 联轴器

联轴器主要用来连接牵引电机与齿轮箱,属于挠性板式联轴器,如图 4-61 所示。

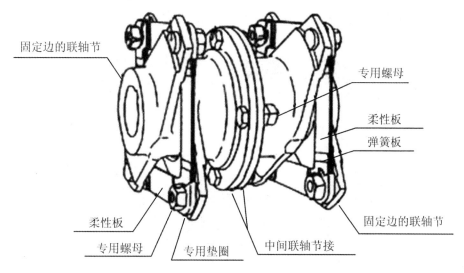

图 4-61 联轴器

这种 TD 柔性板联轴器由 2 套成倾斜角度排列的柔性板组构成,柔性板的固定边用于电机和齿轮箱的连接,中间联轴器用于电机主轴和齿轮轴的连接。这种连接允许电机主轴和齿轮轴之间的相对偏移,并将传动扭矩输送到轮子上。

4. 中央悬挂装置

中央悬挂装置采用了无摇枕结构形式,如图 4-62 所示。所谓无摇枕中央悬挂装置是通过安装在转向架上的空气弹簧作为底座来直接支撑车体的。采用空气弹簧的目的是减轻重量。空气弹簧安装在车体与构架之间,对车辆起到减震作用,并传递车体与转向架之间的垂向、横向和纵向力。

中央悬挂装置主要由以下部分组成:空气弹簧、中心销座、牵引橡胶堆及其安装座、横向止挡及其安装座和减震器。

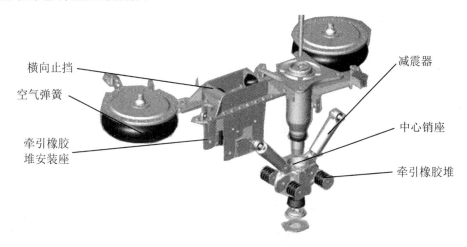

图 4-62 中央悬挂装置

(1) 空气弹簧

空气弹簧分布在转向架构架两侧,每个部分都配有一个辅助气室,如图 4-63 所示。

空气弹簧由内橡胶层、外橡胶层、大小胎圈、4层胎肩帘布组成。

图 4-63　空气弹簧

空气弹簧与辅助气室间的连接是通过一个节流阀孔完成的,目的是在垂向提供减震阻尼。空气弹簧和油压减震器为车体提供垂向、横向、侧滚减震阻尼。左右空气弹簧之间安装有差压阀,如果其中一个空气弹簧被损或两侧空气簧压力相差 100 kPa 及以上时,那么另外一个空气弹簧中的压力空气会自动释放。空气弹簧设有应急弹簧(空气弹簧缓冲橡胶),是为了防止空气弹簧无压力,起到临时支撑垂向力的作用。垂向力的传递分为以下两种情况:

① 正常情况下:

车体→空气弹簧/牵引橡胶堆→构架→齿轮箱→联轴器→轮对。

② 气弹簧气压不足时:

车体→应急弹簧/牵引橡胶堆→构架→齿轮箱→联轴器→轮对。

注:牵引橡胶堆承受车体的剪切力,如图 4-64 所示。

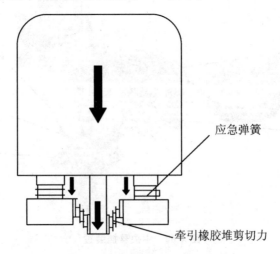

图 4-64　牵引橡胶堆剪切力示意图

(2) 中心销和牵引橡胶堆

中心销是车体与转向架固定连接的重要部分,中间销通过螺栓与转向架构架底部相连,同时,配有圆锥形中心销橡胶(上)和中心销座,中心销座也安装在转向架构架上,配有圆锥形中心销橡胶(下)。如图 4-65 所示。

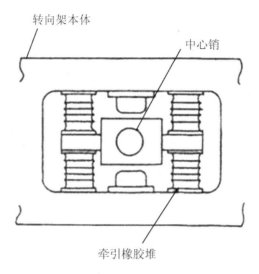

图 4-65　中心销和牵引橡胶堆

纵向力的传递是通过转向架和中心销座来传递的,它们通过牵引橡胶堆安装在一起,牵引橡胶堆如图 4-66 所示。在转向架的中心销座与纵向橡胶止挡之间有 3 mm 的间隙,所以当牵引橡胶堆产生一定程度的压缩时,纵向橡胶止挡可以用来充当缓冲器。

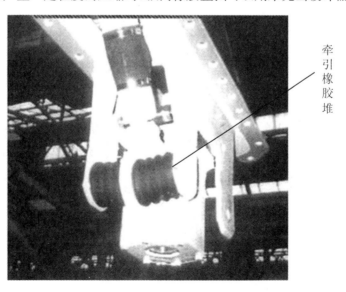

图 4-66　牵引橡胶堆

纵向力的传递如下:
① 牵引力的传递:
牵引电机→联轴器→齿轮箱→走形轮→构架→中心销→车体。
② 空气制动力传递:

空气制动机→空油转换装置→卡钳→制动盘→齿轮箱→联轴器→走形轮→构架→中心销→车体。

(3) 高度调整装置

单轨车辆空气簧的高度需要保持在一定的范围内（268±3 mm），当列车空气簧的高度没有在规定范围内时，可以通过高度调整装置对空气簧的高度进行调整，如图 4-67 所示。

图 4-67 高度调整装置

(4) 横向止挡和横向减震器

横向止挡由橡胶组成，横向止挡橡胶被安装在转向架顶部、中心销的左右两侧，如图 4-68 所示。

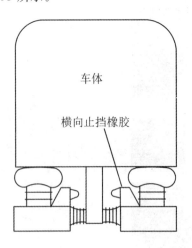

图 4-68 横向止挡

在车体发生位置移动时，充当横向缓冲器，避免中心销与转向架直接刚性接触。横向力的传递分为以下两种情况：

① 横向止挡接触前：

车体→牵引橡胶堆/空气弹簧→构架→齿轮箱→轮对。

② 横向止挡接触后：

车体→牵引橡胶堆/空气弹簧→横向止挡→构架→齿轮箱→轮对。

横向减震器安装在转向架和车体之间,目的是减轻转向架和车体之间的相互震动,同时也提高了使用安全性并防止车辆受到损害,如图 4-69 所示。

图 4-69　横向油压减震器

5. 基础制动装置

单轨车辆所采用的制动方式为盘式制动,主要包括基础制动装置、空油转换器、卡钳以及配管,分为带停放制动和不带停放制动两种。

空气制动通过空油转换装置将空气压力转换为液压,液压卡钳进一步提高压力将制动闸片推到内置于驱动装置的制动盘上,如图 4-70 所示。另外,每节车辆的两个转向架中的一个转向架上的气/液压转换装置还配有一个停放制动机械总成。这个制动总成驱动内置于气/液压转换装置内的碟簧。在通常情况下,弹簧通过压缩空气保持压缩状态来施加制动,当关闭电磁阀时,制动器被启动,它的制动力可以承担车辆最大程度的负载。

万一制动器在启动状态下不能持续提供压缩空气,气/液压转换装置也可以通过手动操作得到释放。

图 4-70　空气制动器

6. 内压检测装置

内压检测单元由集流环装置组成,它采集每个轮胎上的压力计和压力开关的电路信号,每个轴上都配有两个并联电路。设置滑环将旋转电路与静止电路连接起来,安装在走行轮端部,可判断具体某轴出现故障,但不能判断某个胎出现故障。

当走行轮胎内压低于 750 kPa 时,压力开关闭合,监控显示屏显示故障信息;当走行轮胎内压高于 750 kPa 时,压力开关断开,监控显示屏无故障信息。

另外,通过压力计也可以真实地读取内部压力,如图 4-71 所示。

图 4-71 内压检测装置

7. 集电装置

单轨车辆受电弓分为正极受电弓、负极受电弓,如图 4-72 所示。在结构上主要区别是:负极受电弓没有风缸,长期处于升弓状态。

集电装置主要包括受流器及相关安装零部件,正极集电装置还设有释放装置和配管,用于控制受流器滑板的收放。受流器与其安装支架之间设有绝缘件,分为正极、负极两种,其安装在构架稳定轮支架上,从轨道侧面的电网受电,为车辆提供能源。

图 4-72 受电弓装置

全动力车安装正极受电弓,半动力车安装负极受电弓,如图 4-73 所示。

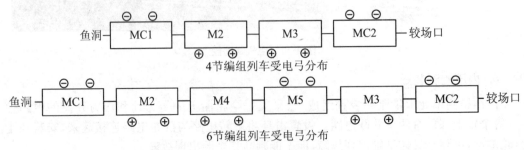

图 4-73 受电弓分布

8. 接地装置

接地装置安装在稳定轮支架上，如图 4-74 所示。接地装置是在站台上供车辆接地、防止跨步电压的重要设备。其安装座与构架之间设有绝缘件，每节车辆设置一套接地装置。

图 4-74 接地装置

9. 隔音板

隔音板只有动力转向架安装，主要作用是防止噪声扩散，如图 4-75 所示。采用厚度为 2.5 mm 的底板和厚度为 0.8 mm 的多空铝罩板，中间设置吸音材料。在导向轮支架和稳定轮支架上设有隔音板安装座。

图 4-75 隔音板

项目四 转向架维护

一、外观检查通用要求

外观检查时,需从侧面和底部(地沟)对转向架进行检查:

① 检查零部件是否损坏,表面状态是否良好,确定外观无磕碰、脱漆、裂纹,如发现异常,应立即报告,如果损坏超出限度,应立即更换。

② 检查紧固件、管接头、螺堵有无松动、脱落,如发现异常,应更换防松垫片后重新紧固。

③ 检查轮对防松标记是否错位,如发现错位,应立即报告。

④ 检查零部件腐蚀情况,如发现锈蚀,应用纱布或其他工具将腐蚀部位彻底清理干净,并进行油漆找补或其他防腐涂层找补。

⑤ 检查齿轮箱、轴箱、减震器、联轴节是否漏油,如发现漏油超出允许限度,应立即更换。

⑥ 检查电缆线、软管是否有干涉、磕碰、磨损、拉扯等现象,如超出使用限度,应立即更换。

⑦ 检查空气弹簧、橡胶件是否有裂纹、鼓包、脱胶等现象,如超出限度,应立即更换。

⑧ 检查轴箱、联轴节、电机和齿轮箱轴承是否有过热现象,发现异常,立即报告。

⑨ 检查闸片是否有烧伤、磕碰、裂纹等现象,磨耗是否到限,如有需要,应立即更换。

二、零部件维护

转向架是城市轨道交通车辆的承载受力部件,在车辆运用过程中,承受各种静态和动态的载荷,故障率较高。常见的故障有部件裂纹、紧固件松动、轮轨踏面故障、齿轮箱和液压减震器漏油、空气弹簧系统故障等。

1. 部件裂纹

目前,构架一般普遍采用箱型设计全钢焊接结构,主体用钢板焊接而成,其他零部件通过连接装置或安装基座与构架连接在一起。由于转向架的设计、焊接技术、安装条件以及车辆运营环境等多方面的原因,导致转向架各组成部件结构长期反复承受集中应力而产生裂纹。常见的结构裂纹存在于牵引电机吊座上弯板及焊缝处、齿轮箱吊座牵引拉杆根部、齿轮箱吊座吊耳斜撑根部、齿轮箱吊座上盖板等处。

因此,在日常检查中应对转向架电机吊座、齿轮箱吊座、牵引拉杆和制动缸安装座等重点部位重点关注,发现外表异常现象及时采取相应的处理措施。牵引电机吊座由于在长期频繁的交变载荷作用下,在应力集中部位产生了裂纹。在广州、深圳地铁均出现了车轮轴箱的一系弹簧座加强筋板处横向裂纹、ATC天线支架裂纹等,均为制造工艺缺陷所致,如图 4-76 所示。产生构架裂纹的主要原因有两点:

① 构架弯角处断面尺寸的突然变化,易产生应力集中而出现裂纹,为制造工艺缺陷所致。

② 焊接工艺不良产生内应力,焊接后未进行热处理消除残余应力,从而导致部件出现裂纹。

(a) 弹簧座加强筋板处横向裂纹　　　　　　　(b) ATC天线支架裂纹

图 4-76　转向架部件裂纹

转向架各部件的裂纹故障主要依靠定期检查和探伤等方法来发现,一旦发现任何裂纹故障,必须立刻予以修复或更换,修复的方法主要有补焊和结构加固,否则将引起更大的车辆故障甚至事故的发生。

2. 紧固件松动

转向架上结构安装除了焊接之外,大部分都采用紧固件安装,主要以螺栓为主,螺栓安装会在螺栓与螺母安装紧固后设置防松标记,在日常检查维护中通过查看防松标记、手触以及尺寸测量等方法检查紧固件是否有松,如图 4-77 所示。

图 4-77　紧固件紧固标记

一般发生紧固件松动故障时，只需按照规定的力矩要求进行紧固处理，如果是紧固件故障，更换紧固件即可。

3. 轮对踏面故障

目前城市轨道轨道交通车辆系统基本上都采用旋转/直线电机牵引的轮轨系统，在运行过程中，轮对踏面与钢轨之间的磨耗严重，导致部分车辆车轮寿命明显降低。据不完全统计，地铁车辆的车轮正常使用寿命可以达到 5—10 年，而由于车轮异常磨耗问题，使得车轮寿命降低至 2—3 年，给地铁车辆维护保障企业造成大量经济损失，增加了企业的维修成本。

轮对有运用限度，如合肥地铁，要求在同一根车轴上，车轮的直径差值不得超过 2 mm，同一转向架不得超过 4 mm，同一车体下的转向架车轮直径差值不得超过 6 mm。如果运行过程中车轮的轮径差超过以上限度，则需进行镟轮处理达到标准值。镟轮后，在同一根车轴上，车轮的直径差值不得超过 0.5 mm。同一转向架以及同一车体下的转向架上的车轮的直径差值应不超过 2 mm。因此，实际上，踏面磨耗不是"磨"下去的，而是"镟"下去的。这样既降低了车轮的使用寿命，又提高了企业维护成本。车轮直径检查尺如图 4-78 所示。

轮对踏面的磨损主要由踏面与钢轨的接触产生黏着力以及踏面与制动闸瓦滑动接触产生制动力而引起。影响轮对踏面异常磨损的因素很多，如轮轨材质、线路状态（曲线半径的大小、线路坡度、超高等）、运行速度、轮对和钢轨的断面几何形状、润滑方式、闸瓦材质、电气/空气制动转换时机等，都不同程度地影响轮对的磨损。轮对踏面除了正常的磨耗之外，主要故障有踏面擦伤（磨平）、踏面剥离（凹坑）、踏面裂纹、踏面金属堆积、轮辋翻边（卷边）以及踏面局部褶皱等。

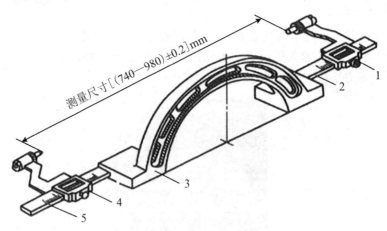

图 4-78 车轮直径检查尺

1. 右游标；2. 右主尺；3. 尺体；4. 左游标；5. 左主尺

以下介绍这些故障的常见处理方法。

(1) 踏面擦伤（磨平）

检查车轮踏面是否有磨平现象，如图 4-79 所示。测量各个平痕的长度，测量平痕外边缘之间的长度以及热变色区域的长度，以最大者为准。假如发现一个车轮有平痕，那么应检查同一车轴上的另一车轮有无平痕，同时检查两个车轮闸瓦情况。

如果平痕长度超过 40 mm，那么必须在重新装于转向架前镟轮或更换车轮。

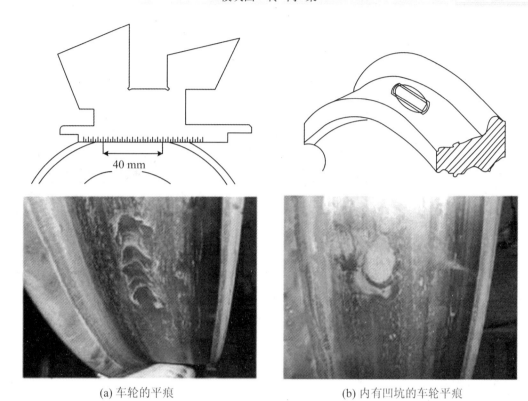

(a) 车轮的平痕　　　　　　　　　　(b) 内有凹坑的车轮平痕

图 4-79　轮对平痕

（2）踏面剥离（凹坑）

检查剥离情况，如剥离（凹坑）长度超过 20 mm 或者深度超过 1 mm，则该车不能上线运营，需扣修镟轮，如图 4-80 所示。

如果轮对剥离（凹坑）常不止一处，检查时以长度最大或深度最深者为准。

(a) 踏面凹坑　　　　　　　　　　(b) 踏面空洞

图 4-80　踏面剥离

（3）踏面裂纹

如图 4-81 所示，用肉眼检查轮缘的工作表面（A010 到 Aq0 区）。如果发现金属材料存在凹痕或扯裂，应按以下要求处理：

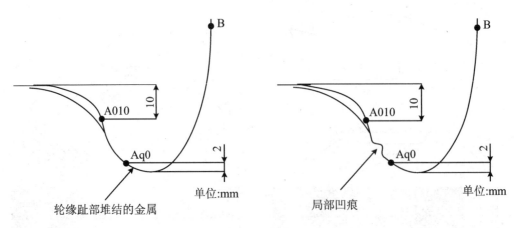

图 4-81 轮缘的工作面

如果深度小于或等于 1 mm,车轮仍可使用;如果深度大于 1 mm,对车轮进行重新整形处理。

用肉眼检查轮缘的非工作表面(Aq0 到 B 区)。假如发现金属材料存在凹痕或扯裂,应按以下要求处理:

如果深度小于或等于 2.5 mm,将锐边与周围磨平。如果深度大于 2.5 mm,对车轮进行重新整形处理。

(4)踏面金属堆积

如图 4-82 所示,如果金属堆积的厚度小于或等于 1 mm 并且长度小于 60 mm,则跟踪观察。

如果金属堆积的厚度超过 1 mm 或长度超过 60 mm,则该车不能继续运营,须扣修镟轮。

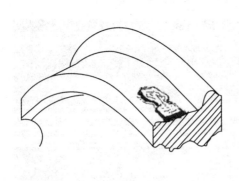

图 4-82 金属堆积

(5)轮辋翻边(卷边)

如图 4-83 所示,使用第四种检查器(图 4-84)检查轮辋翻边量,如检查器边缘未接触到轮辋,则翻边量未超限(最大翻边量为 6 mm),该故障需跟踪观察。

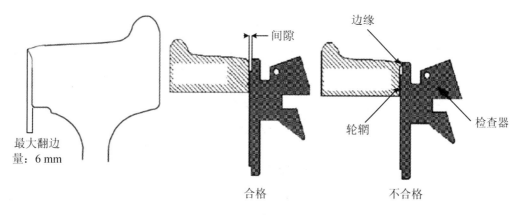

图 4-83 轮辋翻边检查

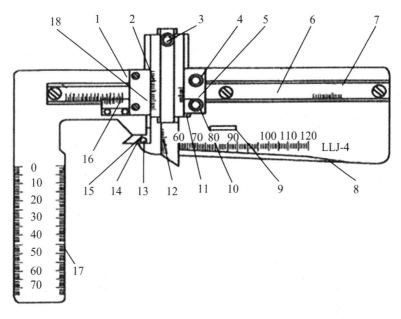

图 4-84 第四种检查器示意图

1. 地板；2. 踏面磨耗测尺；3. 螺钉；4. 水平紧固钉；5. 尺框；6. 导板；7. 轮辋宽度测尺；8. 标准磨耗型踏面曲线；
9. 定位块；10. 垂直紧固螺钉；11. 锥形踏面 70 mm 处磨耗刻度尺；12. 踏面磨耗测尺；13. 垂直磨耗样板紧固孔；
14. 轮缘厚度测尺；15. 卷边测量线；16. 轮辋厚度测尺；17. 轮缘厚度测尺；18. 踏面游标

如检查器边缘接触到轮辋，则翻边量超限，该车不能上线运营，须扣修镟轮。

(6) 踏面局部褶皱

如图 4-85 所示，褶皱将造成踏面出现多边形或凹槽变形，则该车不能上线运营，须扣修镟轮。

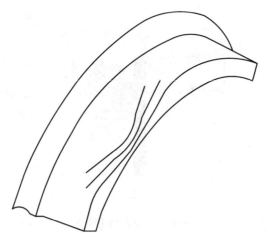

图 4-85　踏面局部褶皱

4. 齿轮箱和液压减震器漏油故障

齿轮箱如出现排油口密封失效或者端盖密封失效时，会发生漏油现象，如图 4-86 所示。如发现应做以下处理：

① 检查齿轮箱油位，不足应补油。

② 如排油口漏油，先使用扭力扳手复紧排油口螺堵扭力，如发现扭力无损失，则需更换密封垫和排油口螺堵；如发现扭力有损失，则紧固后擦拭渗油，跟踪观察。

③ 如齿轮箱端盖渗油，则可能是端盖内密封圈损坏。轻微渗油可先观察，严重渗油则需更换密封圈。

图 4-86　齿轮箱漏油检查

油压减震器外筒表面有油迹，如图 4-87 所示，则液压减震器可能出现漏油的情况。如果初次发现减震器有少量油迹，可先用棉布将油迹擦去，待车辆运营一段时间后，再次检查减震器是否有油迹，如果没有油迹出现，可判断此减震器为假性漏油；如果油迹再次出现，则此减震器需要更换，持续泄漏将导致减震器功能降低；如果初次发现减震器出现大量油迹，则需立刻更换减震器，并解体检查。

对于液压减震器漏油、齿轮箱漏油要定期进行跟踪、排查，确定本身安装是否有问题。液压减震器漏油严重的要进行更换，齿轮箱漏油要检查连接螺栓的紧固情况以及箱体的密封是否良好。

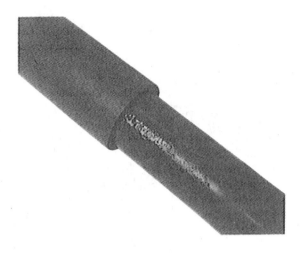

图 4-87 油压减震器漏油

5. 制动闸瓦更换

目前,闸瓦/踏面制动方式在城市轨道车辆的空气制动中应用广泛,在制动过程中,通过制动闸瓦压紧轮对踏面产生制动力,闸瓦在频繁的制动过程中,容易出现过量磨损、裂纹甚至断裂的情况,发生这些故障时都需要更换闸瓦。

应定期检查闸瓦的磨损状况。合肥地铁要求闸瓦任何一处磨损材料的最小允许厚度是 10 mm,在达到这个厚度前更换闸瓦。具体可根据闸瓦侧面的极限磨损标志槽来评判闸瓦的磨损状况。同时应检查闸瓦的固定楔和锁定销是否仍然存在于闸瓦的固定座内。

更换闸瓦的基本过程如下,如图 4-88 所示:

① 切除本车截断塞门,排出制动缸压力空气,停放制动压力空气。如果是带停放功能的制动单元,还需手动缓解停放制动,并正确复位停放制动缓解拉杆。

② 顺时针转动间隙调节器控制螺母(R)使其完全缩回闸瓦拖。

③ 拆下固定销(a3),将闸瓦键(a2)滑出闸瓦固定器。

④ 用新闸瓦(a4)更换已磨损的闸瓦,重新安装闸瓦键及固定销。

⑤ 多次操作制动装置,直到闸瓦和车轮贴合后退回。闸瓦和车轮间的间隙将自动设定。制动装置中心处闸瓦和车轮间的标准间隙为 8 mm。调整闸瓦间隙至正常,拧动调整螺母,调整闸瓦距踏面距离至初始状态。

⑥ 复位本车截断塞门,检查常用制动时闸瓦动作情况、停放制动时闸瓦动作情况和停放单元闸瓦是否动作。

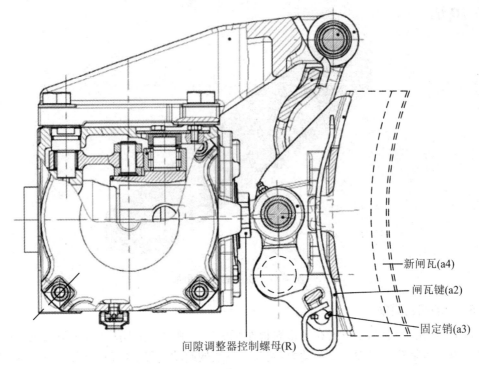

图 4-88　更换基础制动闸瓦

6. 车辆地板高度偏低的调整

在车辆的使用中,车轮的磨耗、镟修会引起车辆地板面、车钩高度的变化,为了调整车体和车钩高度,需要对二系悬挂装置和牵引装置进行调整,空气弹簧高度测量和调整如图4-89所示。

首先对高度阀调节杆进行检查,看上下球关节转动是否灵活,如有卡滞应清除表面污物,加注液压油,反复转动以排除灰尘。如处理后还有卡滞现象,则更换关节轴承。

转向架地板面调整方法

空气弹簧的高度,可以由调整杆的长度来控制。给空气弹簧充气后检查车体支撑面(空气弹簧上平面)到轨面之间的距离,应控制在 840 ± 5 mm,左右高度差不大于 3 mm。由于落车后该尺寸无法测量,因此,检查车体支撑面(空气弹簧面)与空气弹簧底座上平面之间的距离,应控制在 270 ± 4 mm;检查横向挡间隙,应控制在 15 ± 3 mm。

当需要调整车体高度时,如果仅调整高度阀调整杆的长度而不在空气弹簧下部加垫,会造成空气弹簧工作高度和空气弹簧工作直径的变化,导致空气弹簧不在其标准高度下工作,这是绝对不允许的。因此,当辗钢轮因车轮磨耗镟轮后,车体高度需要调整时,需要在转向架构架和空气弹簧下平面之间加调整垫,然后将高度阀调整杆的长度调整至相应的长度。注意:以上尺寸检查应在平直道上进行。

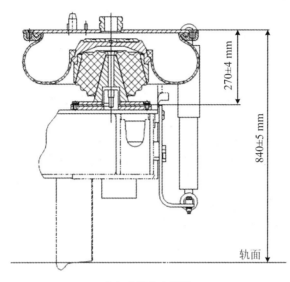

(a) 空气弹簧高度测量　　　　　　　　(b) 高度控制阀

图 4-89　空气弹簧高度测量和调整

7. 一系橡胶弹簧外观检查

（1）粘接失效

如果有害有机溶剂腐蚀了橡胶产品或产品受到撞击，则可能出现橡胶与金属之间的粘接失效。

（2）橡胶裂纹

裂纹小于 12 mm，长度小于 1/4 圆周，可继续使用，超出此限度需更换。

（3）金属裂纹

不允许出现金属裂纹、断裂等现象。

（4）金属锈蚀

发现金属锈蚀，应立即清除铁锈并重新涂刷油漆。

8. 空气弹簧外观检查

对空气弹簧胶囊和橡胶堆进行外观检查，如果缺陷超过以下标准，应立即更换空气弹簧。

① 胶囊止口出现开胶或异物进入导致泄漏超标。
② 胶囊裂纹深度超过 1 mm，长度超过 30 mm。
③ 胶囊出现帘线外露。
④ 应急弹簧橡胶与金属分离深度超过 20 mm，脱胶长度超过 1/4 圆周。
⑤ 应急弹簧出现明显鼓包现象。

9. 车轴外观检查

如图 4-90 和图 4-91 所示，检查车轴上（A 区和 B 区）是否有腐蚀、划伤和碰撞冲击的痕迹。凹陷深度不得超过 1 mm。

车轴上深度小于 1 mm 的凹陷，可以使用细粒砂纸（120 级或更高级别）予以磨平，最后沿纵向方向（沿车轴中心线）抛光，不允许研磨。加工完毕后，再用磁粉探伤检查有无裂纹，不允许存在裂纹。如果有裂纹,必须更换轮对。

假如车轴上发现深度超过 1 mm 的冲击痕,同样也必须更换轮对。

检查轴箱区(A 区)是否有热轴的迹象。

检查是否有断裂的迹象,初始的表面现象是轴肩(R)或车轴纵断面上出现划痕、裂纹或裂缝。检查车轴有无裂纹,特别是过渡半径(R)区域。如果有裂纹,必须更换轮对。

如有必要,修补车轴表面的防腐涂层。

如果检测到有裂纹时应拆下车轴,检查轴上的痕迹。

① 检查轴上是否有意外摩擦的痕迹,意外摩擦会留下锐角痕迹或在车轴的 A 区和 B 区会留下 1 mm 左右深的痕迹。

② 如果对检查存在怀疑,应测量确认。

检查调节杆锁紧螺母是否松动,如果松动,应重新进行称重找平。

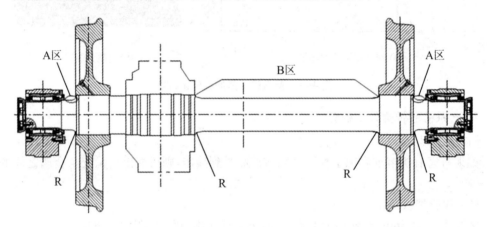

图 4-90　动车车轴外观检查

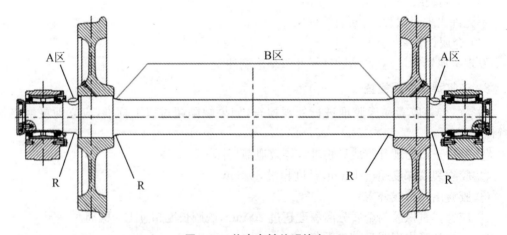

图 4-91　拖车车轴外观检查

10. 接地电刷磨耗情况检查

拆下接地回路单元的罩板,检查接地电刷的磨损状况。具体磨损极限值,可通过接地电刷侧面一个方形刻槽显示,应有 5 mm 的安全余量。一旦达到接地刷的磨损极限,必须更换接地电刷。

用天然鬃毛所制的软刷清洁接地回路单元;擦去安全接地回路单元罩板上的油渍,检查接地回路单元罩板中卷弹簧的条件和弹力状况,检查接地刷能否在它们卡座内自由滑动;检查刷丝的状况,如果刷丝损坏,立即更换接地电刷。

11. 一系悬挂间隙检查

定期检查轴箱与构架垂向止挡之间的间隙,通过该间隙可以判断一系悬挂的状况。测量转向架上 4 个一系悬挂的间隙(正常空载时为 35 mm),取平均值。如图 4-92 所示,如果该平均值小于 30 mm,则要在同一转向架的 4 个一系悬挂(8 个橡胶弹簧)处加垫调整。

注意:该间隙测量必须在平直轨道上进行。每个转向架只允许加一次调整垫调整。

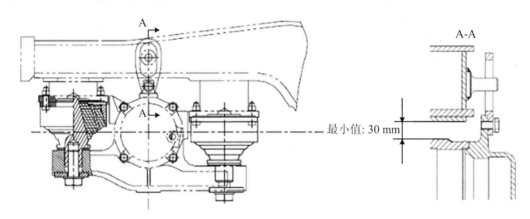

图 4-92 一系悬挂装置

课 后 习 题

一、判断题

1. 采用转向架可以增加车辆的载重、长度和容积,提高列车运行速度。　　(　　)
2. 动车转向架的驱动装置包含牵引电机、联轴节和齿轮箱。　　(　　)
3. 高度调整装置可以根据载荷量调整车体高度,不能用于补偿车轮和转向架等零件的磨损。　　(　　)
4. 中央牵引装置设于转向架的中部,起着连接车体和转向架作用,在通过曲线时彼此可作适量转动,并且通过牵引杆传递牵引力和制动力。　　(　　)
5. 不管是动车转向架还是拖车转向架车都有轮缘润滑装置。　　(　　)

二、选择题

1. 转向架上的(　　)能根据车辆载荷变化自动调节空气弹簧内部压力,从而使车体保持一定高度。

A. 空气弹簧 B. 高度控制阀

C. 抗侧滚扭杆 D. 差压阀

2. 车轮直径为( ),采用磨耗型踏面,允许车轮磨耗最小直径为( )。

A. 840 mm 770 mm B. 826 mm 732 mm

C. 800 mm 770 mm D. 840 mm 700 mm

3. 我国地铁车辆的轮对内侧距标准为( )mm。

A. 1205±5 B. 1353±2

C. 1472±5 D. 1575±2

4. 新设计的车轮踏面建议采用( )形。

A. 圆锥 B. 平面

C. 磨耗 D. 圆

5. 横向减震器安装在转向架( )和( )之间。

A. 构架 B. 轴箱

C. 中心销 D. 车体

6. 车轮与车轴的连接属于( )。

A. 过度配合 B. 螺栓连接

C. 过盈配合 D. 直接铸为一体

三、简答题

1. 简述车辆转向架的作用。
2. 转向架由哪些部分组成？
3. 车辆悬挂装置采用空气弹簧的主要优点有哪些？
4. 简述动车转向架纵向力的传递过程。
5. 跨座式单轨车辆转向架的轮胎有哪些？各有什么作用？
6. 简述车辆地板高度偏低的调整方法。

模块五　车辆连接装置

【知识目标】
1. 掌握车钩缓冲装置的作用、特点以及分类。
2. 掌握密接式车钩作用原理。
3. 熟悉贯通道的结构及作用。

【技能目标】
1. 能对车钩缓冲装置进行日常维护。
2. 能测量及调节全自动车钩的高度。

项目一　车辆连接装置概述

为实现列车编组和乘客安全通过车厢,车体之间设有车辆连接装置。城市轨道交通车辆的连接装置主要包括车钩缓冲装置和贯通道装置。

图 5-1 是城轨交通车辆的车钩缓冲装置。车钩缓冲装置用来连接列车中的各车辆,使彼此之间保持一定的距离,并且传递、缓和列车在运行中或在调车作业时所产生的纵向力或冲击力,同时采用高性能缓冲器,缓和列车在较高速度下意外碰撞时的巨大冲击能量,同时连接车辆间的电路和气路。

图 5-1　车钩缓冲装置

图 5-2 所示为城轨交通车辆的贯通道装置,贯通道装置位于城轨交通车辆两车厢的连

接处，可适应车厢之间所有可能产生的相对位移，并且具有良好的防雨、防风、防尘、隔声、隔热等功能，能使乘客安全、方便地穿行于车厢之间，保护乘客不受外力伤害。另外，为使车厢内部美观，贯通道也要进行必要的装饰，使之与车厢内环境保持一致，给乘客一个舒适而温馨的乘车环境。

图 5-2　车辆贯通道装置

除城轨交通外，其他轨道交通运载工具主要有铁路客、货车和一些企业的自备轨道交通车辆，这些轨道交通运输工具也都是成列运行的，车钩缓冲装置必不可少。由于用途不同，这些车所使用的车钩缓冲器也有很大的区别。图 5-3 所示是我国铁道车辆上使用的非刚性车钩和刚性车钩，铁道车辆的客、货车普遍使用非刚性车钩，如图 5-3（a）所示，高速动车组列车则普遍使用刚性车钩。

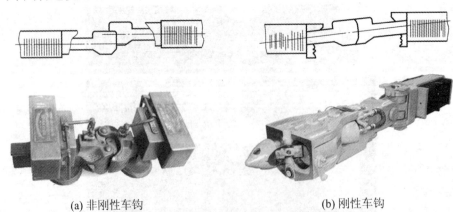

(a) 非刚性车钩　　　　　　　　　　(b) 刚性车钩

图 5-3　铁道车辆的非刚性车钩和刚性车钩实物图

刚性车钩如图 5-3(b)所示，也称为密接式车钩，它的连接不允许两连挂车钩存在相对位移，而且要求前后的间隙应限制在很小的范围之内。如果在车辆连挂之前两车钩的纵向轴线高度已有偏差,那么在连挂后,两车钩的轴线处在同一条直线上并呈倾斜状态。两钩体的尾端具有完全的销接,这就能保证两连挂车辆之间可以具有相对的平移和角位移,这是由于线路的水平面及纵剖面是变化的,并由车体在弹簧上的震动和作用于车辆上的力所决定的。

非刚性车钩与刚性车钩相比有如下优点:

① 简化了两车钩纵向中心线高度偏差较大的车辆相互连挂的条件(例如,不同类型的车辆,车轮及其他部件磨耗程度不同的车辆,以及空车和重车)。

② 车钩强度大。

③ 不需要复杂的钩尾销连接结构和复杂的对心装置。

④ 车钩钩体的结构和铸造工艺较为简单。

刚性车钩与非刚性车钩相比有如下优点:

① 减小两车钩连接表面之间的间隙,减小列车中的纵向力,提高列车运行平稳性。

② 车钩间零件位移减少,改善车钩内部零件的工作条件。

③ 减小车钩连接表面间的磨耗。

④ 减小车钩相互冲击产生的噪声。

项目二 车钩缓冲装置

一、车钩缓冲装置的分类

按照车辆牵引连挂装置的连接方法不同,车钩可分为非自动车钩和自动车钩。非自动车钩要靠人工来完成车辆的连接,而自动车钩则不需要人参与就能实现车辆连接。城轨交通车辆上的车钩可分为自动车钩、半自动车钩和半永久性牵引杆三种。

(1) 自动车钩可实现机械、气路和电路的完全自动连挂与解钩。

(2) 半自动车钩的机械和气路连接机构作用原理基本上与自动车钩相同,可以实现自动连挂和解钩,或人工解钩,但电路必须靠人工连挂和解钩,以方便检修作业。

(3) 半永久性牵引杆的机械、气路和电路的连挂和解钩都需要人工操作,但一般只在架车作业时才进行分解。

目前 6 辆编组的城轨交通列车一般在列车的两端采用自动车钩,以方便列车救援,比如武汉地铁 2 号线地铁列车、广州地铁列车等;但由于自动车钩的使用率低、造价高等原因,国内新建城轨交通车辆则普遍采用半自动车钩,比如西安地铁 1、2 号线,成都地铁等;半永久性牵引杆则可实现车辆之间相对固定的连接,半自动车钩和半永久性牵引杆根据需要安装于城轨交通车辆的单元之间和单元内部。合肥地铁 1 号线列车为六辆编组 4 动 2 拖配置。编组方式为:+Tc*Mp * M=M * Mp * Tc+。其中,+:全自动车钩;=:半自动车钩;*:半永久车钩;Tc:带司机室的拖车;Mp:带受电弓的动车;M:不带受电弓的动车。一个单元车组(+Tc*Mp * M=)具有独立运行的能力,并能与其他相同单元车组连挂。

二、全自动车钩

自动车钩位于城轨交通列车的端部,电气和风路连接装置都组装在钩头上。当车辆连挂时,车钩的机械、风路、电路系统都能自动连接;解钩时,可在司机室控制自动解钩或采用手动解钩。解钩后,车钩即处于待挂状态;电气连接器通过盖板自动关闭,以防止水和尘土进入;主风管连接器设有自动关闭装置,防止压缩空气泄漏。

自动车钩主要有两种形式:一种是国产密接式车钩,采用半圆形钩舌;另一种是Schaku密接式车钩,采用拉杆式连接结构。

1. 国产密接式车钩

国产密接式车钩缓冲装置如图5-4所示,主要由车钩钩头、橡胶金属片式缓冲器、风管连接器、电气连接器和风动解钩系统等几部分组成,缓冲器位于钩头的后部。车辆连挂时依靠两车钩相邻钩头上的凸锥和凹锥孔的相互插入,实现两车钩的紧密连接;同时自动将两车之间的电路和空气通路接通。在两车分解时,亦可自动解钩,并自动切断两车之间的电路和空气通路。

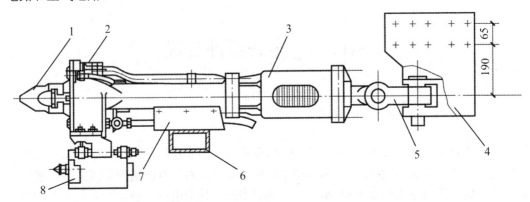

图 5-4 国产密接式车钩缓冲装置

1. 密接式车钩钩头;2. 风管连接器;3. 橡胶金属片式缓冲器;
4. 冲击座;5. 十字头;6. 托梁;7. 磨耗板;8. 电气连接器

在车钩下面有车钩托梁,在缓冲器尾部通过十字头连接器与车体上的冲击座相连,可以实现水平和垂直方向的摆动。

我国早期的北京地铁1、2号线和天津滨海轻轨车辆采用了这种车钩形式。

(1) 车钩结构

国产密接式车钩的结构主要由五部分组成,前端为钩头,有一个凸锥和凹锥孔,车钩内部还有半圆形的钩舌、解钩杆、解钩杆弹簧和解钩风缸等。

(2) 作用原理

图5-5所示为国产密接式自动车钩的作用原理,有待挂、连挂和解钩三种状态。

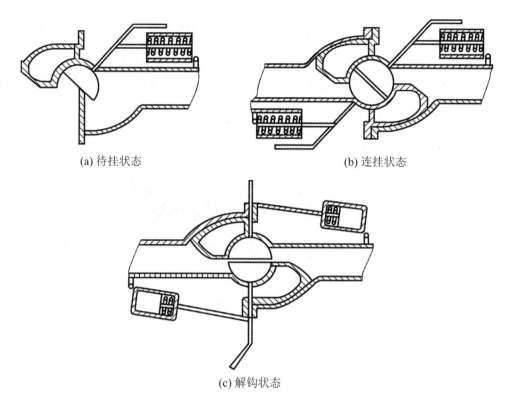

图 5-5 国产密接式车钩缓冲装置

2. Schaku 密接式车钩

德国 Schaku 公司生产的密接式车钩目前已经广泛应用于国内的城轨车辆上。其中又以 330 和 360 钩头形式的全自动车钩应用最多,如图 5-6 所示。这两种车钩主要区别在于钩头的结构及电气车钩的位置不同。其中自动车钩主要位于车头,方便两列车的自动连挂;半自动车钩一般用于一列车的两个单元车连挂,机械和气路部分可以自动连挂,电气部分则需人工连挂;半永久牵引杆一般用于不需要经常解编的车辆之间的连挂。三种不同类型的车钩都由机械连接、电气连接、气路连接三大部分组成,上部为机械连接部分,下部为空气管路连接和电气连接。

(a) 330式钩头式车钩

(b) 360式钩头式车钩

图 5-6 密接式车钩

Schaku 密接式车钩缓冲装置如图 5-7 所示,由钩头、橡胶缓冲器、风管连接器、电气连接器和风动解钩系统等几部分组成,缓冲器位于钩头的后部。车辆连挂时依靠两车钩相邻钩头前端的锥形喇叭口引导彼此精确地对中,实现两车钩的紧密连接;同时自动将两车之间的电气线路和空气通路接通。在两车分解时,亦可由司机控制解钩电磁阀自动解钩,并自动切断两车之间的电气线路和空气通路。

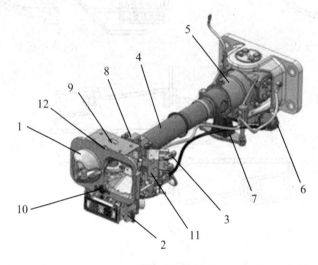

图 5-7　全自动车钩

1. 机械车钩;2. 电气连接器;3. 解钩手柄;4. 压溃管;5. 弹性胶泥缓冲器;6. 水平对中装置;
7. 橡胶支承;8. 连接环;9. 连挂指示线;10. 风管连接器;11. 控制系统;12. 指示槽

在车钩下面有弹簧支撑,在缓冲器尾部通过转动中心轴与车体上的冲击座相连,并可通过橡胶弹簧的弹性变形及缓冲器与转动中心轴的相对转动实现垂直和水平方向的摆动:垂向最大摆角为 4°30′,水平最大摆角可达 30°。

图 5-8 所示为 Schaku 密接式车钩的作用原理,分为待挂状态、连挂状态和解钩状态。

（1）待挂状态

这时钩头中的钩锁杆轴线平行于车钩的轴线,钩锁杆的连接销中心与钩舌中心销连接线垂直于车钩的轴线。弹簧处于松弛状态,该位置为车钩连挂准备位。

（2）连挂状态

欲使两钩连挂,原来处于连挂准备位的两钩相互接近并碰撞时,在钩头前端的锥形喇叭口引导下彼此精确地对中,两钩向前伸出的钩锁杆由于受到对方钩舌的阻碍,各自推动钩舌绕顺时针方向转动,直至在弹簧拉力作用下钩锁杆滑入对方钩舌的嘴中,并推动钩舌绕逆时针方向返回到原来位置为止。这时两钩的钩锁杆与两钩的钩舌构成一个平行四边形,力处于平衡状态,两钩刚性地无间隙地彼此连接,处于闭锁状态。

在连挂闭锁时,钩舌和钩锁杆的位置与连挂准备状态完全相同,钩舌在弹簧作用下力图保持处于闭锁位。当两钩受牵拉时,拉力均匀地分配在由钩锁杆和钩舌组成的平行四边形两对边即钩锁杆上。当两钩冲击时,冲击力由两钩壳体喇叭口凸缘传递。

（3）解钩状态

① 气动解钩:由司机操作解钩控制阀实现解钩。这时压力空气经过解钩管充入钩头中的解钩风缸中,推动活塞向前运动,压迫在解钩杆上设置的滚子上,两钩头中的钩舌被同

时推至解钩位置,解钩后再排气,风缸中受压弹簧使活塞返回到原始位置。

② 手动解钩:通过拉动钩头一侧的解钩手柄,经钢丝绳、杠杆和解钩杆使两钩的钩舌转动,直至钩锁杆脱出钩舌的嘴口,由此使两钩脱开,处于解钩位。

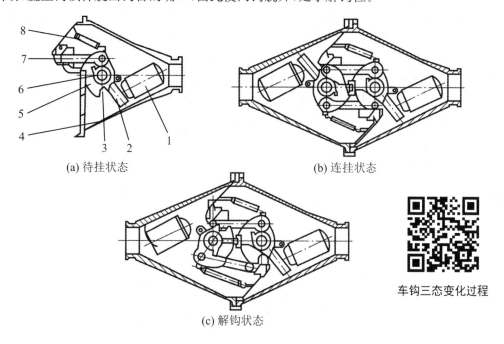

图 5-8 Schaku 密接式车钩的作用原理

1. 解钩风缸;2. 解钩杆;3. 钩嘴;4. 钩头壳体;5. 钩舌;6. 中心轴;7. 钩锁连接杆;8. 钩锁连接杆弹簧

三、半自动车钩

1. 半自动车钩功能及组成

半自动车钩可以实现铁路车辆的机械钩头自动连挂,其工作原理与全自动车钩一致。在水平方向有一定偏移角的情况下仍然可以自动连挂。该车钩连接的列车可以通过一定的曲率半径的垂向及水平方向曲线并容许有相对转摆。车钩缓冲器在列车推进和牵引时可起到有效的缓冲作用。列车空气管路的连接是在车钩进行机械连挂的同时自动完成的。当两个机械钩头挨近时,两者的钩锁装置自动旋转并连挂在一起。两个机械钩头形成一个牢固的密接式连接。由于弹力的作用,钩锁始终保持在锁定位置。

半自动车钩机械部分设计、装配、构造及基本原理与自动车钩基本相同。不同之处在于只可实现机械及气路的自动连挂,电气连挂需用扳手手动连接。同时,有的半自动车钩不设可压溃变形管及解钩操纵装置。

2. 半自动车钩电气连接方式

对于半自动车钩的电气连接方式,目前有两种:一种采用电气车钩的方式来实现;另外一种是采用跨接电缆的方式。这两种方式各有优缺点,采用电气车钩方式具有解钩和连挂方便等优点,但电气车钩价格高;采用跨接电缆方式具有解钩简单、备件价格低等优势,但由于在解编过程中经常需要插拔电气插头,容易损坏插头并引起故障。以下分别介绍这两种电气连接方式。

(1) 电气车钩

半自动车钩的电气车钩与全自动电气车钩原理及结构基本一致。但由于半自动车钩需要实现两个单元车之间的通信,包括 ATC、MVB、PIDS 等,因此其电气触头数量较全自动车钩的电气钩多,尺寸也较全自动电气钩大。全自动车钩电气钩可以实现自动连挂,半自动车钩电气钩不能实现自动连挂,必须人工解钩和连挂。

电气车钩装置位于机械头上方或下方,该装置配有护盖,可防止接触点被触摸或受到尘土污染。该机械头配有一个弹性吊架及导向销,可确保电气接头的安全连接。

(2) 跨接电缆

若采用跨接电缆方式,其结构为插头插接形式,如图 5-9 所示。

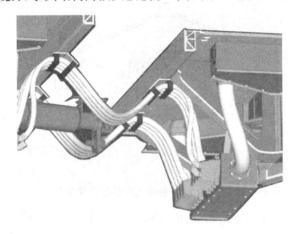

图 5-9　跨接电缆安装示意图

3. 半自动车钩的操作

在进行连挂操作时,主储气缸的风管连接装置会自动开启和连接。

电气的连接是通过连接电气车钩或跨接电缆来实现的,需要手动连接。解钩时候,需要操纵位于车底架的按钮阀或在轨道侧通过手动操作来完成。解钩操作必须按以下步骤进行:

① 断开电源。

② 分离电气部分。

③ 分开机械钩头。

向钩气缸充气或者人工扳动解钩手柄,使钩体内部的钩舌及其他机构旋转到最大角度,到达全开位,此时两车钩可以正常分离,然后释放解钩手柄,在回复弹簧力的作用下,钩舌等其他内部机构回复到待连挂位。车厢分离后,车钩再次进入连挂准备状态。

四、半永久牵引杆

1. 半永久牵引杆的功能及组成

半永久牵引杆是为了连挂几辆车辆组成固定不变的单元车组而设计的,该单元车组不具备机械解钩功能,除非发生异常情况或为了车间检修外,该单元车组是不需要分离的。采用易于分解的套筒联轴节将两个牵引杆相连,因此可保证密接的不松弛和安全连接。半永久牵引杆设有气路、电路连挂,也设有缓冲器。半永久牵引杆的连挂和解编都需要人工来操作完成,解钩作业须在车辆段内进行。

半永久牵引杆有两种类型,分别为带可压溃变形管(A型)和不带可压溃变形管(B型),如图5-10所示。牵引座通过卡环连接组件连接在一起。组件可以很容易地拆卸,这样就能快速地分离车厢以便于维修。

A型　　　　　　　　　　　　　　B型

图5-10　半永久牵引杆

半永久牵引杆的结构较简单,主要由车钩杆、风管连接、橡胶缓冲器、可压溃变形管、垂直支撑等组成,结构如图5-11所示。

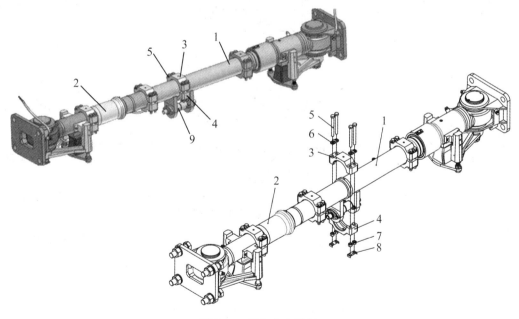

图5-11　半永久牵引杆

1.带缓冲器的半永久车钩;2.带压溃管的半永久车钩;3.带销连接环;4.带孔连接环;
5.连接环螺栓;6.止动块;7.放松板;8.螺母;9.风管连接器

(1) 主风管连接

风管连接布置在车钩表面连接块超出车钩表面,在连挂过程中,连接块被压缩,提供一个紧密的空气密封。主风管连接处配备有依靠车钩连接时产生的压力才能打开的压力阀。解钩后,由于车厢分离,弹簧载荷压力阀自动关闭,封闭空气管。

(2) 车钩杆

通过可拆卸的套筒联轴节连接,车钩杆用来在机械钩头和橡胶缓冲器驱动装置之间建立一种刚性的连接。

(3) 橡胶缓冲装置

半永久牵引杆的橡胶缓冲装置结构及性能与全自动车钩一致。

(4) 电气部分

由于半永久牵引杆一般是固定连接,不需要经常进行车辆之间的解编。因此,半永久牵引杆电气部分一般采用跨接电缆方式连接来实现,所有的电气连接部分都是半永久牵引杆的一个组成部分。它通过插在牵引杆电气箱上的一组跨接电缆将两辆车连接在一起。图 5-12 为典型的半永久牵引杆连接示意图。

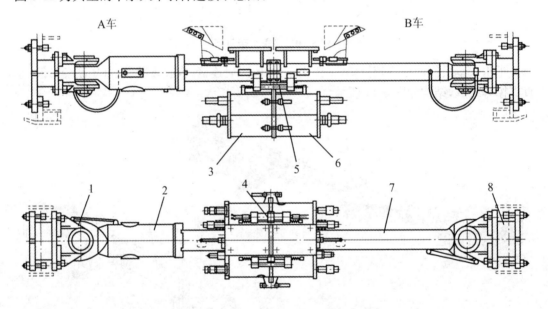

图 5-12 半永久性牵引杆连接示意图

1. 支撑座;2. 具有双作用环弹簧的牵引杆;3、6. 电气连接盒;4. 风管;5. 套筒式联轴器;7. 牵引杆;8. 过渡板

项目三 缓冲装置

缓冲装置是车辆牵引连挂装置的重要组成部分,主要用来传递和缓和纵向冲击力。城轨交通车辆采用的缓冲装置主要有以下三种形式。

一、层叠式橡胶金属片缓冲器

1. 层叠式橡胶金属片缓冲器的结构和主要技术参数

图 5-13 所示为层叠式橡胶金属片缓冲器的结构,由图可知它由橡胶金属片、前从板、牵引杆、缓冲器后盖、滑套、缓冲器体、后从板等七部分组成。其主要技术参数为:最大牵引力为 150 kN,最大冲击力为 250 kN,允许最大冲击速度为 3 km/h,缓冲器容量为 5.63 kJ。

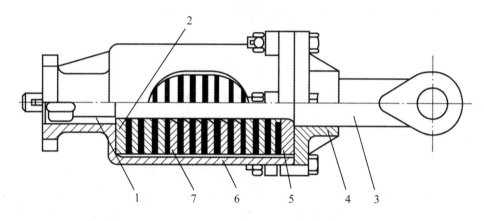

图 5-13 层叠式橡胶金属片缓冲器的结构

1. 滑套;2. 前从板;3. 牵引杆;4. 缓冲器后盖;5. 后从板;6. 缓冲器体;7. 橡胶金属片

2. 作用原理

当车辆受到压缩载荷时,缓冲器体和牵引杆受压,此时力的传递方向为:牵引杆压缩后从板→橡胶金属片→前从板和缓冲器的前端。橡胶金属片受到压缩,起到缓冲作用。在牵引载荷工况下,缓冲器体和牵引杆受拉,此时力的传递方向为:牵引杆上的滑套压缩前从板→橡胶金属片→后从板和缓冲器后盖,同样起到缓冲作用。此种缓冲器主要用于国产地铁车辆。

二、环弹簧缓冲器

1. 环弹簧缓冲器的结构和主要技术参数

如图 5-14 所示,环弹簧缓冲器由弹簧盒、弹簧前后从板、外环弹簧(共 7 片)、内环弹簧(由 5 片内环弹簧、1 片开口环弹簧和 2 片半环弹簧组成)、端盖、球形支座、牵引杆等组成。其主要技术参数为:最大作用力为 580 kN,最大行程为 58 mm,缓冲器的容量为 18.7 kJ,水平摆角为±40°,垂直摆角为±5°,能量吸收率为 66%。

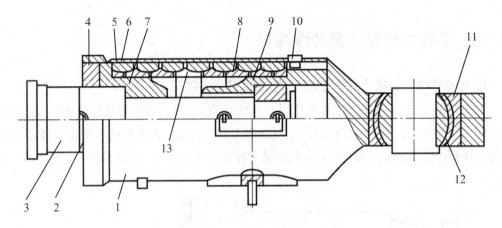

图 5-14 环簧缓冲器的结构

1. 弹簧盒；2. 标记环；3. 牵引杆；4. 端盖；5. 半环弹簧；6. 外环弹簧；7. 弹簧前从板；8. 内环弹簧；
9. 弹簧后从板；10. 预紧螺母；11. 球形支座；12. 橡胶嵌块；13. 开口弹簧

2. 作用原理

当车钩受冲击时，牵引杆推动弹簧前从板向后挤压环弹簧；当车钩受牵拉时，拧紧牵引杆后端的预紧螺母带动弹簧后从板向前挤压环弹簧。所以不论车钩还是牵拉环弹簧均受压缩作用。由于内、外环弹簧相互接触的接触面均为 V 形锥面，受压缩相互挤压时，外环扩张，内环压缩，这样就产生了轴向变形，起到缓冲的作用。同时内、外环弹簧接触面产生相对滑动，摩擦力做功从而消耗了部分冲击能。

环弹簧缓冲器的前端通过一组对开连接套筒与钩头连接，后端的球形支座通过销轴与车钩支撑座相连接。整个车钩缓冲装置在水平面内可绕销轴左右摆动 40°，在垂直面内借助于球形轴套嵌有橡胶件，可上下摆动 5°，以满足车辆运行于水平曲线和竖曲线的要求。从德国进口的上海地铁 1 号线车辆就采用了这种缓冲装置。

三、可压溃变形管

图 5-15 所示为可压溃变形管，其结构如图 5-16 所示。车钩缓冲装置是车辆冲击能量吸收系统的一部分，可压溃变形管可作为车钩缓冲装置的重要部件，用来吸收车辆冲击能量。当两列车相撞时，将会产生可恢复的和不可恢复的变形。

车辆在发生碰撞事故时的能量吸收可分为三级：第一级，速度不超过 8 km/h 时，车钩内的缓冲、吸收装置吸收全部能量，产生的变形可以恢复；第二级，速度为 8—15 km/h 时，可压溃变形管产生的变形不可恢复；第三级，速度超过 15 km/h 时，自动车钩的过载保护系统产生不可恢复的变形，车辆前端将参与能量吸收以保护乘客。

同时通过可压溃变形管的能量吸收还可以保护车体钢结构免受破坏。当冲击速度过大，导致可压溃变形管变形时，必须更换。

撞车事故发生后，必须对车辆进行检查，尤其是电气连接和机械连接部分。

车钩的事故率相对较低，可压溃变形管、钩舌弹簧、固定和活动触头及风管连接器等是相对容易损坏的部件。

图 5-15 可压溃变形管

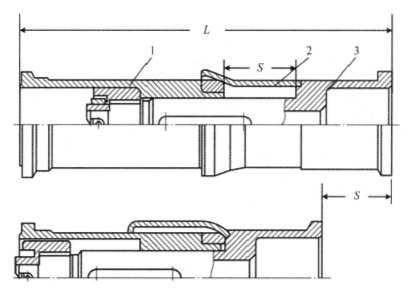

图 5-16 可压溃变形管结构

1、3. 可压溃筒体；2. 可压溃变形管

项目四 附属装置

一、风管连接器

1. 不带自闭装置的风管连接器

如图 5-17 所示,当车钩互相连挂时,密封圈互相接触受压,借助于滑套、橡胶套和前弹簧使压力达到 70—160 N,保证气路开通时不会泄漏。在制动主管连接器后端的管路上装有一个截止阀。正常解钩时,首先要将截止阀关闭,以防止制动主管排风而产生紧急制动。

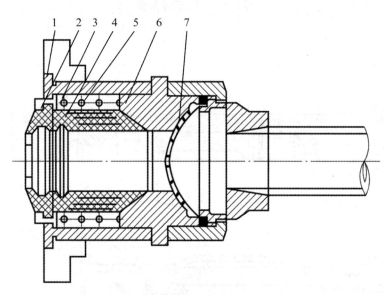

图 5-17 不带自闭装置的风管连接器

1. 阀壳;2. 密封圈;3. 滑套;4. 橡胶套;5. 前弹簧;6. 后接头;7. 滤尘网

2. 自动开闭式风管连接器

图 5-18 所示为自动开闭式风管连接器。该装置具有自动开闭装置。当两车钩连挂时,顶杆与密封圈同时受压,密封圈防止泄漏的同时,阀垫和滑阀后退,使阀垫与阀体脱开,气路开通。解钩时由于密封圈和顶杆失去压力,在弹簧的作用下,各部件恢复原位,风路断开。

二、电气连接器

电气连接器如图 5-19 所示。通过悬吊装置使钩体与电气连接器弹性连接。两车钩连挂时,箱体可退缩 3—4 mm,靠弹簧压力保证良好接触;触头上焊有银片,以减小电阻。它与箱体成弹性连接,靠弹簧压力保证触头处于可伸缩状态,相互接触良好,保证电流畅通。箱体的一侧有一个定位销,对称侧有定位孔,两钩连挂时定位销插入对应的定位孔,以保证触头的准确连接。密封圈的作用是防雨水和灰尘。解钩时,将盖盖好,防止触头损坏。箱体内还设有接线板,使触头的引线和从车上来的引入线对应相连;在它后部有电线孔,为防止电线磨损,设有塑料套。

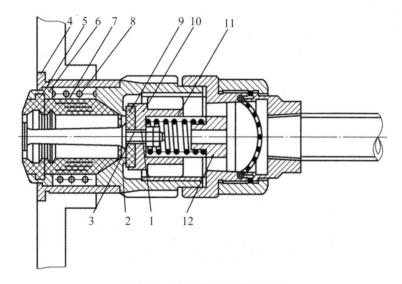

图 5-18　自动开闭式风管连接器

1. 调整垫片；2. 阀体；3. 顶杆；4. 阀壳；5. 密封圈；6. 滑套；7. 橡胶套；
8. 前弹簧；9. 阀垫；10. 滑阀；11. 顶杆弹簧；12. 后接头

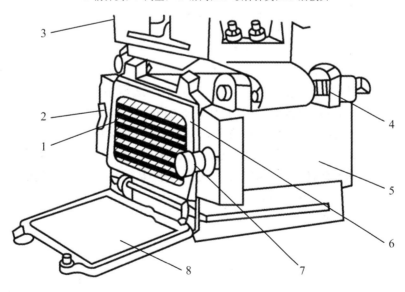

图 5-19　电气连接器

1. 触头；2. 定位孔；3. 车钩；4. 悬吊装置；5. 箱体；6. 密封条；7. 定位销；8. 箱盖

电气箱外装有保护罩,当两钩连接时,电气箱可推出使其端面高于车钩端面,此时保护罩自动开启;解钩后,电气箱退回至原位置,保护罩自动关闭。电气箱内的触点分别为固定触点和弹性触点,保证电气连接时密接可靠。

三、车钩对中装置

图 5-20 所示为车钩对中装置,在缓冲器的尾部下方左、右各设有一个对中气缸,它的活塞头部安有一个水平滚轮,当气缸充气活塞向外伸出时,能自动嵌入固定在球铰座下方的一块呈桃子形凸轮板左、右的两个缺口内,从而达到使车钩自动对中的目的,即使车钩缓冲装置的中心线与车体中心线在一个垂直平面内,以便使一个车钩钩头对准对方车钩的钩坑。

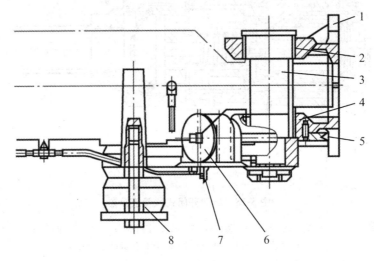

图 5-20 车钩对中装置

1. 安装座;2、4. 轴套;3. 中心销;5. 凸轮盘;6. 对中气缸;7. 活接式气接头;8. 垂向支撑橡胶弹簧

通过钩头心轴顶部的凸轮驱动二位五通阀的阀芯,从而对中气缸进行充气或排气。当车钩处于待挂状态时,对中气缸充气使车钩自动对中;当车钩处于连接状态时,对中气缸处于排气状态,此时车钩可自由转动,有利于列车过弯道。

当车辆在弯道上进行连挂时,则必须将对中装置关闭,否则无法进行连挂。这时只需将车钩下方的进气阀门关闭即可使对中气缸排气,使车钩处于自由状态,而在进行连挂时可利用钩头法兰前的导向杆(俗称"象鼻子")进行对中,从而顺利地进行连挂。

四、安装吊挂系统

安装吊挂系统的作用是为整个车钩缓冲装置提供安装和支撑的基础,保证列车通过所有平竖曲线所需的各个方向的自由度,保证整套装置在不连挂状态时保持水平,车钩中心线与车辆中心线重合,以便于连挂。车钩通过该装置可以方便地调整车钩中心线的高度。

项目五　车钩缓冲装置维护

一、车钩日常维护

全自动车钩如图 5-21 所示,应按照如下程序对车钩进行检查,必要时进行修补或更换。

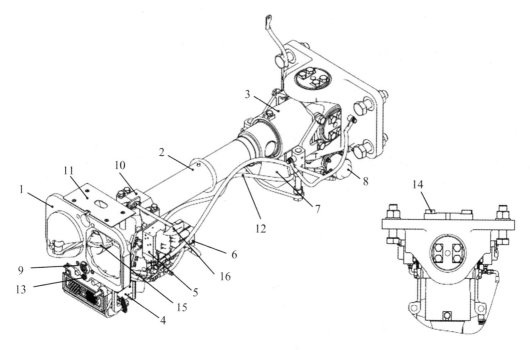

图 5-21　全自动车钩

1. 连挂系统；2. 压溃管；3. 内置拉断式缓冲装置；4. 电气连接器；5. CG-3 型控制系统；
6. 推送机构；7. 橡胶支撑；8. 对中装置；9. 风管连接器(MRP)；10. 连接环；11. 顶板；
12. 接地线；13. 解钩管连接器；14. 拉断螺栓；15. 钩舌；16. 手动解钩

① 对整个车钩进行目视检查。检查是否有损坏的迹象以及紧固件是否松脱或遗失。对于生锈的零部件必须进行清洁然后涂上底漆以形成保护。

② 手动操作解钩手柄,检查连挂组成的操作是否顺畅。

③ 手动控制 CG-3 型控制系统(5)的阀门,检查电气连接器(4)和推送机构(6)动作是否顺畅。

④ 检查连挂系统(1)的钩舌(15)和拉簧(位于机械车钩内部)是否损坏。并使用 Autol Top 2000 润滑脂对钩舌和连挂杆进行润滑。

⑤ 检查压溃管(2)是否有移动。如有任何松弛或移动都应对其进行检修更换。

⑥ 检查风管连接器(MRP)(9)、解钩管连接器(13)是否损坏,前密封圈是否损坏,零件是否松脱。如有必要更换密封圈。

⑦ 检查连接环(10)紧固件是否损坏或遗失。如有可能,试着推一下接口处检验是否松弛。如有松弛,则应更换连接环组件。

⑧ 检查安装螺栓(非车钩供货范围)及其螺母、起过载保护作用的拉断螺栓(14)上的防松标记是否错位移动,若显示有移动检查车钩零件是否有损坏,如有损坏更换损坏件,按照规定的扭矩重新拧紧,并且标上红色力矩封。

⑨ 检查压溃管(2)上的触发判断装置,若其被剪断或丢失则代表压溃管可能遇到非正常纵向冲击造成触发,应更换新的压溃管。

⑩ 用无油压缩空气或者是未沾润滑脂的抹布清洁风管连接器。

⑪ 使用未沾润滑脂的抹布清洁电气连接器的导向杆。

⑫ 检查螺栓螺纹和上下连接环之间的部位是否有润滑油,必要时重新润滑。

二、全自动车钩垂直对中调整

参照图 5-22 中的检查位置测量车钩垂向高度,如果尺寸超出允许范围则按下述方法调节,直至达到图中要求为止。

如果车钩钩头下垂,松开螺母(1)和(2),顺时针方向拧紧螺栓(3)相同的圈数,直至车钩达到垂直对中要求,重新拧紧螺母(1)和(2)。如果车钩钩头上翘,松开螺母(1)和(2)。逆时针方向松动螺栓(3)相同的圈数,直至车钩达到垂直对中要求,重新拧紧螺母(1)和(2),拧紧力矩为 350 Nm。

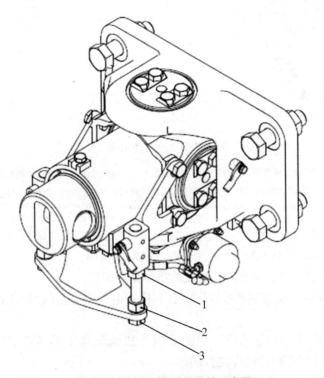

图 5-22 车钩垂直对中调整示意图

1、2. 螺母;3. 螺栓

三、车钩润滑清洁(全自动车钩)

① 清洁机械车钩的主风管、解钩管连接器和钩舌,把车钩用干净的、不含亚麻的布擦干净。

② 检查、润滑连挂机构。

四、全自动车钩水平调整

以图5-23为例,测量车钩中心线水平方向偏转角,如果车钩自然对中情况下中心线偏移车体中心线的距离大于或小于15 mm时则需按下述方法调节对中,直至达到要求为止。

① 松动螺栓(1),松动螺母(3)。
② 转动螺栓(4)调整车钩水平对中装置,使车钩与车体中心线保持一致。
③ 拧紧螺母(3),拧紧螺栓(1)。
④ 用红色标记笔标上防松标记。

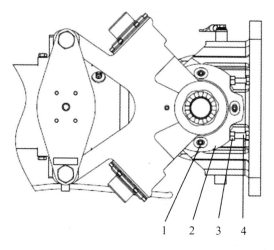

图5-23 车钩水平调整示意图

1. 螺栓;2. 凸轮板;3. 螺母;4. 螺栓

课 后 习 题

一、判断题

1. 刚性车钩不允许两相连接车钩构体在垂直方向上有相对位移,且对前后间隙要求限制在很小的范围之内。 ( )

2. 当车辆在事故遭受冲击,车辆的碰撞速度超过10—12 km/h时,这时车钩所受到的

冲击压缩力超过橡胶弹簧的承载能力,靠近钩头的冲击吸收装置才起作用。（ ）

3. 当车钩处于待挂状态时,对中气缸充气使车钩自动对中;当车钩处于连接状态时,对中气缸排气,车钩则可自由转动,有利于列车过弯道。（ ）

4. 车辆连接装置包括车钩缓冲装置和贯通道装置,通过它们使列车中车辆相互连接,实现相邻车辆横向力的传递和通道的连接。（ ）

5. 半自动车钩可以实现机械、气路和电路的完全自动连挂和解钩,或人工解钩。（ ）

二、选择题

1. 国产密接式车钩主要有以下部分组成:（　　）。
   A. 车钩钩头　　　　　　　　B. 橡胶式缓冲器
   C. 风管连接器　　　　　　　D. 电气连接器

2. （　　）的机械、气路和电路的连接和解钩都需要人工操作,但一般只有在开展架修以上的作业时才进行分解。
   A. 半自动车钩　　　　　　　B. 自动车钩
   C. 半永久性牵引杆　　　　　D. 半永久性牵引杆和半自动车钩

3. 半永久性牵引杆用于（　　）之间的编组,使编组实现连接。
   A. 列车单元　　　　　　　　B. 同一单元内车辆
   C. 不同单元车辆　　　　　　D. 列车单元同另一单元内的任一车辆

4. 电气连接器通过悬吊装置使钩体与电气连接器实现（　　）连接。
   A. 铆钉　　　　　　　　　　B. 压紧
   C. 弹性　　　　　　　　　　D. 电焊

5. 电气箱内的触点为（　　）,保证电气连接时密接可靠,主要应用于自动车钩上。
   A. 固定触点和弹性触点　　　B. 固定触点或弹性触点
   C. 固定触点　　　　　　　　D. 弹性触点

三、简答题

1. 简述车钩缓冲装置的作用和主要组成部分。
2. 刚性车钩与非刚性车钩相比各有哪些优点?
3. 试述Schaku密接式车钩缓冲装置的组成并说明其工作原理。
4. 能量吸收装置包括哪三级?

模块六　车辆制动系统

【知识目标】
1. 掌握制动的概念及分类。
2. 掌握电制动系统的工作原理。
3. 理解并掌握 EP2002 制动系统工作原理。
4. 熟悉 KBWB 制动控制系统。

【技能目标】
1. 能对空气压缩机进行日常维护。
2. 能对 EP2002 阀进行日常维护及故障判断。

项目一　制动系统基础知识

城市轨道交通车辆制动系统是保证城市轨道交通车辆具有良好的运行性能,并安全、准点运行的基础和保障。制动系统性能是否优良直接影响到乘客乘坐城市轨道交通车辆的舒适度,还影响到车辆运行速度的提高、运能的增长等性能指标。

一、制动系统的基本概念

1. 制动与缓解

制动是指人为地通过制动装置使车辆减速或阻止其加速的过程。从能量变化的角度分析,制动过程是一个能量转移的过程,是将车辆运行所具有的动能人为控制转化为其他形式能量的过程。

制动力是使车辆减速或阻止其加速的外力。制动机是产生并控制制动力的装置。

缓解是对已经施行制动的车辆解除或减弱其制动作用。对于运动的车辆而言,在停车后启动加速前或运行途中限速制动后加速前均要解除制动作用,即施行缓解作用。

2. 城市轨道交通车辆的制动装置和制动系统

城市轨道交通车辆的制动装置是在城市轨道交通车辆中产生制动力,使列车减速、停车的一套机械、电气装置,一般将其机械装置称为基础制动装置,而将其电气控制的部分称为制动机。

城市轨道交通车辆制动作用的性能优良与否对保证城市轨道交通车辆安全和正点运行具有极其重要的作用。制动装置保持良好状态也是保证列车与乘客的安全、提高车辆运行速度与运能的重要条件之一。

现代城市轨道列车车辆的制动系统由动力制动系统、空气制动系统、指令和通信网络系统三部分组成。

（1）动力制动系统

动力制动系统一般与牵引传动系统连在一起形成主电路，包括再生反馈电路和制动电阻器，将动力制动产生的电能反馈给供电接触网或消耗在制动电阻器上。

（2）空气制动系统

空气制动系统由供气部分、控制部分和执行部分组成。供气部分有空气压缩机组、空气干燥器的风缸等；控制部分有电控转换阀（EP）、紧急阀、称重阀和中继阀等；执行部分主要指基础制动装置，主要有闸瓦制动装置和盘形制动装置等。

（3）指令和通信网络系统

指令和通信网络系统是传递司机指令的通道，也是制动系统内部数据传递交换及制动系统与列车控制系统进行数据通信的总线。

城市轨道交通车辆制动系统的作用如下：

① 城市轨道交通车辆在运行过程中，由司机通过制动装置使列车减速、停车或停止加速。

② 防止城市轨道交通车辆在长大下坡道运行时的自动加速。

③ 实施停放制动，防止城市轨道交通车辆在停车线或检修线上的自动溜放。

二、城市轨道交通车辆制动系统的要求

城市轨道交通车辆制动系统应具备以下几点要求：

① 制动装置要能产生足够的制动力，保证城市轨道交通车辆在规定的制动距离内停车，一般城市轨道交通车辆的制动距离是 300 m。

② 制动装置能方便司机灵活操纵、动作迅速、停车平稳准确，车组前后车辆的制动、缓解作用一致。

③ 新型城市轨道交通车辆普遍采用电制动和空气制动的联合制动方式。

④ 能确保城市轨道交通车辆在长大坡道上运行时，制动力不衰减，使列车能匀速平稳下坡。

⑤ 制动装置能根据客流量的大小，自动进行空重车制动力大小的调整，减少制动时的纵向冲击。

⑥ 具有紧急制动性能。遇到紧急情况时，能使电动车组在规定距离内安全停车。紧急制动作用除由司机操作外，必要时还可由行车人员利用紧急停车按钮（紧急阀）进行操纵。

⑦ 电动车组在运行中发生诸如列车分离、制动系统故障等危及行车安全的事故时，应自动进行紧急制动。

三、城市轨道交通车辆制动方式的分类

城市轨道交通车辆的制动方式指城市轨道交通车辆制动时动能的转移方式或制动力

的获取方式。

（1）按动能转移方式划分

按城市轨道交通车辆制动时动能的转移方式划分，城市轨道交通车辆的制动方式可以分为两类：

① 摩擦制动。摩擦制动即制动时动能通过摩擦的方式将动能转变为热能散发到空气中，这种制动方式主要包括闸瓦制动、盘形制动和磁轨制动。

② 电制动，又称动力制动。电制动即制动时将动能通过发电机转化为电能，再将电能送回电网或变成热能散发到空气中。动力制动包括再生制动、电阻制动两种形式。再生制动将动能转化为电能后，供车辆的其他负载使用或反馈回电网。这种方式既能节约能源，又减少制动时对环境的污染，且基本上无磨耗。电阻制动是将发电机发出的电能加于电阻上，使电阻发热，将电能转化为热能。

（2）按制动力的获取方式划分

按制动力的获取方式，城市轨道交通车辆基础制动装置制动方式主要有黏着制动和非黏着制动两种。城市轨道交通车辆主要使用黏着制动方式，城市轨道交通车辆广泛使用的闸瓦制动和盘形制动均属于黏着制动；在城市轨道交通车辆上用得极少，而在高速铁路车辆上使用广泛的磁轨制动和涡流制动属于非黏着制动。

项目二 电制动系统

城市轨道交通车辆通过电动机角色的转换将车辆的动能转化为电能从而使城市轨道交通车辆减速或停车的制动方式称为电制动或动力制动。电制动是城市轨道交通车辆在常用制动下的优先选择，城市轨道交通车辆中只有带电机驱动系统的动车才有电制动装置。

电制动具有独立的滑行保护和载荷校正功能，城市轨道交通车辆每辆动车装备有 1 个三相调频调压逆变器、1 个牵引控制单元、1 个制动电阻、4 个自冷式三相交流牵引电机（即 M1、M2、M3、M4，每轴一个，相互并联）。

一、再生制动

如图 6-1 所示，当城市轨道交通车辆施行常用制动作用时，电机 M 变成发电机状态运行，将车辆的动能变成电能，经 VVVF 逆变器整流成直流电反馈于接触网，供列车所在接触网供电区段上的其他车辆牵引用和供给本车的其他系统，称为再生制动。再生制动取决于第三轨（或接触网）的接收能力，即取决于网压高低和负载利用能力。

二、电阻制动

如图 6-2 所示，如果制动列车所在的接触网供电区段内无其他列车吸收该制动能量，VVVF 则将能量反馈在线路电容上，使电容电压迅速上升，当电容电压达到最大设定值

1 500 V 时,DCU 启动能耗斩波器模块 A14 上的门极可关断晶闸管(Gate Turn Off Thyristors,GTO)V1,GTO 打开制动电阻 R_B,制动电阻 R_B 与电容并联,将电机上的制动能量转变成电阻的热能消耗掉,称为电阻制动。

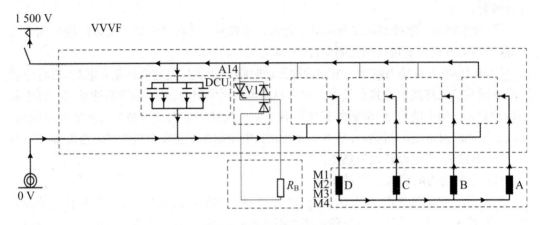

图 6-1 再生制动工作原理

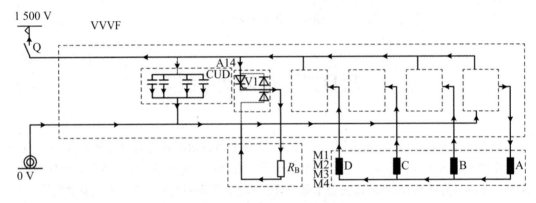

图 6-2 电阻制动工作原理

三、制动模式

1. 制动模式的种类

（1）常用制动

在常用制动模式下,电制动和空气制动一般都处于激活状态。一般情况下,电制动能满足车辆的制动要求;当电制动不能满足制动要求时,气制动能够迅速、平滑地补充,实现混合制动。

（2）快速制动

快速制动具有以下特点:电制动不起作用,仅空气制动;受冲击率极限的限制;主控制器手柄回"0"位,快速制动可缓解;具有防滑保护和载荷修正功能。

（3）紧急制动

紧急制动的特点如下:紧急电磁阀失电制动,得电缓解;电制动不起作用,仅空气制动;

高速断路器断开,受电弓降下;不受冲击率极限的限制,在1.7 s内即可达到最大制动力的90%;紧急制动实施后是不能撤除的,列车必须减速,直到完全停下来(零速封锁);具有防滑保护和载荷修正功能。

(4) 弹簧停放制动

弹簧停放制动缸充气时,停放制动缓解;弹簧停放制动缸排气时,停放制动施加;还附加有手动缓解的功能。

(5) 保压制动

保压制动是为了防止列车在停车前的冲动,使列车平稳停车,通过ECU内部设定的执行程序来控制列车的制动方式。

2. 城市轨道交通车辆制动控制原则

制动控制的基本原则包括常用制动优先原则、常用制动混合原则、常用制动力的分配原则。

(1) 常用制动优先原则

常用制动优先原则为第一优先再生制动、第二优先电阻制动、第三优先摩擦制动(气制动)。

(2) 常用制动混合原则

① 电制动无故障状态下的制动原则。在DCU无故障状态情况下,电制动始终起作用,提供常用制动所需的制动力。制动指令值同时送至所有的DCU和ECU,并由它们分别根据车辆的载荷情况计算所需的制动力。

② 电制动与气制动混合的控制原则。电制动与气制动之间融和(混合)应是平滑的,并满足正常运行的冲击极限。气制动用来填补所要求的制动需求和已达到的电制动力之间的差额。

(3) 常用制动力的分配原则

常用制动力分为电制动力和气制动力。电制动力的分配原则:由于车辆编组一般每单元为三节,假设每单元自己提供制动力,总共需要300%的制动力,而电制动时只有动车能提供制动力,每单元的三节车中只有两节动车,因此每节动车承担150%的制动力。气制动力的分配原则:由A、B和C车组成的单元车则需300%的气制动力,每节车的气制动控制单元根据本车的载荷质量负责本车100%的制动力。

四、制动控制系统

制动控制系统是制动系统中在司机或其他控制装置的控制下,产生、传递制动信号,并对各种制动方式进行制动分配、协调的部分。当以压力空气作为空气制动信号传递和控制制动介质时,该制动系统称为空气制动控制系统,又称空气制动机;以电气信号来传递制动信号的制动控制系统,称为电气指令式制动控制系统。地铁车辆普遍采用电气指令式制动控制系统,而电气指令式制动控制系统分为两种类型:数字指令式制动控制系统和模拟指令式制动控制系统。

1. 数字指令式制动控制系统

所谓数字指令式是指由0到1组成的二进制数,在用3位数组合时,除了000,还有

001、010、100、011、101、110、111 共 7 组组合。在制动控制上,使 0 对应制动控制线 OFF,1 对应制动控制线(n 根),可以得到更多 2^n-1 级的制动。北京地铁曾研制和采用了这种制动机,就操作方便性来说,通常有 7 级制动已基本够用。利用上述原理传递制动指令的控制系统称为数字指令式制动控制系统。此种制动机与空气制动机相比,具有制动指令传递速度快、制动分级多、制动力均匀等优点,但仍然是分级控制。

2. 模拟指令式制动控制系统

模拟指令式制动控制系统与数字指令式制动控制系统基本相同。唯一的区别是从驾驶室送往各车辆的制动电气指令是使用模拟量传递的,所以称为模拟指令式制动控制系统。从控制系统可获得无限级制动力,即可控制制动的细微调节,因此比较适用于使用 ATC 控制的列车。

模拟指令式制动控制技术是将变量输入计算机,计算机经过逻辑运算控制电磁阀,由电磁阀控制气阀,由气阀直接控制制动缸压力,从而达到控制制动力的目的,是一种先进的电控控制系统。其核心部分是电子控制单元,它输入制动命令、电制动施加信号、车体载荷信号(即乘客的多少)、空气制动实际值的反馈信号,经综合运算后输出的电气模拟转换和防滑控制的电信号,控制各种电磁阀,根据制动要求和实际情况不断调整制动缸压力。

系统的另一个重要部件是制动控制单元,它由模拟控制阀、紧急制动阀、负载限压阀、中继阀等电磁阀组成,集成安装在一块内通管路的模板上,接受电子控制单元的指令,完成电、气转换,然后对制动风缸压力进行制动。

制动系统逻辑如图 6-3 所示。

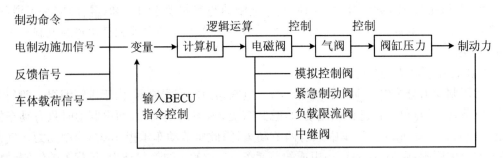

图 6-3 制动系统逻辑

项目三 空气制动系统

城市轨道交通车辆的空气制动系统又称为机械制动系统或摩擦制动系统,是指在城市轨道交通车辆制动系统中将空气压力能转换为基础制动装置摩擦力的制动装置。

我国城市轨道交通车辆最常用的空气摩擦制动方式是闸瓦制动方式和盘形制动方式。空气制动以风源系统产生的压缩空气为动力,通过一套机械和传动机构将制动力进行放大和均匀分配并传至每块闸瓦,闸瓦再和车轮踏面(或摩擦盘)之间发生摩擦,将车辆的动能转换为热能消耗在大气中。

一、城市轨道交通车辆空气制动系统的组成

城市轨道交通车辆的空气制动系统主要由以下几部分组成：

1. 压缩空气的供气系统

供气系统的主要作用是产生一定压强的压缩空气，并储存在风缸中，供制动装置、车门控制装置（气动门）、车辆转向架的空气弹簧减震悬挂装置等使用，供气系统主要由压缩机、空气干燥器、压力控制装置和管路等组成。

2. 制动控制单元

制动控制单元是城市轨道交通车辆制动的核心部件，它主要作用是接受计算机制动控制单元的指令，然后再指示制动执行部件动作，完成制动。

3. 防滑装置

防滑装置是当车轮与钢轨黏着不良时，对制动力进行控制的装置，以防止车轮打滑擦伤车轮踏面。图6-4所示为西安地铁2号线的防滑装置，每辆车的防滑控制装置包括4个防滑排风阀和4个轴端速度传感器，用于车轮与钢轨黏着不良时，对制动力进行控制。

图 6-4　西安地铁 2 号线的防滑装置

4. 基础制动装置

基础制动装置是空气制动装置的执行装置，是产生制动力的执行装置。一般单元制动器都将制动缸传动机构、闸瓦间隙调节器以及悬挂装置连在一起，形成一个紧凑的装置。

我国地铁车辆采用德国克诺尔制动机厂生产的单元制动器较多，图6-5所示为两种不同类型的单元式制动缸，分别是 PC7Y 和 PC7YF。

基础制动装置其特点如下：

① 有弹簧停车及手动辅助缓解装置（PC7YF 型）。
② 有闸瓦间隙调节器。
③ 制动传动效率高，在 95% 左右。
④ 占用空间小，安装简单。
⑤ 性能稳定、作用可靠、维修方便。

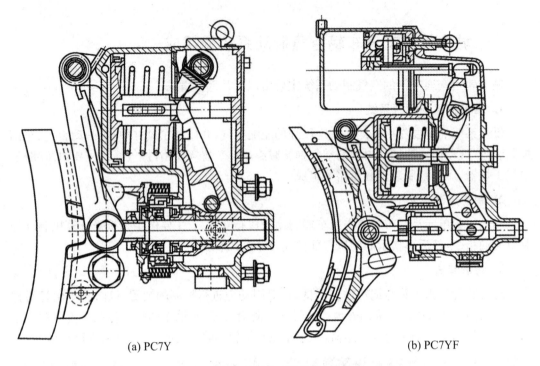

(a) PC7Y (b) PC7YF

图 6-5 两种不同类型的单元式制动缸

5. 闸瓦

闸瓦是指制动时压紧在车轮踏面上产生制动作用的制动块。

轨道交通车辆使用的闸瓦可分为两类：铸铁闸瓦和合成闸瓦。铸铁闸瓦按含磷量不同可分中磷铸铁闸瓦和高磷铸铁闸瓦，在城市轨道交通车辆上使用甚少，在此不作介绍。

（1）合成闸瓦的结构

合成闸瓦由于其材料本身强度小，所以必须在其背部处衬压一块钢板（钢背）来增加它的抗压速度。整个合成闸瓦由钢背和摩擦体两部分组成。钢背内侧有槽或孔，用以提高摩擦体与钢背的结构强度。低磨合成闸瓦钢背两端的中间部分制成凸起的挡块，两侧低平，以便与闸瓦托的四爪相结合，钢背外侧中部装有用钢板焊制成的闸瓦鼻子，其外形和中磷铸铁闸瓦相同。

由于高磨合闸瓦的摩擦系数大，因此不能与通用闸瓦相互使用。为了防止混淆，将高磨合成闸瓦钢背两端的中间制成低平，两侧凸起，正好与低磨合成闸瓦相反，钢背内侧还焊有加强筋，以增加钢背的强度。为了增加散热面积和避免闸瓦裂损、脱落，合成闸瓦摩擦体的中间部压成一条或两条散热槽。

（2）合成闸瓦的特点

合成闸瓦是以树脂、石棉、石粉和硫酸钡等材料为主热压而成的。合成闸瓦具有以下优点：

① 摩擦性能可按需要进行调整。

② 耐磨性能好，使用寿命长。

③ 对车轮踏面的磨耗小，可延长车轮使用寿命。

④ 质量轻。合成闸瓦的质量一般只有铸铁闸瓦质量的 $1/3$—$1/2$。

⑤ 可避免磨耗铁粉的污损及制动喷射火星而引起火灾事故。
⑥ 摩擦系数比较平稳并能保证有足够的制动力。

虽然合成闸瓦具有很多优点,但它对车轮也有很大的影响,主要有以下几种情况:

① 热龟裂。由于闸瓦与车轮的接触不良,因而会在车轮踏面上产生局部过热,形成热斑点,在个别情况下会发生热龟裂。

② 车轮的沟状磨耗。

③ 车轮的凹形磨耗。

除上述现象外,合成闸瓦对车轮踏面造成的常见的影响有毛细裂纹、热裂纹、滑行裂纹和踏面剥离等。

闸瓦制动过程

二、空气制动系统的结构原理

空气制动系统按其作用原理不同,可分为直通式空气制动机、自动式空气制动机和直通式自动空气制动机。图6-6所示为城市轨道交通车辆直通式空气制动装置的工作原理。

城市轨道交通车辆基础制动装置一般由单元制动缸组成,它是空气制动系统的执行部件,主要由制动缸、闸瓦间隙调节器等组成。其制动过程可描述为:制动缸→活塞杆→基础制动装置→闸瓦→车轮。每辆车的转向架上有4块闸瓦,其中两个闸瓦块装有附加的弹簧制动器,起停车制动的作用。单元制动缸的特点是轻便灵活、体积小、灵敏度高。

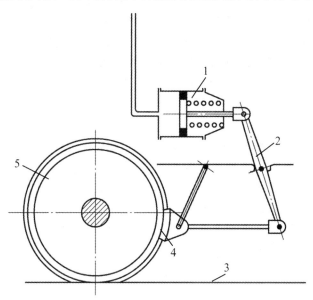

图6-6 城市轨道交通车辆直通式空气制动装置的工作原理

1.制动缸;2.制动杠杆;3.钢轨;4.闸瓦;5.车轮

项目四 EP2002 制动系统

EP2002 制动系统由 KONRR 公司研制,具有以下特点:
① 高精度且响应迅速。
② 具有高适应性,适应多种参数和接口需求。
③ 具有高可靠性和实用性。
④ 维护简易,轻量化。
⑤ 提供故障诊断与报告。

该系统是以转向架为单位的"架控式"制动控制系统,内设监控终端,具有自诊断和故障记录功能,它能在司机控制器或 ATO 的控制下对列车进行阶段或一次性的制动与缓解。

在正常制动过程中,电制动和空气制动随时协调配合以满足制动指令的要求,并且优先采用电制动。电制动包括电阻制动和再生制动。如果电制动不能满足总制动力的需求,由空气制动自动补充,并且优先补充拖车的空气制动。

为保证列车运行安全设有紧急制动,紧急制动通过常时带电的紧急制动环路来控制,当紧急制动环路断开导致紧急电磁阀失电时施加紧急制动,紧急制动采用纯空气摩擦制动。列车具有停放制动功能,能够使满载列车在静止状态下停在坡度为 35‰ 的坡道上,停放制动是通过弹簧实现的,并通过空气充气、排气实现缓解与施加。在常用制动和紧急制动过程中,该系统都具有防滑控制功能和载荷补偿功能。

空气制动系统一般作为列车控制系统的一个整体部件进行设计,包括空气供给系统、受流设备(受电弓)、牵引控制、电制动控制系统、空气弹簧称重系统、车轮防滑保护装置(WSP)和车载监控系统。

在电制动无法满足制动要求或失灵的情况下,一个能满载荷工作的闭环模拟式电控制动系统即刻代替电制动起作用,由微处理器控制。

列车一般装配有一个"得电缓解"的紧急空气制动系统,贯穿整个列车的 DC 110 V 连续电源线控制该制动作用的发生。线路一旦断开,所有车立即实施紧急制动。紧急制动时,电制动不起作用。

在 Tc 车和 Mp 车转向架上,每轴装备两套踏面制动单元,其中一套带有停放制动单元。停放制动由弹簧施加,压缩空气充气缓解。

空气制动系统分布:
A 组——供风设备:Tc 车;
B 组——制动控制设备:Tc 车、Mp 车、M 车;
C 组——制动执行设备:Tc 车、Mp 车、M 车;
G 组——防滑保护设备:Tc 车、Mp 车、M 车;
L 组——空气悬挂设备:Tc 车、Mp 车、M 车;
P 组——汽笛:Tc 车;
U 组——辅助升弓设备:Mp 车;

Ⅴ组——轮缘润滑设备:Tc车;

W组——车钩设备:Tc车、Mp车。

一、供风设备(A组)

供风设备安装在每辆Tc车上,该设备通过贯穿整列车的主风管(MRP)给全列车的用风设备供应压力空气。

在每辆Tc车上均设有VV120空气压缩机模块,其供风能力可以满足1号线电客车的用风需求。每列车设有两套空气压缩机模块。空气压缩机模块包括两个主要设备:VV120型往复式空压机及一个LTZ015.1H型双塔干燥器,两个设备均安装在一个共用框架上以便于安装和维护。

总风缸、主风管中的压缩空气最大工作压力为10 bar,正常工作压力范围为7.5—9 bar。

空气供给设备主要包括以下几个部分:电动空气压缩机模块、总风缸、压力开关、测试接口。

其中,电动空气压缩机模块作为一个完整的部件由KNORR公司研制,它包括:模块构架、空气压缩机、连接软管、双塔干燥器、油过滤器、安全阀、外接风源等(图6-7)。

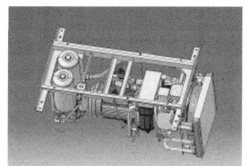
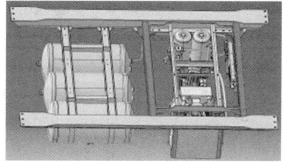

图6-7 电动空气压缩机组

电动空气压缩机模块作为压缩空气的供给设备,该设备能够产生清洁、干燥并具有一定压力的空气来满足空气制动系统及其他辅助设备的用风需求。

在电动空气压缩机模块中,整个压缩机弹性安装(橡胶堆)在模块构架上,避免压缩机的震动传递给车体。电动空气压缩机模块中具有防止空气压缩机脱落的装置。

每个空气压缩机组通过4个防震动弹性支撑和2个防脱落装置(钢丝绳)安装在模块构架上,当柔性悬吊作用的部件不工作时,防脱落装置仍然使压缩机安全地固定在模块构架上。

由于底架设备采用边梁吊挂,所以该模块再通过两个铝梁吊挂在边梁上。

在模块内设置有干燥器,当空压机启动时,干燥器也同时启动。干燥器内部有两个干燥塔,每个干燥塔连续工作的时间为2 min,2 min后将切换至另一干燥塔工作。每个干燥塔内设置一个压力开关,当干燥塔内部压力大于2.7 bar时,压力开关将动作,此状态表示干燥塔处于工作状态。

网络将记录以下信息,并将这些信息发送给制动系统用于判断风源系统是否正常工作:从发出空压机启动命令到干燥塔压力开关压力大于 2.7 bar 所用时间,即增压时间,正常情况下为 1.8 s 左右;两个干燥塔切换的时间,正常情况下为 0.25 s 左右;单个干燥塔连续工作时间,正常情况下为 120 s 左右。

当增压时间大于 10 s、切换时间大于 10 s、连续工作时间大于 130 s 时,制动系统将判定风源系统状态异常并将此信息上传网络,网络将停止启动空压机。

供风设备部分的气路如图 6-8 所示。

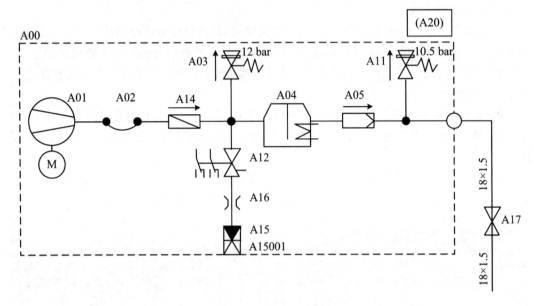

图 6-8 供风单元气路图

A01.空压机;A02.高压软管;A03/A11.安全阀;A04.双塔干燥器;A05.油过滤器;
A12.车间风源隔离塞门(带电触点);A14.止回阀;A15.外接供气口;A16.节流孔;A17.隔离塞门

1. 电动空气压缩机(A01)

VV120 型空气压缩机采用空气冷却、两级活塞压缩,由一个三相交流、50 Hz、AC380 V 的电机驱动。压缩机的排量约为 920 L/min,工作转速为 1 450 r/min,详细的空压机模块参数如表 6-1 所示。

表 6-1 空压机参数

项 目	技术参数
型号	VV120
工作转速	1 450 r/min
空气净输出量	720 L/min±6%
工作压力	9 bar
轴功率	6.5 kW±7%
油容量(max/min)	3.7 L/1.5 L

续表

项　　目	技术参数
电机型号	KB/04C-132M
防护等级	IP55
工作温度范围	－40℃～＋50℃
工作电压	AC 380 V±10%
频率	50 Hz
工作电流	14.2 A(＋20%/－10%)
功率因数	0.84
启动电流	124 A＋20%
峰值电流	228 A＋20%
控制电压	DC110 V
重量	250 kg±5%

空气压缩机有两个低压气缸和一个高压气缸。空气压缩机通过自带吸气过滤器吸入空气,空气在第一级被压缩后流经中间冷却器,然后进行第二级压缩(图6-9)。

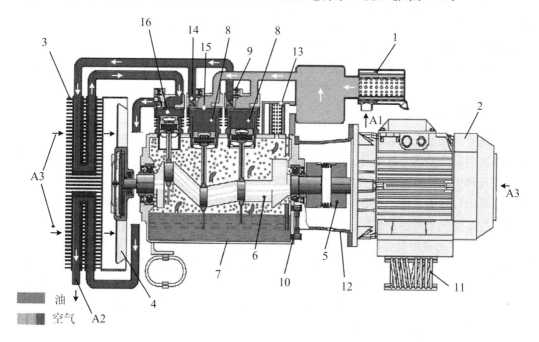

图 6-9　空气压缩机气体压缩过程示意图

1. 空气过滤器;2. 电机;3. 冷却器;4. 风轮＋黏性联轴节;5. 联轴节;6. 机轴;7. 机轴箱;
8. 低压气缸;9. 安全阀;10. 油表管;11. 弹簧组;12. 中间法兰;13. 油环;14. 供给阀;
15. 吸气阀;16. 高压气缸;A1. 空气入口;A2. 空气出口;A3. 冷却空气

压缩空气在流经空气压缩机的后冷却器后通过一根压力软管到达双塔空气干燥器。

空气压缩机由一台 3 相 AC 380 V、50 Hz 电动机驱动,意外反相不会对空气压缩机的运转造成损坏。空气压缩机容量满足所有制动和所有辅助系统要求,并且能满足在最恶劣条件下的用风要求。空气压缩机按连续工作制设计,其工作负荷率大于 30%。

空压机为两级压缩,低压级有两个气缸,高压级只有一个气缸。空气由低压缸吸入并由一个干式空气过滤器滤清。此干式空气过滤器给压缩机以最佳的保护,维护只需要更换滤芯。空压机装配有一个真空指示器用来显示滤芯内的灰尘集聚情况。

空气压缩机有一个集成的内冷却器和二次冷却器。空气在通过内冷却器前已进行了预压缩,此空气被送到高压缸进行下一步的压缩,直到达到最后的压力。在空气压缩机出口前的一个紧凑的二次冷却器为空气干燥器单元提供了最佳的条件。连接压缩机和空气干燥器的高压软管的上游有一个安全阀。

该空气压缩机的润滑方式为飞溅润滑,浸于油池中的曲轴转动时,油因随曲轴转动而飞溅,达到润滑目的,飞溅的润滑油沿着曲轴箱流回油池,其中当曲轴箱排气和润滑油溅到曲轴箱呼吸器上时,安装在曲轴箱的呼吸器上的聚油池对其进行分离、干燥,之后润滑油流回曲轴箱,而不会有润滑油流到外面。可以通过油位观测器检查曲轴箱的油量。如果油量过少,可能引起过热并导致气缸炭化。

空气压缩机的冷却风扇叶片不是直接安装在曲轴端头,而是通过温控液力联轴器与轴连接的。联轴器在温度较低时,其内部的液体黏度很低,不传递转矩,只有当液体达到一定温度时,它的黏度上升,才能传递转矩使风扇转动。

当总风压力低至 7.5 bar 时,主空压机开始工作并在 9 bar 时停止工作。当主空压机在总风压力低至 7.5 bar 时已开始工作,但总风压力仍继续降低到低于 7 bar 时,备用空压机开始工作,两个空压机同时工作充风,并在总风压力到达 9 bar 时两个空压机同时停止工作。主辅空气压缩机的控制按照单双日进行控制。当压缩机启动时或者车间供风时,相应的空气干燥器启动。

2. 双塔干燥器(A04)

压缩空气被通到双塔干燥器 LTZ015.1H 中,压缩空气在一个干燥塔进行干燥,同时另一个干燥塔内回流的洁净总风对干燥剂进行再生处理。在干燥器内的电子计时器控制两个塔的干燥及再生。只有在空气压缩机工作时,该计时器的控制周期才起作用,这样可以确保两个干燥塔可以均衡工作。双塔空气干燥器通过去除系统中的水分并达到等于或小于 35% 的相对湿度。空气干燥器设有自动排泄阀,以将积存的水和油污自动排放到大气中(图 6-10)。

干燥筒中的吸附剂是结晶的金属硅酸铝,当带水分的压力空气流过吸附剂时,吸附剂中具有规律的微孔吸附流过的空气中的水分。而且这种硅酸盐吸附剂的微孔大小可选择适应于吸附水分子,而较大的油分子却不能同时吸附。吸附作用的特点是在压力下吸附,在大气压或负压下再生,即压力越高,温度越低,单位吸附量所能吸收的水分量就越多;反之,吸附量就少。这就是"压力吸附与无热再生"。

双筒干燥器工作过程为干燥与再生两个工况同时进行,压力空气在一个筒中流过并干燥时,另外一个筒中的吸附剂即再生。每一个筒有一个压力指示器显示工作工况。从空气压缩机输出的压力空气首先经过装有"拉希格"圈的油水分离器,除去空气中的液态油、水、尘埃等。然后,压力空气再流过干燥筒中的吸附剂,吸附剂吸附压力空气中的水分,可以使空气干燥达到相对湿度 35% 以下,低于腐蚀可能发生的湿度值。

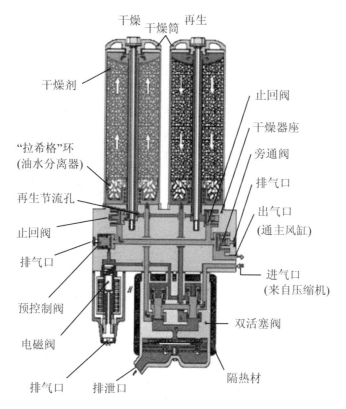

图 6-10 双塔干燥器工作原理图

3. 精细油过滤器(A05)

精细油过滤器的作用是吸附压缩空气中的油分。压缩机耗油量与压缩机型号、油的特性和运行条件有高度联系,因此并不恒定。在高温运行条件下,高达 50% 的压缩机油耗经过空气干燥器,这些油几乎都被精细油过滤器吸收。因此必须定期排出精细油过滤器中的油并定期更换滤筒。

4. 球阀(带或不带排气口)

球阀用于手动截断气路,带排气口的球阀还具备排气功能。带电气触电的球阀在操作器件动作的同时将电气触电接通或断开以改变电路连接的状态,实现设计的功能(图 6-11)。

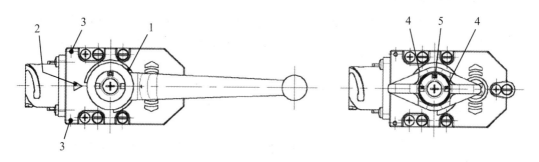

图 6-11 球阀外观图

1. 垫圈;2. 止动销标记;3. 开关模块上的铅封孔;4. 标明气流方向的凸起标志;5. 标明排气的凸起标志

5. 止回阀(A14)

止回阀被安装在管路中,用于单向导通气流,防止压缩空气逆流,对气路设备以及功能造成损害(图6-12)。

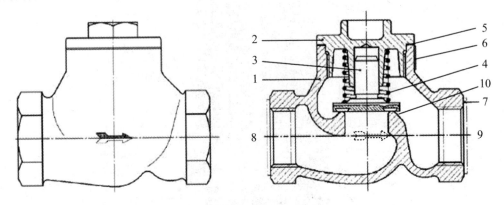

图6-12 止回阀结构图

1.支架;2.螺旋塞;3.阀锥;4.压缩弹簧;5.密封圈;6.铭牌;7.螺纹罩;
8.连接压缩机端口;9.通往截断塞门;10.阀座

当空气流经止回阀时,阀锥被与弹簧压力方向相反的力抬起。阀锥的导向杆像活塞一样,压缩空气可以从它顶部通过。由于螺旋塞和阀锥有间隙,阻止阀杆向上,阀锥得到缓冲,因此不会与螺旋塞相撞。

当压缩机关闭后,阀锥向下落,在导向杆上部产生一个细微的反向压力。在压缩弹簧的作用下,阀锥向下被推回与阀座接触。

6. 安全阀(A03、A11)

管路中设置有安全阀以确保管路压力不超过预先设定值,当管路中压力超过安全阀设置值时,安全阀将打开,并将压缩空气排放到外界,以降低管路压力。

7. 压力监控器(A09、A10)

压力监控器用于监控管路中压缩空气的压力,当达到或低于设定压力值时,压力监控器中的电路便接通或断开,用于实现设计的功能。

8. 风缸(A06、B03、L06)

每辆车设置一个总风缸、一个空气悬挂风缸和一个制动风缸,三个风缸的容积均为100 L。总风缸及空气悬挂风缸上设有排水塞门,风缸和排水塞门之间通过双向接头连接在一起,排水塞门选用蝶形手柄,方向和气流方向一致时为关闭位;空气悬挂风缸的一端还设有一个带卸荷槽的螺堵;出于安全考虑,在制动风缸上只设带卸荷槽的排水螺堵。

风缸最高设计压力为10 bar,所有风缸使用寿命大于30年,风缸材料选用铝合金。如图6-13所示。

列车储风缸的容积将满足在下列条件下保证空气制动系统实施至少5次紧急制动/缓解循环:

① 风压处于压缩机起始工作点。
② 空气压缩机都停止工作(故障状态)。

③ 车辆载荷处于 AW3 状态。
④ 电制动停止工作。
⑤ 其他用气设备正常工作。

图 6-13　风缸效果图

9. 原理图说明

如图 6-14 所示,压缩空气由空压机(A01)提供,空压机与下游管路的连接采用高压软管(A02)连接,用此柔性连接将空压机传递到车体管路的震动降到最低。压缩空气经过止回阀(A14)通往双塔干燥器(A04)和精细滤油器(A05)进行处理,在双塔干燥器之前设置安全阀(A03),当双塔干燥器上游管路压力超过 12 bar 时,安全阀打开排气以降低管路压力,保护管路设备。在精细滤油器的下游设置安全阀(A11)进一步保证输出到总风缸的压缩空气压力不高于 10.5 bar,供气单元与主风缸之间设置一常通球阀(A17)用于将主风缸与供气单元隔离。

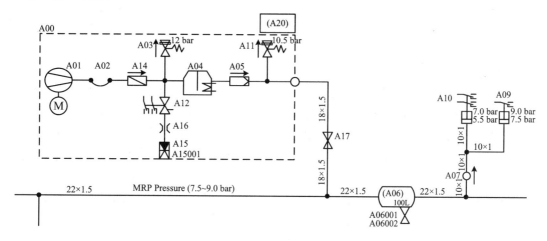

图 6-14　供风设备(A 组)气路原理图

压力监控器(A09、A10)用于监控主风管压力。
A10 的电气触电位于紧急制动回路,当主风管压力低于 5.5 bar 时,A10 电气触电断开,导致紧急制动回路断开,车辆立即施加紧急制动,当主风管压力恢复到 7 bar 时 A10 电气触电闭合,此时紧急制动回路建立,车辆紧急制动能够缓解。此压力监控器可通过旁路开关实现旁路。

A09 的电气触电位于空压机控制回路,当主风管压力低于 7 bar 时,相关电气触电闭合,此时可通过司机室"强迫泵风按钮"强制启动空压机为主风管供应压缩空气,提高主风管压力。当主风管压力达到 9 bar 时,A09 相关电气触电断开,此时"强迫泵风按钮"从控制回路上隔离,不再由人工启动空压机。

在双塔干燥器(A04)上游还设置了车间供风管路,当需要使用车间风源为车辆供风时,需要操作球阀 A12 接通管路,并将车间风源连接至 A15。当关断球阀 A12 时,球阀上游的空气将从排气口排出。球阀 A12 带有电气触电,用于实现以下功能:当车间风源被使用时,"强迫供风按钮"以及压力监控器 A09 的电气触电将被从电气控制回路隔离,同时,双塔干燥器将得电启动,并且 TCMS 将接收到车间风源被使用的提示,以对列车控制做出相应反应。

二、制动控制设备(B组)

制动控制设备包括:制动控制器、EP2002 阀、双针压力表(带照明)、车上制动隔离塞门(带触点)、测试接口、制动风缸。

制动方式按优先等级分为再生制动、电阻制动和空气(摩擦)制动。按操作模式分为紧急制动(EB)、快速制动(FB)、常用制动(SB)和停放制动(PB)。

1. EP2002 制动控制单元

EP2002 制动控制系统通过两个核心产品 EP2002 智能阀(简称 SV 阀)和 EP2002 网关阀(简称 GV 阀)来形成分散式制动控制网络。辅助制动控制阀(简称 CUBE 阀)与一个 EP2002 智能阀或网关阀共同安装在一个安装板上,构成集成智能阀或集成网关阀。每辆 Tc 车安装一个网关阀和一个集成智能阀,在每辆 Mp 车上安装一个智能阀和一个集成智能阀,在每辆 M 车上安装一个智能阀和一个集成网关阀。EP2002 制动控制单元为模块设计,安装在车底的转向架附近。

(1) 智能阀(SV 阀)

EP2002 智能阀是一个"机电"装置,其中包括一个电子控制段,该电子控制段直接装在一个称为气动阀单元(PVU)的气动伺服阀上。起控制作用的 EP2002 网关阀通过 CAN 制动总线传达制动要求,每个阀门据此控制着各自转向架上制动调节器内的制动缸压力(BCP)。本设备通过转向架进行常用制动和紧急制动,同时通过车轴进行车轮防滑保护控制。阀门受软件和硬件的联合控制和监控,并可以检测潜在的危险故障。结合使用各车轴产生的车轴速度数据和其他阀门通过专用 CAN 制动总线传来的速度数据即可进行车轮防滑保护。

(2) 网关阀(GV 阀)

EP2002 网关阀执行 EP2002 智能阀的所有功能,并将常用制动压力要求分配至所有装在本地 CAN 网络中的 EP2002 阀门。网关阀也可以提供 EP2002 控制系统与列车控制系统的连接。EP2002 网关阀可以按要求定制,以连接 MVB、LON、FIP 和 RS485 通信网络或者传统列车线缆和模拟信号系统。在 EP2002 系统中,一个 EP2002 网关阀中的制动要求分配功能可以将 SB 制动力要求分配至列车装配的所有制动系统,以达到司机或 ATO 要求的制动力。

(3)集成智能阀/集成网关阀

辅助制动控制阀(CUBE 阀,图 6-15)与一个 SV 阀共同安装在一个安装板上,构成集成智能阀(图 6-16)。

辅助制动控制阀(CUBE 阀)与一个 GV 阀共同安装在一个安装板上,构成集成网关阀。

为了便于列车的日常维护和试验,KNORR 提供一个辅助控制单元,该单元把制动控制系统和空气悬挂系统中的一些零部件,如停放制动电磁阀、截断塞门(带触点/不带触点)、测试接口、溢流阀、减压阀、空气过滤器、单向阀及其他气路元件和电子元件,集成安装在一块铝合金气路面板上,为了模块化设计,把这个辅助控制单元与 SV 阀/GV 阀集成为一个模块,即集成智能阀/集成网关阀。

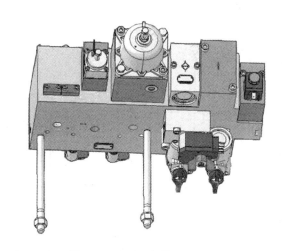

图 6-15 CUBE 阀外观图

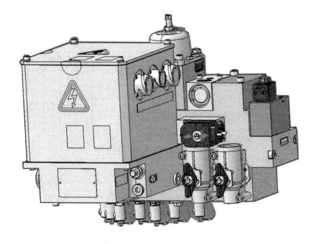

图 6-16 集成智能阀外观图

2. 原理图说明

如图6-17所示,主风管的压缩空气在到达B组与L组之前先通过管路过滤器B01进行进一步处理,以确保到达下游设备的压缩空气符合使用要求。止回阀B02用于防止制动缸B03中的压缩空气回流至主风管,球阀B04用于手动切除B组设备及其下游设备功能,管路中剩余的空气将从B04阀的排气口排出。压缩空气经过B04之后分成两路,其中一路进入制动风缸,另一路进入停放制动控制部分。

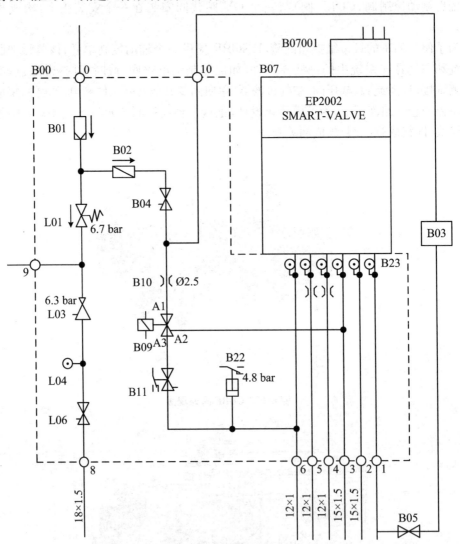

图6-17 B组气路原理图

制动风缸为一个100 L不带有排水阀的气缸,向EP2002网关阀与智能阀提供压缩空气,B05阀用于截断制动缸与EP2002阀的连接,令单个EP2002阀排气。EP2002智能阀具有6个与气路连接的接口:

① 1口从制动缸输入压缩空气,用于对制动进行控制。

② 2、3口为输出口,由EP2002控制的压缩空气由次端口输出到C组,用于气制动控制。

③ 4、5 口为输入口,用于获取 L 组空气弹簧的载荷压力信息。
④ 6 口为输入口,用于获取停放制动缸压力信息。

压缩空气经过 B04 阀后到达停放制动电磁阀 B09,当 B09 阀处于失电状态时,A1、A3 导通,在 B11 阀未截断的情况下,停放制动缸中将充气,从而缓解停放制动。当 B09 阀得电时 A3、A2 导通,若此时 EP2002 施加保持制动,则停放制动处于缓解状态,若此时 EP2002 未施加保持制动,且气路压缩空气流失,则停放制动自动施加。操作 B11 阀将截断连接到停放制动缸的气路,并将停放制动缸中的压缩空气排向大气,从而施加停放制动。

3. 制动控制

(1) 常用制动

每个制动控制阀(GV/SV)输出常用制动施加/缓解状态。将整列车的常用制动施加状态触点串联,去驱动所有常用制动施加继电器(ABAR)。在司机台上设有所有空气制动施加指示灯(ABAI),当 ABAR 得电时,该指示灯亮。

通过每个制动控制阀的常用制动缓解状态触点驱动所有制动缓解继电器(BRR),将整列车的常用制动缓解继电器触点(BRR)串联,从而驱动所有常用制动缓解继电器(ABRR)。在司机台上设有所有空气制动缓解指示灯(ABRI),当 ABRR 得电时,该指示灯亮。通过制动缓解继电器的常闭触点驱动制动不缓解指示灯(NOTBRI),只有当本节车的所有制动缓解时,该指示灯灭。

(2) 紧急制动

紧急制动由列车的紧急制动环路失电触发,并最终由空气制动基础装置执行,是通过一个安全回路控制的纯空气制动模式,是列车运行安全导向保证中最重要的环节。紧急制动是故障安全环路,不可逆。

列车紧急制动功能采用硬线控制,在制动控制单元上装备了由列车安全环路硬线控制的紧急制动部分。若列车安全环线断开,信号输入到 EP2002,产生紧急制动。

总体上紧急制动采用执行电路和控制电路分开设计。

紧急制动通过常带电的紧急制动环路的失电触发下列任何一种情况下都将使紧急制动环路失电从而触发紧急制动:

① 非 ATO 模式下,松开司机室中的警惕装置超过 3 s。
② 按下司机室台上紧急制动按钮(此时会降弓)。
③ 列车运行时,方向手柄过 0 位。
④ 列车分离。
⑤ 总风欠压(总风缸压力低于 6 bar 施加紧急制动,高于 7 bar 时缓解)。
⑥ 紧急制动电气列车线环路中断或失电(紧急环路硬线中断)。
⑦ DC 110 V 控制电源失电(断路器 EBTLCB 断开或者辅助供电系统故障)。
⑧ ATP 发出紧急制动指令。
⑨ TCMS 发出紧急制动指令。

其中,ATP 系统发出紧急制动指令(TBD):

a. 列车超速;
b. 双端 VOBC 故障;
c. 列车完整性丢失;

d. 发生车门紧急解锁；

TCMS 发出紧急制动指令：

a. 超速（当列车速度超过 80 km/h 时，封锁牵引；超过 83 km/h 时，发出警报；超过 85 km/h 时施加紧急制动）；

b. 总风压力低于 6 bar。

紧急制动控制回路失电后，紧急制动接触器 EBK 失电，紧急制动继电器 EBR 失电。EBR 的触点信息给 GV 阀和 SV 阀将触发紧急制动。

紧急制动控制回路和执行回路可以扩展到救援模式下的故障列车，救援时在救援列车和被救援列车的任何一个司机室都可以触发紧急制动。在激活司机室的情况下可以缓解救援车与被救援车的紧急制动。

紧急制动的施加是不可逆的，当所有紧急制动触发条件都消失，在零速时紧急制动缓解。

具体操作步骤为：

① 查出紧急制动产生的原因，将发生点复位。

② 将主控器手柄拨到制动区域。

③ 按下紧急制动复位按钮。

这样，紧急制动列车环线重新得电后，EBK 得电将前段重新接通，紧急制动完全复位。

紧急制动时，VCU 输出制动命令给 GV 阀，GV 阀在紧急制动缓解后，并且零速、有制动指令时，施加保持制动。重新给出牵引指令方能使牵引有效。

（3）停放制动

停放制动力应能使一列 6 辆编组的列车在极不利的条件下将满负载（AW3）的列车停放在坡度为 35‰干燥、清洁的坡道上。

当总风压力不足时，停放制动会通过弹簧自动施加。在每个司机台上，设置一个自复位按钮 PBAPB 用于停放制动的施加。在激活司机室且有零速情况下按下该按钮，将使停放制动电磁阀得电，如果此时没有施加常用制动，则将施加停放制动。当按下另一个自复位按钮 PBRPB 时，停放制动缓解。

当总风压力不足，停放制动会通过弹簧自动施加。每节车停放制动缸压力的信号和停放制动缓解状态的电平信号通过 MVB 发送给 VTCU。在 DDU 上显示每个车的停放制动状态。停放制动还设有隔离截断塞门，当停放制动被机械隔离时，DDU 会显示其隔离状态。

（4）快速制动

在司控器处于快速制动位时，将快速制动信号送给制动控制阀（GV/SV）。快速制动的列车硬线信号为低电平有效。

常规模式下，快速制动为电空混合制动，并且优先使用电制动。快速制动时制动系统所需整车的总制动力（已考虑载荷补偿）由制动控制单元计算，制动控制单元扣除电制动力后再进行空气制动补偿。

紧急牵引模式下的快速制动为纯空气制动，每个 CAN 单元的 GV 阀将计算后的制动力值平均分配到该单元的每个空气制动正常的转向架上。在 ATO 模式下，快速制动被触发时，牵引制动控制单元将忽略来自 ATO 的制动力需求，按快速制动率执行制动；在紧急牵引模式下,快速制动仅通过硬线命令控制。

当司机控制器手柄离开制动区域,并回到零位后,快速制动将得到缓解。在快速制动过程中,制动力的施加要考虑冲击极限小于或等于 0.75 m/s³。

(5) 保持制动

列车有保持制动功能,可防止列车溜车,保持制动是常用制动的一部分。ATO 模式下,保持制动的施加由 ATO 控制,缓解由 VCU 控制。在满足以下条件时,列车将施加保持制动:

① 零速有效。

② 制动命令有效。

③ 制动力大于等于 70% 最大常用制动。

以上信号均来自信号系统,由网络系统转发给制动系统,制动系统收到以上三个信号后施加保持制动。

在以下条件都满足时,VCU 向 GV 发出保持制动缓解命令以缓解保持制动:

当牵引命令有效且牵引力大于 125 kN,TCMS 将输出保持制动缓解命令;当牵引指令有效且列车速度大于 1 km/h,TCMS 将输出保持制动缓解命令。

人工驾驶模式下,保持制动的施加由制动控制单元来控制,保持制动的缓解由 VCU 控制。以下条件都满足时,制动系统将自动施加保持制动:

① 制动系统检测到零速信号。

② 牵引指令无效。

以下任意一个条件满足时,制动系统缓解保持制动:

① 无制动指令、有牵引指令且 TCMS 发出保持制动缓解命令。

② 无制动指令、有牵引指令且列车速度大于 1 km/h。

在紧急牵引模式下,保持制动施加与缓解都由制动控制单元控制。以下条件都满足时,保持制动便可施加:

① 制动系统检测到零速信号。

② 牵引指令无效。

以下条件满足时,保持制动便可缓解:

① 无硬线制动命令。

② 牵引命令建立超过 2s。

(6) 远程缓解

在司机台设置远程缓解按钮,并带保护盖。当远程缓解输入启动时,供气压力被隔离,制动缸的压力空气通过 EP2002 内部气路排到大气,实现制动缸的缓解。该按钮仅在无制动命令的条件下才起作用。远程缓解对紧急制动和停放制动不起作用。

当列车处于非连挂状态时,在无制动命令的前提下,远程缓解将缓解整列车的空气制动。

在激活司机室及无制动命令的前提下,远程缓解只能缓解故障车的空气制动。

(7) 清洁制动

清洁制动初始条件为车速上升到 60 km/h,待车速降至 30 km/h 时清洁制动结束,在此过程中,电制动不参与且每天仅执行一次。

清洁制动根据常用制动指令执行,并增加一个清洁制动 TCMS 命令,在常用制动中,该指令置 1 后牵引系统将切除电制动;该指令复位为 0 后,恢复电制动;作为备份制动系统可根据清洁制动有效命令发送电制动切除命令给网络系统,清洁制动命令复位后,制动系统复位电制动切除信号。

(8) 载荷补偿

EP2002 接收来自每个转向架两个空气弹簧的压力信号,经转换计算后,此信号将作为转向架载荷信号,实现牵引、制动时的载荷补偿功能。每辆车有 4 个空气弹簧压力点,当相应的空气弹簧压力点故障(压力值超出正常范围)时,具体处理措施如下:

① 某一转向架的一个空气弹簧压力点故障时,以同一转向架另一个空气弹簧压力点的压力为准。

② 一辆车的某个转向架的两个空气弹簧压力点都故障时,该转向架的载荷值采用同车另一转向架的载荷值。

③ 如果一辆车 4 个空气弹簧压力点都故障,载荷值将采用默认值 AW3。

(9) 滑行控制

电制动防滑控制和空气制动防滑控制是各自独立完成的。

当电制动检测到滑行时,电制动发出电制动防滑信号给网络系统,网络系统将该信号转发给空气制动系统,空气制动系统根据此信号固化当前实际电制动力值,当电制动防滑信号有效超过 3 s(调试过程中确定),空气制动系统将发送电制动切除信号给网络系统,网络系统转发电制动切除信号给牵引系统;当空气制动系统检测到滑行,空气制动将在 1 s 内发送电制动切除信号给网络系统,网络系统转发电制动切除信号给牵引系统;在电制动切除的过程中存在电空混合的过程,以保证不会对车辆产生冲击,电制动将按照 0.75 m/s^3 的斜率下降。

三、制动执行设备(C 组)

合肥地铁 1 号线采用的基础制动为踏面制动单元 PEC7,一种带停放制动功能,另一种不带停放制动功能(图 6-18)。它由制动气缸、变速机构和磨损补调器组合而成。其结构紧凑、节省空间,分为卧式和立式,特别适合安装在空间狭窄的转向架上。可以作为常用制动器或停放制动器使用。

制动执行设备气路图如图 6-19 所示。

踏面制动单元 PEC7 具有以下结构特性:

① 结构紧凑,无连杆。

② 通过单作用气缸容量调节器自动修正闸瓦和轮子磨耗造成的闸瓦间隙。

③ 空气消耗量稳定。

④ 通过压缩空气可在驾驶台上集中操纵弹簧储能器。

⑤ 在更换闸瓦时无需进行调整工作。

模块六　车辆制动系统

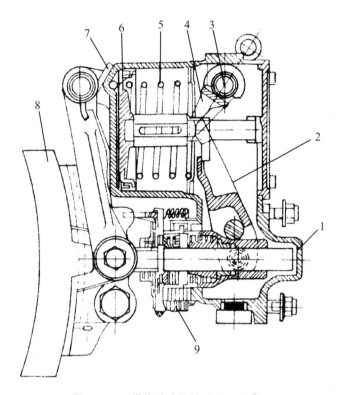

图 6-18　不带停放功能的踏面制动单元

1. 制动缸；2. 传动杠杆；3. 安装在制动缸缸体上的枢轴；4. 手制动杠杆；5. 缓解弹簧；
6. 制动缸活塞；7. 扭簧；8. 闸瓦；9. 闸瓦间隙自动调节器

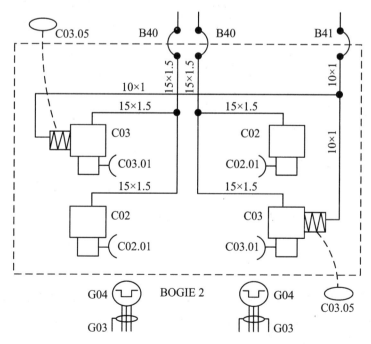

图 6-19　制动执行设备气路图

1. 基础制动单元(C02)

制动处于缓解状态时,活塞回位弹簧将活塞推至气缸底部,并带动传动手柄至制动缓解位置,则转轴带动闸瓦回退离开踏面,制动缓解。施加制动时,制动气缸充气,活塞克服弹簧力推动传动手柄,手柄带动转轴向前移动,使得闸瓦靠上踏面,施加制动。

2. 带停放制动的制动单元(C03)

带附加弹簧储能器的踏面制动单元如图 6-20 所示。工作原理:深色部分为停放制动缸,停放制动充气缓解,放气施加。当停放制动缸中充气时,储能弹簧 2 被压缩,不影响传动手柄动作,此时常用制动可正常动作。当施加停放制动,或制动系统中压缩空气排尽时,停放制动缸排气,储能弹簧 2 驱动转轴 4 带动传动手柄拉至制动施加位,则施加制动。

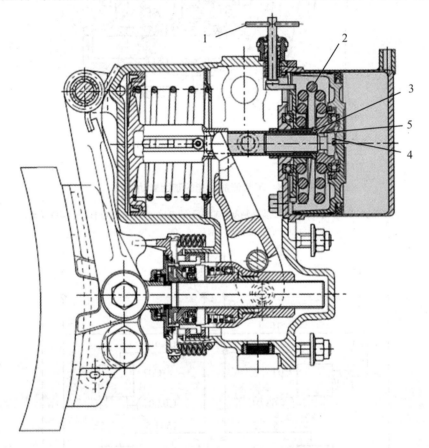

图 6-20 带附加弹簧储能器的踏面制动单元

1. 辅助缓解装置;2. 储能弹簧;3. 抽风管;4. 转轴;5. 连接器

3. 磨耗补偿

由于闸瓦与踏面接触产生摩擦,因此闸瓦会产生磨耗。当闸瓦磨耗时,原来转轴 4 的行程就会不够,导致闸瓦无法与踏面接触,无法产生制动效果。因此需要设置磨耗调节装置用于自动适应闸瓦的磨耗,提高制动可靠性,如图 6-21 所示。

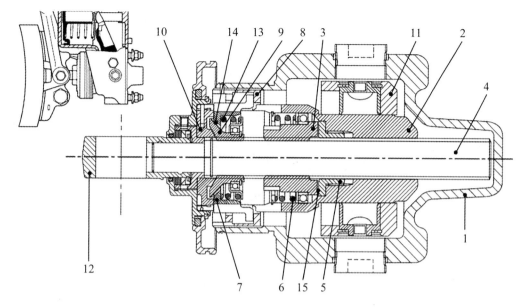

图 6-21 磨耗补偿机构图

1. 外壳；2. 调节器外壳；3. 压紧螺母；4. 转轴；5. 连接环；6. 压缩弹簧；7. 调节套筒；8. 调节环；9. 推进螺母；10. 止挡螺栓；11. 传动手柄；12. 连杆头；13. 压缩弹簧；14、15. 齿式联轴器

四、空气悬挂设备(L组)

空气弹簧作为列车的二级悬挂，用于连接转向架与车体，从而提供更舒适的乘坐体验。空气弹簧具有高度自动调节功能，能够保证站台高度和客室地板高度差处于一个可接受的范围之内，并且设置均衡阀，确保车辆在左右载荷相差很大的情况下车体不发生倾斜。

1. 溢流阀(L01)

溢流阀被设置在管路中，用于实现设备供风的优先性，如图 6-22 所示。当管路压力低于 6.7 bar 时，溢流阀 L01 保持关断状态，只有当管路压力大于 6.7 bar 时，气路才被导通。

2. 减压阀(L03)

减压阀被设置于管路中，用于控制下游气路压力不高于设定值，并且在压力过高时将压缩空气排向大气，从而保护下游设备正常工作，如图 6-23 所示。

3. 均衡阀(L08)

均衡阀被设置在连接两个空气弹簧的管路中，用于确保当两个空气弹簧的压力差超过一定值时(如一个空气簧破裂)，可以导通两个空气弹簧的气路，使两个空气弹簧的压力平衡，避免出现车体倾斜，如图 6-24 所示。

4. 高度调整阀(L07)

为了保证在载荷不同的情况下，客室地板面与站台底板面的高度差在可接受的范围之内，空气簧系统设置了高度调整阀控制空气弹簧的充放气从而调整车体高度，如图 6-25 所示。

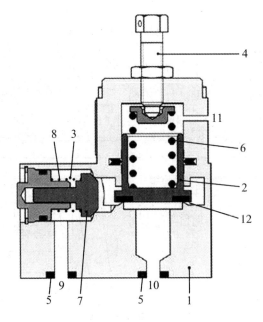

图 6-22 溢流阀结构图

1. 支座；2. 阀顶；3. 止回阀；4. 调节螺栓；5. O 形圈；6. 压缩弹簧；7. 阀锥体；
8. 压缩弹簧；9. 排出端口；10. 供风端口；11. 通气口；12. 阀座

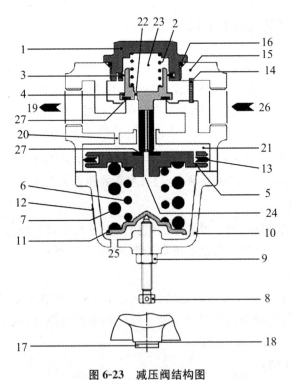

图 6-23 减压阀结构图

1. 螺旋塞；2. 压缩弹簧；3. KNORR K 环；4. 阀盘；5. 活塞；6、7. 压缩弹簧；8. 六角螺栓；
9. 六角螺母；10. 弹簧外壳；11. 弹簧座；12. 铭牌；13. KNORR K 环；14. 滤筐；15. 阀箱；16. O 形环；17. 螺旋塞；
18. 密封环；19. 减压接口；20. 钻孔；21. 活塞(5)的工作空间；22. 阀盘(4)上的平衡孔；
23. 阀盘(4)的上方空间；24、25. 排气孔；26. 高压接口；27. 阀座

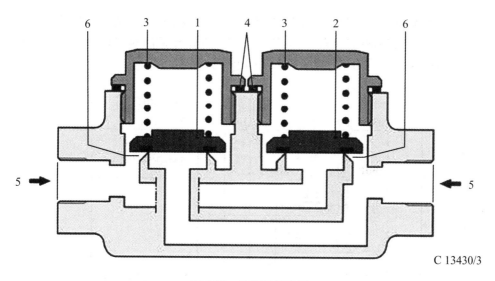

图 6-24 均衡阀结构图

1、2. 阀盘;3. 压缩弹簧;4. 密封圈;5. 压缩空气接口;6. 阀座

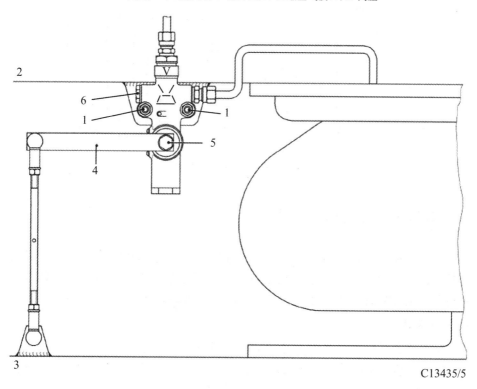

图 6-25 高度调整阀安装示意

1. 固定螺栓;2. 车辆箱体;3. 行走机构;4. 操纵杆;5. 六角螺栓;6. 螺旋塞

5. 气路原理图说明

压缩空气从主风管通往 L 组设备,经过溢流阀 L01,L01 保证当主风管压力达到 6.7 bar 之后,管路导通,向下游设备供气,如图 6-26 所示。这样做的目的是确保主风缸和制动风

缸在列车启动时优先充风，以缩短列车出库准备时间。减压阀 L03 确保下游管路压力不高于 6.3 bar，防止空气弹簧因气压过高破裂。球阀 L06 用于截断对应转向架的空气弹簧气路。空气弹簧的载荷压力由 EP2002 的 4、5 两个接口输入。

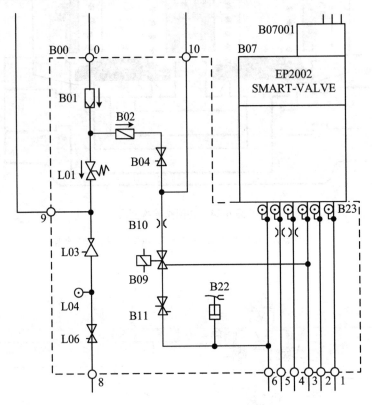

图 6-26　L 组气路原理图

五、辅助升弓设备(U 组)

每列车上有两个受电弓，位于 Mp 车上。辅助升弓装置的功能是保证受电弓能获得满足质量要求、流量要求和压力要求的压缩空气。配置紧急升弓装置，在每列车的 Mp1 车上安装带辅助空压机的辅助升弓设备，在 Mp2 车上安装脚踏泵辅助升弓设备。

1. 气路原理

辅助升弓装置具有集成化高，低泄漏，检测、维修方便的特点。

带辅助空压机的辅助升弓气路原理参见图 6-27，来自总风管路的压缩空气通过截断塞门(4)、单向阀(6)、升弓风缸(储风缸)(13)、过滤器(9)，流入升弓电磁阀(12)。按下司机驾驶台主控制面板上的升弓按钮，操作升弓电磁阀(12)，使压缩空气流过绝缘软管，升起受电弓。如果储风缸(13)内压缩空气不能够满足升弓要求，并且此时有 110 V 电的情况下，司机可通过操作司机室的辅助空压机启动按钮，启动辅压机，为受电弓的驱动提供压缩空气。如果总风缸出现压力损失，单向阀(6)保证储风缸(13)内压缩空气不逆流，以驱动受电弓。单向阀(8)保证了辅助空压机组软管处泄露不会造成总风管路压缩空气的泄露。

脚踏泵的辅助升弓气路原理参见图 6-28，来自总风管路的压缩空气通过截断塞门(1)、单向阀(2)、升弓风缸(储风缸)(3)、单向阀(11),流入升弓电磁(16)。按下司机驾驶台主控制面板上的升弓按钮,操作升弓电磁阀(16),使压缩空气流过绝缘软管,升起受电弓。如果储风缸(3)内压缩空气不能够满足升弓要求,并且没有110 V电的情况下,可通过操作脚踏泵,为受电弓的驱动提供压缩空气。如果总风缸出现压力损失,单向阀(2)保证储风缸(3)内压缩空气不逆流,用来驱动受电弓。单向阀(11)保证了脚踏泵不向风缸充气,减少了脚踏泵升弓充气时间。为避免脚踏泵软管脱落造成辅助升弓气路压力的泄露,在脚踏泵支路上设置了单向阀(12)。

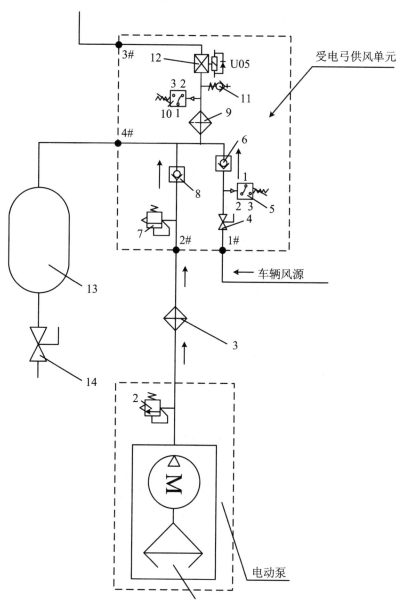

图 6-27 带辅助空压机的升弓气路原理图

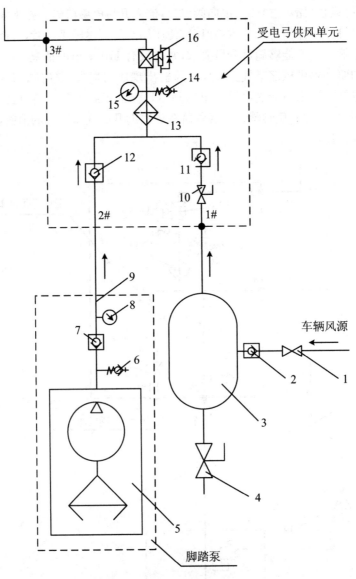

图 6-28 脚踏泵辅助升弓气路原理图

2. 辅助空压机

辅助空压机在接收到列车发出的辅助空压机启动信号时开始工作,直到辅助空压机启动信号关闭。辅助空压机采用直联式无油压缩机,在电机的拖动下,活塞环在气缸中做往复运动,将经消音器、进气阀吸入的空气压缩,经排气阀排出后经车辆气路驱动控制元件工作,如图 6-29 所示。

辅助空压机参数如下所示:

① 最大工作压力:8 bar。

② 额定电压:DC 110 V。

③ 功率:750 W。

④ 重量:45 kg。

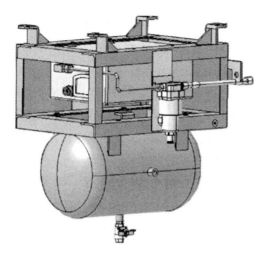

图 6-29　辅助空压机及风缸集成图

3. 升弓风缸

升弓风缸用于储存升弓用风（图 6-30），保证在总风不足并且空压机不供风的情况下，至少能进行一次升弓操作。升弓风缸容量为 25 L，风缸额定工作压力为 10 bar，风缸材质为铝合金，通过吊带安装在吊架和设备箱下。风缸排水塞门竖直时为关闭，水平时为打开。

图 6-30　升弓风缸结构图

4. 脚踏泵

脚踏泵是用于受电弓紧急升弓的手动装置。当车辆总风压力不能够满足受电弓升弓要求时，可使用脚踏泵向受电弓供风，使受电弓升弓与网线接触达到为车辆受流的目的。

脚踏泵使用说明：

① 将脚踏泵平稳地放置在车辆地板上，并确保脚踏泵前方无任何物体。

② 打开脚踏泵两侧锁紧扣，使脚踏泵自然展开。

③ 操作者站立于脚踏泵一侧，一脚踩踏于踏板上，用力踩下踏板。

图 6-31 脚踏泵

④ 操作者抬起踩踏脚,使脚踏泵自然展开。

⑤ 重复上述步骤,直至压力升至 5 bar(压力参见脚踏泵上压力表)。

⑥ 当压力降至 4.5 bar 以下时,应继续操作脚踏泵使压力升至 4.5 bar 以上。当受电弓与网线接触受电时(车辆主风压力未达到 5.5 bar 之前)操作人员必须守候在脚踏泵旁边,随时观察受电弓压力情况。

⑦ 当车辆主空压机工作一段时间后,观察车辆主风压力,当车辆主风压力升至 5.5 bar 以上时方可停止使用脚踏泵。

⑧ 脚踏泵使用结束后,将脚踏泵用锁紧扣锁住放回原位。

1. 车钩(W 组)

列车在车钩附近设置一球阀 W03 用于隔离主风管。车钩气路如图 6-32 所示。

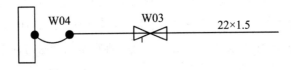

图 6-32 车钩气路图

2. 汽笛(P 组)

球阀 P03 用于将汽笛从出风管隔离,并排出下游气路的压缩空气。电磁阀 P01 用于控制汽笛 P02 的工作。汽笛气路如图 6-33 所示。

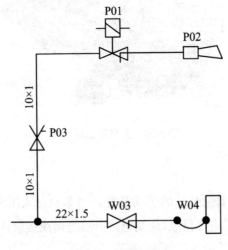

图 6-33 汽笛气路图

3. 轮缘润滑(V 组)

Tc 车在靠近司机室的转向架 1 轴外侧设置轮缘润滑装置。轮缘润滑气路如图 6-34

所示。

V01 阀用于从主风管上切除轮缘润滑装置的供风。

轮缘润滑装置安装在 1 号线前十列车上,采用喷油润滑方式,在列车运行时对轮缘进行润滑,从而润滑钢轨,具有以下功能:

① 减少轮缘和轨道的磨损。

② 延长车轮和轨道的使用寿命。

③ 降低噪声。

④ 减少出轨概率。

⑤ 降低牵引阻力,节约运行成本。

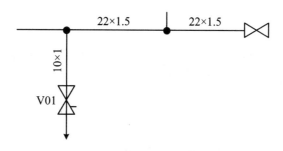

图 6-34 轮缘润滑气路图

4. 车轮防滑保护(G 组)

合肥轨道交通 1 号线的电制动防滑控制和空气制动防滑控制是各自独立完成的。在合肥轨道交通 1 号线的制动计算中我们可以看到,空气制动和电制动不会同时施加在同一辆车上(除了低速即电制动淡出过程),一般情况下电制动施加在动车上,空气制动施加在拖车(故障动车)上。

(1) 电制动防滑

车辆控制单元检测到电制动防滑时,车辆控制单元将会要求牵引控制单元的电制动力值减少,同时车辆控制单元将相应减少的制动力值发送给制动系统的网关阀,如果制动控制单元没有检测到 Tc 滑行,空气制动将会施加到拖车上来弥补损失的电制动值。

(2) 空气制动防滑

合肥轨道交通 1 号线制动系统采用克诺尔生产的 EP2002 系统,EP2002 阀具有常用制动、紧急制动、车轮防滑控制功能。空气制动防滑控制集成在 EP2002 阀内。

(3) 防滑控制的实施

当 EP2002 阀通过速度传感器检测到车轮滑行时,首先激活车轮滑行保护功能并且通过控制连接阀将两根轴的制动力分开。根据每根轴的滑行程度,EP2002 阀通过控制充气阀和排气阀来恢复该轴黏着。

项目五　空气制动系统维护

空气制动系统的维护主要包括供风单元、基础制动装置、辅助升弓装置的维护以及制动功能的测试等。在日常维护保养中,还需对系统的外观状态、紧固件及功能进行检查和测试,对各类阀件、测试接口、管路、管接头、连接件的密封性进行检查等。具体维护及部件更换步骤应查阅电客车维护手册。

一、供风单元的维护

供风单元的维护主要包括空压机、双塔干燥器清洁维护,紧固件的检查,工作状态的检查,空压机滤芯的更换,油位检查及更换等。

1. 空气压缩机的维护

（1）预防性维护

对空气压缩机外部条件和其系统功能进行检查;对油位显示管进行目视检查。压缩机在冷却和卸压状态下,油位应当位于两个标记刻度线之间;检查真空指示器。

（2）更换空气过滤器的滤芯

使用无环柴油清洁过滤器的外部和内部,并用柔和压缩空气对已清洁部件进行干燥处理。每个月检查滤芯,并在其出现损伤的情况下进行替换,常规为每年替换滤芯一次。

（3）清洁气缸的冷却器和散热片

清洁气缸的冷却器和散热片须关闭压缩机组,等待压缩机停机,中断压缩机组的供电及压缩空气输入。根据安装情况和安装位置,用压缩空气逆着冷却空气方向吹过冷却器,或用蒸气喷射器（最高温度70 ℃）来清洁。严重脏污时,可为蒸气喷射器添加水溶性通用清洁剂。

（4）换油

VV120 空压机在每 2000 个工作小时或 1 年时（以先到者为准）须更换机油,新空压机两侧均设有加油堵,相应的密封圈也需更换。机油更换完成后在组装及装入车辆之后进行试运行。需要检查密封性及机组和附接组件的功能。

2. 双塔干燥器的维护

主要进行预防性维护,对双塔干燥器功能进行测试,包括检查循环控制装置、检查主风缸是否有水、用压力露点测量仪测试双塔干燥器功能等。

3. 风缸的维护

检查并确认所有密闭容器状态完好,没有腐蚀迹象或其他损害。检查并确认所有固定点正确安装并紧固。目视检查并确认焊接状态完好,没有腐蚀迹象或其他损害。定期对风缸进行排水或排污处理。供风设备的具体维护内容分为有电检查项目和无电检查项目,见表 6-2 和表 6-3。

表 6-2 供风单元无电检查

检修内容	检修标准	日检	双周检	三月检	年检
供风单元安装状态,各阀门工作位置	供风单元各部件安装牢固,各紧固件防松线清晰无错位,各阀门处于正常工作位,铅封无丢失,各管路接头无漏气	√	√	√	√
弹性支座状态	各紧固件防松线清晰无错位,橡胶件无裂纹或脆化		√	√	√
空压机油位	液面应在上、下油标之间,润滑油无变色现象(浅黄色透明液体)		√	√	√
更换空压机油	每个空压机重新装入 1.5—3.7 L 的润滑油				√
空气过滤器	空气进口无堵塞			√	√
真空指示器	检查真空指示器红色柱塞,若完全可见,则更换空压机空气过滤器滤芯,并复位红色柱塞			√	√
更换空气过滤器滤网	更换滤网				√
旋动油过滤器下方的排放塞门,排放其中的油水混合物	至无混合物流出为止			√	√
空压机冷却风扇状态	检查并确认风扇转动灵活、表面无裂纹、无脆化				√
供风软管外观及紧固状态	在主风缸压力为 600 kPa 及以上时,检查并确认空压机风管软管外层无脆裂、鼓包、断层等变形现象。检查并确认风管接头紧固防松线清晰无错位、无漏气		√	√	√
各风缸外观及固定状态	无裂损、无锈蚀	√	√	√	√
	(1) 不锈钢扎带无裂损; (2) 扎带连接螺栓无腐蚀、裂损; (3) 扎带与风缸间减震胶条安装位置正确,无破损、缺失		√	√	√

续表

检修内容	检修标准	日检	双周检	三月检	年检
各风缸积水情况	打开主风缸、悬挂风缸下部的排水塞门至全开位,排光风缸内的积水、沉积物等;可有微量水排出,但不能出现冷凝物(乳白色稠状物)				√
EP2002 阀状态	检查并确认外观正常、安装牢固,紧固螺栓防松线清晰无错位,各管路接头无漏气声,各电气插头连接牢固,铅封无丢失,锁紧标记对齐	√	√	√	√

表 6-3 供风单元有电检查

检修内容	检修标准	日检	双周检	三月检	年检
空压机的工作状态	空压机运转方向与箭头方向一致,且运转过程中无异常声音及震动		√	√	√
双塔干燥器功能	空压机工作时,从消音器处有很小的风流出来,测量并确认两个干燥塔交换工作的时间间隔应为 120±10 s		√	√	√
空气管路泄漏检查	A07 测试口进行压力测试,需满足 5 min 内总风泄漏量不大于 15 kPa,用肥皂水检查各管路接头气密性(在主风压力为 900 kPa 时进行)		√	√	√
双针压力表红色指针归零功能	截断本 Tc 车 B05 阀,双针压力表红色指针归零				√
在 DDU 上激活制动系统自检程序,EP2002 阀自检	确认自检通过,记录自检时间	√	√	√	√
制动缸压力测试:车辆在 AW0 及气压足够状态下,分开主断路器,依次施加 100%常用制动和紧急制动,将压力表连接在 EP2002 阀 BC0、BC1 测试点上,测量各车的制动缸压力	Tc 车常用制动压力为 200±20 kPa,转向架紧急制动压力为 220±20 kPa;Mp 车常用制动压力为 200±20 kPa,紧急制动压力为 240±20 kPa;M 车常用制动压力为 200±20 kPa,紧急制动压力为 240±20 kPa			√	√

续表

检修内容	检修标准	日检	双周检	三月检	年检
网关阀、智能阀里的杂质排放	检查并确认阀体压力测试口及排气口无杂质排出				√
EP2002数据下载及清除、轮径值校对	用PTU通过制动软件下载EP2002数据及清除,将A车一转一轴轮径值修改为实际测得的数值			√	√

二、基础制动单元的维护

基础制动单元的维护内容主要包括单元制动缸、制动闸瓦状态,间隙、管路、管接头连接状态,停放制动缓解装置等部件的检查维护(表6-4)。

检查闸瓦的条件和闸瓦的磨损状况。闸瓦任何一点摩擦材料的最小允许厚度是10 mm,在达到这个厚度前需更换闸瓦。

表6-4 基础制动单元维护内容

检修内容	检修标准	日检	双周检	三月检	年检
管路、管接头连接状态	管路防松线清晰无错位,管接头无漏气			√	√
停放制动缓解装置	停放制动缓解装置外观正常、无破损、无异物	√	√	√	√
制动闸瓦	安装牢固,紧固螺栓防松线清晰无错位;锁贴锁闭到位;外观正常、无异物、无裂纹,闸片磨耗正常,到极限时则更换	√	√	√	√
单元制动缸、呼吸塞	外观正常,呼吸塞无堵塞,停放制动缸铅封无丢失、断裂		√	√	√
停放制动手动缓解功能及闸瓦间隙测量	停放制动施加后手动缓解,检查其功能是否实现;目测闸瓦与踏面间隙,间隙要求不大于8 mm			√	√

三、制动功能检查

1. EP2002阀的维护

EP2002阀设计为线路可替换单元(LRU)。

EP2002 阀配有微处理器，也因此具有了自诊断能力。设备之间通过 CAN 制动数据总线建立了通信联系，由此可识别制动系统中失灵的设备。维护工作就可以据此而集中在失灵的 LRU 上，从而减少了维护维修时间。列车上可进行的工作仅有设备更换和自检。

操作人员应定期进行自检，以确保常用制动器、车轮防滑保护装置和紧急制动装置能够正常工作。对于 EP2002 的自检测试一般作为每日列车启动程序的一部分来实行。

2. 制动功能检查

制动功能检查需在断开高速断路器、降弓后检查。该检查在列车的两个司机室分别进行，在推动司机控制器手柄时应同时按下警惕按钮。

制动功能检查主要包括常用制动、保持制动、快速制动、紧急制动、停放制动的功能检查，具体操作及检查周期如表 6-5 所示。

表 6-5 制动功能检查维护内容

检修内容	检修标准	日检	双周检	三月检	年检
常用制动功能	缓解停放制动，将方向手柄置前位，操纵主控手柄到 100％制动位，按紧急制动复位按钮，双针压力表红色指针读数为 200±20 kPa	√	√	√	√
保持制动功能	缓解停放制动及关闭客室侧门，方向手柄置前位，按住"警惕"按钮，将主控制手柄推向牵引位，双针压力表红色指针读数为 180±20 kPa	√	√	√	√
快速制动功能	缓解停放制动，方向手柄置前位，将主控制手柄置快速制动位，观察双针压力表红色指针读数上升为 210±20 kPa	√	√	√	√
紧急制动功能	缓解停放制动，按紧急停车按钮，双针压力表红色指针读数为 220±20 kPa	√	√	√	√
停放制动功能	将方向手柄置前位，操纵主控手柄到 100％制动位，按紧急制动复位按钮，缓解紧急制动，按压停放制动按钮，可分别实现施加和缓解停放制动	√	√	√	√

四、辅助升弓模块的维护

1. 辅助空压机的维护

检查并确认所有密闭容器状态完好，没有腐蚀迹象或其他损害。检查并确认所有固定点正确安装并紧固。目视检查焊接状态完好没有腐蚀迹象或其他损害。每隔六个月应目视检查风缸及其框架的所有紧固螺栓是否处于正确安装和紧固状态。定期排水:初次使用时三个月排水一次,以后可根据使用情况(排水量的多少)适当缩短或延长排水的周期。排污阀手柄与轨面平行时为打开,与轨面垂直时为关闭。排污阀使用后,若有泄漏现象,请更换。

每年检查单向阀、截止阀的功能及气密性,若有功能失效或发生泄漏则更换。

空滤器芯每工作 300 h 就要清洗或更换。

2. 脚踏泵的维护

(1) 日常保养

① 设置专人管理,专人操作。

② 保持脚踏泵存放环境干净、整洁,并保持通风干燥。

③ 不可将挥发性物质和有腐蚀性的物质与脚踏泵接触。

④ 为保持脚踏泵气路通常,脚踏泵应定期空踩几次。

⑤ 请勿将脚踏泵从高处坠落,以免损坏。

⑥ 如果长期停用,应将脚踏泵清洁干净。

(2) 清洁

① 断开脚踏泵外部连接管路。

② 松开脚踏泵锁紧扣,让脚踏泵自然展开。

③ 拆下连接螺栓,将气缸与连接杆分离,并妥善保管拆下的各个零部件。

④ 逆时针旋转右侧气缸,将其从管路上拆下。

⑤ 逆时针旋转左侧气缸,将其与管路分离。

⑥ 将气缸上盖板旋出,将行程杆拆除。

⑦ 清除气缸筒内碎屑和污物,用润滑膏或凡士林均匀地涂抹在气缸筒内壁上,将脚踏泵其他各部件擦拭干净。

辅助升弓模块维护内容如表 6-6 所示。

表 6-6 辅助升弓模块维护内容

检修内容	检修标准	日检	双周检	三月检	年检
辅助升弓模块柜内部设备状态	各阀件及管路无漏气声,防松线清晰无错位;在主风管压力达到 600 kPa 以上时,检查并检查脚踏泵软管外层无脆裂,无鼓包、断层现象;软管无扭曲打结。U02、U03、U02、U04 阀手柄处于正确位置			√	√
辅助升弓模块车下设备状态	设备及箱体外观正常,无漏气、裂纹、变形,塞门正常工作;升弓功能正常;在切断总风的情况下,Mp1 车辅助空压机能正常打风			√	√

课后习题

一、判断题

1. 弹簧停放制动缸充气时,停放制动缓解;弹簧停放制动缸排气时,停放制动施加;还附加有手动缓解的功能。（　　）
2. 在常用制动模式下,电制动和空气制动一般都处于激活状态。（　　）
3. 保压制动是为防止列车在停车后的冲动,使列车平稳停车,通过 ECU 内部设定的执行程序来控制的。（　　）
4. 紧急制动实施后是不能撤除的,列车必须减速,直到完全停下来(零速封锁)。（　　）
5. 当列车需要停车时,可以先进行再生制动,然后进行电阻制动使列车停下来。（　　）

二、选择题

1. 闸瓦制动、盘形制动和磁轨制动属于（　　）。
   A. 动力制动　　　　　　　　B. 摩擦制动
   C. 非黏着制动　　　　　　　D. 快速制动
2. 城市轨道交通车辆的制动形式有①电阻制动;②再生制动;③踏面摩擦制动,按优先级的排列是（　　）。
   A. ①②③　　　　　　　　　B. ③②①
   C. ③①②　　　　　　　　　D. ②①③
3. 以下对停放制动器的叙述错误的是（　　）。
   A. 停放制动是一套辅助制动装置,其设置目的是在车辆停放时,防止车辆溜行。
   B. 停车制动的操作可以通过电空阀控制缓解风缸的充、排气来实现。
   C. 车辆停放制动后无司机操纵时,若需缓解,可通过拉动辅助缓解装置缓解拉环实现。
   D. 停车制动器人工缓解后不需向缓解风缸再次充气就能实现下次停放制动的施加。
4. 在每根车轴上都设有一个对应的（　　）,它们由 ECU 防滑系统所控制。当某一轮对上的车轮的制动力过大而使车轮滑行时,防滑系统所控制的、与该轮对对应的该部件迅速沟通制动缸与大气通路,使制动缸迅速排气,从而解除该车轮的滑行现象。
   A. 防滑电磁阀　　　　　　　B. 控制中央处理器
   C. 速度传感器　　　　　　　D. 测速齿轮
5. 空气压缩机组主要部件包括（　　）。
   A. 驱动电机　　　　　　　　B. 制冷压缩机

C. 空气干燥器　　　　　　　　D. 压力控制器

三、简答题

1. 制动方式有哪些种类？
2. 简述空气压缩机的工作原理。
3. 简述双塔式空气干燥器的作用原理。
4. EP2002 阀有哪几种？其作用有何区别？

模块七　车辆空调系统

【知识目标】
1. 掌握制冷系统主要组成部件及作用。
2. 掌握车辆空调系统的结构及功能。
3. 掌握客室空调机组制冷系统工作原理。

【技能目标】
1. 能正确使用工具对车辆空调机组进行日常维护。
2. 能对客室空调机组故障进行检查及处理。

项目一　制冷基础知识

一、热力学状态基本参数

热力学中物质有 3 个基本状态参数:温度(T)、压力(P)、比体积(v)。

1. 温度(T)

温度是标志物质冷热程度的参数。温度标志方法称为温标,它是温度的标尺,以度量物质温度的高低。目前常用的有三种温标。

① 摄氏温标:表示符号 t,单位是℃。这是我国所采用的温标。

② 华氏温标:表示符号 t_F,单位是℉。美国及西欧国家习惯采用这种温标。与摄氏温标之间的换算公式:

$$t = \frac{5}{9}(t_F - 32)$$

③ 热力学温标:又称绝对温标,表示符号 T,单位是 K。它是国际计量最基本的一种温标。温标的零点为绝对零度,是物体的最低温度极限,也就是 -273.15 K。与摄氏温标之间的换算公式:

$$T = t + 273.15$$

2. 压力(P)

压力指垂直作用于物体单位面积上的力。在制冷系统内其压力则是制冷剂的作用力向制冷系统的内壁单位面积上的力,因此制冷系统内每一处都承受着制冷剂的压力。

① 压力的度量单位有很多种,其中法定计量单位是 Pa,另外还有标准大气压或工程大气压等。

② 绝对压力与表压力的区别和关系：

a. 绝对压力：制冷系统内的实际压力，用压力表所测得的压力值是它的间接压力，而不是实际压力。

b. 表压力：指的是用压力表测量时表面所指示的压力，它不是制冷系统内的实际压力。

绝对压力和表压力之间的差值就是当地大气压，而压力表的测量值不包括当地大气压在内，压力表在大气环境中其指针指示在 0 Mpa，没有指示出当地的大气压。

绝对压力($P_绝$)和表压力($P_表$)之间的关系：
$$P_绝 = P_表 + B \quad (B 为当地大气压)$$

③ 常用压力单位换算关系：

一标准大气压 = 1.033 3 kgf/cm^2 = 101.325 kPa

一工程大气压 = 1 kgf/cm^2 = 98.066 5 kPa

1 bar = 10^5 Pa = 0.1 MPa = 0.987 标准大气压 = 1.019 72 kgf/cm^2

3. 比体积(v)

比体积指单位质量的物质所占有的体积，单位为 m^3/kg。

4. 密度(ρ)

密度指单位体积的物质所占有的质量，单位为 kg/m^3。

二、热能、热量、功、功率和制冷量

1. 热能

热能是能量的一种形式，它是物质分子运动的动能。

热量是物质热能转移时度量，表示某物体吸热或放热多少的物理量。热量的单位为焦耳(J)或千焦耳(kJ)。过去也用卡(cal)或千卡(kcal)作为热量的单位，换算关系：
$$1 \text{ cal} = 4.186 \text{ 8 J}$$

2. 功

功是能量的一种形式，单位为焦耳(J)或千焦耳(kJ)。单位时间内所做的功叫功率，单位为瓦(W)或千瓦(kW)。

3. 制冷量

制冷量为单位时间里由制冷机从低温物体(房间)向高温物体(环境)所转移的热量，单位为瓦(W)或千瓦(kW)，也可以用焦耳/小时(J/h)或千焦耳/小时(kJ/h)表示，也有用千卡/小时(kcal/h)作为制冷量单位的。换算关系如下：
$$1 \text{ kcal/h} = 1.163 \text{ W}$$

三、比热容、显热和潜热

1. 比热容

比热容用来衡量单位质量物质温度变化时所吸收或放出的热量，单位为 J/kg·K。

2. 显热

显热指物体在加热(或冷却)过程中,温度升高(或降低)所需吸收(或放出)的热量,它能使人们有明显的冷热变化感觉。通常可以用温度计测量物体的温度变化。

3. 潜热

当单位质量的物体在吸收或放出热量的过程中,其形态发生变化,但温度不发生变化,这种热量无法用温度计测量出来,人体也无法感觉到,但可以通过试验计算出来。

四、物质状态的变化

物质的某一种状态只能在一定的外部条件下存在(压力或温度)。

1. 汽化(蒸发)

物体从液态或固体转化为气态的过程称为汽化。液体汽化时的特性是要吸收周围热量。制冷剂在蒸发器内的变化过程就是蒸发吸收热量的过程。

2. 凝结(冷凝)

蒸气转变为液体时要向周围放出热量。当周围环境温度高于凝结温度时蒸气热量放不出来,它就不能凝结成液体。制冷剂在冷凝器内的变化过程就是冷凝放出热量的过程。

五、各种制冷方法

制冷的方法很多,常见的有液体汽化制冷、气体膨胀制冷、涡流管制冷和热电制冷。其中液体汽化制冷的应用最为广泛,它是利用液体汽化时的吸热效应而实现制冷的。蒸气压缩式、吸收式、蒸气喷射式和吸附式制冷都属于液体气化制冷方式。

六、蒸气压缩式制冷基础

1. 制冷系统主要组成部件及作用

制冷系统由四个主要部件组成:制冷压缩机、冷凝器、节流装置和蒸发器,在蒸气压缩系统中,这"四大件"是构成制冷系统最关键、最基本的部件。

(1) 制冷压缩机

压缩机是把来自蒸发器的低温低压制冷剂气体,压缩成为高温高压气体,排向冷凝器,使制冷剂在冷凝器中液化。其作用就是不断从蒸发器吸入制冷剂气体,又不断将制冷剂气体压缩后送入冷凝器,同时维持吸气端和排气端的压力差,和其他主要部件一起来完成制冷剂的相态变化。

目前地铁车辆空调系统常用的压缩机有德国比泽尔螺杆式压缩机、美国谷轮立式涡旋压缩机和日本三菱卧式涡旋压缩机三种,都为全封闭式压缩机。

(2) 冷凝器

冷凝器是热交换器的一种,这种热交换器常采用水或空气作为冷却介质。在正常运行时,压缩机排出的高压高温制冷剂蒸气进入冷凝器,通过与冷却水或冷却空气进行热交换,使制冷剂蒸气的热量传递给冷却水或空气,从而使高温高压制冷剂蒸气在一定压力下冷凝成液体。冷凝器是使制冷剂由气态转变为液态的关键性部件。

地铁车辆用空调装置采用的是空气冷却式冷凝器,制冷剂在管内冷凝,空气在管外流动,制冷剂放出的热量被空气带走。为了增强换热时的空气流动循环,空调机组采用强迫通风的对流冷却,并通过两台轴流式风机来强化制冷剂在冷凝器中的凝结放热过程。

检修过程中须定期清扫和清洗冷凝器,其目的是增强换热器的传热系数,提高制冷剂和管壁间的换热系数,保证机组的正常运行和设计的制冷量。

（3）节流装置

节流装置在制冷系统中的重要作用在于节流降压,当制冷剂液体由冷凝器（或储液器）流出,经过节流装置时,由于节流作用,压力和温度都降低;冷凝压力降低至蒸发压力,冷凝（或过冷）温度降至蒸发温度。

制冷系统节流装置一般有毛细管节流、热力膨胀阀节流、电子膨胀阀节流等,一号线空调机组的节流装置采用的是外平衡式热力膨胀阀,它除了起节流作用外,还起调节进入蒸发器制冷剂流量的作用。它通过蒸发器出口处制冷剂蒸气过热度的大小来调节阀口的开度,在蒸发器负荷变化时,可以自动调节制冷剂液体的流量,以控制蒸发器出口处制冷剂的过热度,该膨胀阀过热度的设定值为 10 ± 3 k。

（4）蒸发器

蒸发器也是一种热交换装置,它的作用与冷凝器相反。制冷剂液体在其汽化时吸收被冷却物体的热量,使被冷却物体的温度降低,从而实现制冷目的。

制冷系统中的"四大部件"中的每一件都有其独特的重要作用,它们在密封的循环系统中,按一定的位置和顺序排列,再由管道连接起来,各尽其责,实现制冷目的。

2. 制冷系统辅助部件

制冷系统除了"四大主要部件"外,还有储液器、气液分离器、干燥过滤器、流量/湿度指示器、阀件等,以组成完整的制冷系统。

（1）贮液器/气液分离器

贮液器主要用于贮存从冷凝器来的高压液体制冷剂,以适应工况变化时制冷系统中所需制冷剂量的变化。气液分离器的主要作用是贮存系统内的部分制冷剂,防止压缩机"液击"和制冷剂过多而稀释压缩机油。当环境温度降低时,气液分离器实际上贮存了系统内的部分液体,这样便防止液体直接进入压缩机,避免在液体状态下压缩。

采用毛细管的车辆空调制冷系统一般都加设有气液体分离器装置。

（2）过滤器/干燥过滤器

蒸气压缩式制冷循环系统是一个要求严格的密闭系统。在系统内,既不允许有空气、水、金属粉末存在,也不允许存在任何杂质污物。但在设备实际运行中,这一要求实际上是达不到的,虽然制冷系统中的各部件在出厂时,已经经过严格清洗和一定的干燥处理,可是设备运行一段时间后总会有些磨损,压缩机内的一些金属粉末,管道内的一些焊渣微粒,制冷剂所含的一些杂物及润滑油内的污物,都可能随制冷剂循环,给系统中的各部件带来损伤或阻塞管路的畅通。为了解决上述问题需要加装过滤器来清洁系统。过滤器是无法清除系统内的水分的,系统内的水分主要来源于干燥处理不严格带来的潮气、润滑油和制冷剂中混入的空气。系统内如有水分（哪怕是极少的水分）都可能造成阀孔的堵塞。因此,应该加装对水分有吸收作用的干燥过滤器。

（3）流量/湿度指示器

流量/湿度指示器（常说的视液镜）用来显示系统运行时制冷剂量和流动情况，其中心部位的圆芯则用来指示制冷剂的含水量，其水化合物能显示不同的颜色，从而根据纸芯的颜色来判断含水的程度。

（4）阀件

不同制冷系统其设置的阀件也不尽相同，一般空调机组主要阀件有：压缩机卸载阀、制冷管路上的液体电磁阀、手动截止阀、控制压缩空气风缸组合电磁阀等。

（5）压缩机卸载阀

压缩机的能量调节阀，通过控制压缩机的排气量来控制制冷系统的制冷量。

（6）液体电磁阀

用于自动接通和切断制冷回路。

（7）手动截止阀

装在制冷管道上的阀件，在制冷系统需要检修和分解时起着接通和切断制冷管道的作用。

（8）空气风缸组合电磁阀

控制机组新风、回风风缸的压缩空气供给情况。

（9）压力开关

起到系统保护的作用。

（10）温度传感器

空调机组温度传感器通常采用 NTC（热敏电阻），传感器温度与电阻呈负曲线关系。

七、制冷系统制冷剂要求

1. 制冷剂基本要求

蒸气压缩式制冷系统都是利用制冷剂的气态变化来转移热量的，即制冷剂蒸发时吸收热量，冷凝时放出热量。所以要求制冷剂必须具备一些特性：临界温度要高，在常温及普通低温范围内都能够液化，冷凝压力不要太高；蒸发压力不要太低，最好不要低于大气压，防止空气渗入压缩机等。此外还要求制冷剂不燃烧、不爆炸，对人体无毒，对制造制冷系统所用材料无腐蚀性，与水和润滑油不起化学变化等。

2. 使用注意事项

不同制冷系统使用的制冷剂不尽相同，因此在维修时应看清楚标志，以避免加注错误制冷剂损坏设备。通常采用的制冷剂有 R134a、R407C 等。

① 各种制冷剂的性能差别较大，工作条件也不相同，因此对制冷系统所用的制冷剂不得随意更换。

② 各种制冷剂必须存放在检验合格的钢瓶里，并且钢瓶为该种制冷剂专用。一般不同制冷剂的钢瓶外表面颜色都不相同。

③ 制冷剂钢瓶应放置在阴凉处，搬运时小心轻放，避免撞击、敲打，以免爆炸。

④ 充灌制冷剂时，周围不能有明火，不得用火焰加热钢瓶，制冷剂不得随意排放。

项目二 城市轨道交通车辆空调系统概述

城市轨道交通车辆一般每节车安装 2 台独立的顶置式空调机组,每台空调机组由蒸发器单元、压缩和冷凝单元构成,并具有预冷、制冷、通风和紧急通风等功能。客室空调机组分别安装在车厢的顶部车体的 1/4 和 3/4 处。位于 1 位端的空调单元称为"空调单元Ⅰ",位于 2 位端的空调单元称为"空调单元Ⅱ",如图 7-1 所示。

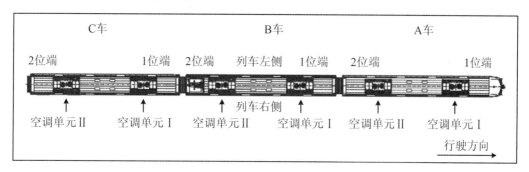

图 7-1 客室空调机组分布图

空调送风采用下送下回方式,空调机组处理后的空气经贯穿整节车厢的风道和均匀分布的出风口送入客室,可获得优化的气流组织和均匀的温度。

空调机组的箱体由不锈钢制成,钣金焊接大部分采用电阻焊接,采用多种焊接专用工装,确保空调机组框架安装部位平面度和定位精度,空调机组与车体配合良好。所有的制冷管路均采用铜材料,管路得到可靠的支撑和固定,可承受列车的震动和冲击。空调机组采用环保制冷剂,制冷回路中设有干燥过滤器。在每个蒸发单元的下部均设有两个排水口,可保证其中一个排水口在堵塞时,另一个仍能将冷凝水排出。空调风口如图 7-2 所示,空调盖板如图 7-3 所示。

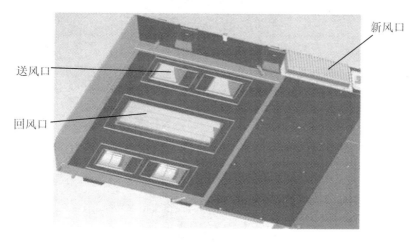

图 7-2 空调风口

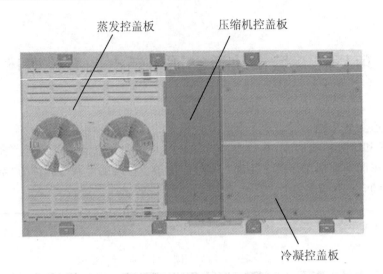

图 7-3 空调盖板

城轨列车空调系统具有以下特点:安全可靠;空调机组及功能相同的零部件均具备互换性;采用环保型制冷剂——R407C。

一、车辆空调系统制冷原理

1. 空调机组工作原理

(1) 制冷系统的工作过程

在系统中,由压缩机将 R407C 制冷剂压缩成高温高压蒸气,进入风冷冷凝器,通过冷凝风机的运转,经外界空气强制冷却,冷凝成高压常温液体,然后进入节流装置节流降压,变成低温低压液体,进入蒸发器,吸收流过蒸发器的空气的热量,蒸发成低压蒸气,被压缩机吸入,完成一个制冷循环(图 7-4)。

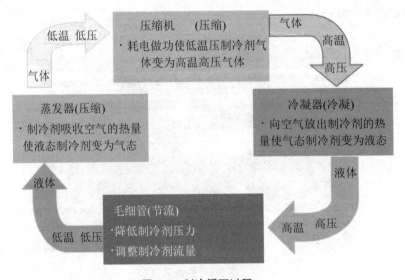

图 7-4 制冷循环过程

(2) 室内降温过程

机组回风通过车顶的回风口吸入至空调机组内,在进入蒸发器前与外界新风混合,经过过滤,然后被蒸发器冷却、干燥后,在通风机的作用下,通过主风道均匀地送到车内。制冷系统连续工作,使车内温度逐渐降低,从而达到制冷、除湿的目的。

在回风和新风阀的控制下,空调机组能够自动实现预冷、制冷和通风功能。不同的工作状态,风阀的开闭状态也不相同,如表7-1所示。

表 7-1 工作模式

工作模式	回风阀	新风阀
预冷	开	关
制冷	开	开
正常通风	开	开
紧急通风	关	开

这些风阀由 DC 24V 电源驱动。

温度传感器设置在机组回风口附近,可实现对车内空气温度的自动控制。

(3) 内升温过程

在外温较低时,空调机组的加热功能,可将车内循环空气和外界的新鲜空气由机组的电加热器加热,然后送入客室。车内空气温度由控制器自动进行控制。

(4) 客室空调机组制冷系统原理

冷凝器升温升压,将高压气体变成高温高压的液体,毛细管将从冷凝器中出来的高温高压液体通过降压降温程序送入蒸发器。进入压缩机的制冷剂都是气态(图7-5)。

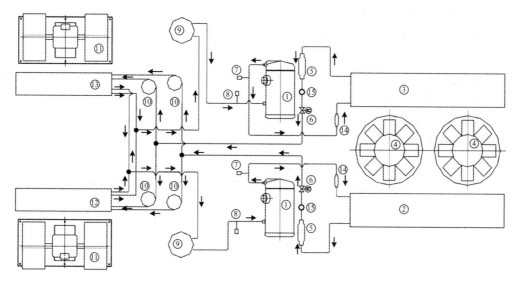

图 7-5 客室空调机组制冷系统原理图

1. 压缩机;2. 冷凝器一;3. 冷凝器二;4. 轴流风机;5. 干燥过滤器;6. 电磁阀;7. 高压开关;8. 低压开关;
9. 气液分离器;10. 节流装置;11. 通风机;12. 蒸发器一;13. 蒸发器二;14. 逆止阀;15. 视液镜

2. 空调系统结构

（1）客室空调机组

空调机组的外形和结构如图 7-6 所示。

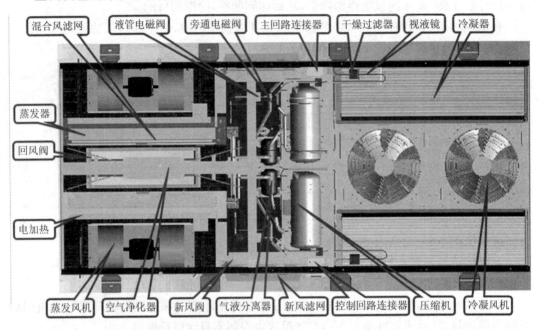

图 7-6　空调机组结构图

空调机组为薄型车顶一体式，底面为平底，与车顶相配；箱体采用不锈钢制成；维修盖板采用铰链连接，便于在车顶维修和检查；空调机组的各零部件组装在构架内，主要部件有压缩机、蒸发器、冷凝器、通风机、冷凝风机、毛细管、回风及新风电动阀、干燥过滤器、视液镜、气液分离器、管路等；在制冷剂管路上装有压缩机高、低压保护装置及压缩机能量调节电磁阀等。

空调机组的送风口在机组两端部，回风口在送风口两侧，新风口在机组两侧。新风温度传感器位于新风口附近。

（2）客室空调机组主要技术参数

客室空调机组主要技术参数如表 7-2 所示。

表 7-2　客室空调机组主要技术参数

型　号	KGD＊＊
形　式	顶置单元式
制冷量	39 kW （工况条件：室内干球温度 27℃，相对湿度 65％；室外干球温度 35℃，相对湿度 65％）
加热量	6 kW(3 kW＋3 kW)
电　源	主回路：3 相 AC 380 V±10％,50 Hz
	控制回路：DC 110 V(77—137.5 V)

续表

通风量		4 250 m³/h(其中含新风量 1 600 m³/h)
紧急通风量		>2 000 m³/h
制冷剂		R407C
压缩机	形　式	卧式涡旋压缩机
	额定功率	6.9 kW
	台　数	2 台
冷凝器		铜管铝翅片
冷凝风机	形　式	轴流式
	额定功率	0.7 kW
	数　量	2 台
蒸发器		铜管铝翅片
通风机	形　式	离心式
	额定功率	0.8 kW
	使用台数	2
电加热	形　式	管式
	额定功率	
	使用台数	2 台
机组输入功率		约 17.9 kW
最大输入功率		约 22.5 kW
机组重量		≤730 kg
外形尺寸(长×宽×高)		3 700 mm×1 600 mm×390 mm

(3)空调机组主要部件

空调机组由压缩机、蒸发器、冷凝器、通风机、冷凝风机、干燥过滤器、视液镜(带湿度指示)、毛细管和保护元件等组成。

① 压缩机。空调机组压缩机一般采用全封闭卧式涡旋压缩机(图7-7),性能安全可靠,低噪声,每台机组内设置两台。压缩机电机及其控制系统设有过热、短路、过载、缺相保护,并设有高、低压压力保护。设计使用寿命大于 50 000 h。压缩机通过橡胶减震器安装在空调机组箱体内,可以降低列车运行过程中产生的震动。

制冷压缩机是空调机组的心脏,将来自蒸发器的低温低压的制冷剂气体压缩成高温高压的气体,并送往冷凝器。制冷压缩机通过橡胶减震器安装在空调机组箱体内。

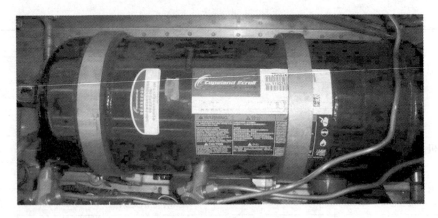

图 7-7　压缩机

② 冷凝器。高温高压制冷剂气体在冷凝盘管内冷凝,通过强迫风冷(冷凝风机)向外界空气放出热量而使制冷剂冷凝为高压液体。冷凝器是输出热量的热交换设备,它将由压缩功而转换的热量传给外界空气。冷凝器如图 7-8 所示。

冷凝器

图 7-8　冷凝器

③ 温度传感器。型号:NTC 型;温度传感器使用温度范围:－50—150℃;防护等级:IP65;传感器本体外壳材料为不锈钢;送风温度传感器每机组数量:2 个;新风温度传感器每机组数量:1 个;回风温度传感器每机组数量:1 个;在空调机组内安装有一组温度传感器用来检测新风、回风和送风的温度。新风温度传感器位于新风入口;送风温度传感器安装在送风机出口;回风温度传感器安装于回风口适当位置,监测客室内部温度。通过空气温度传感器监测,控制器计算冷量需求,并由此选择所需运行模式,以便为乘客提供最舒适的环境。

温度传感器如图 7-9 所示。

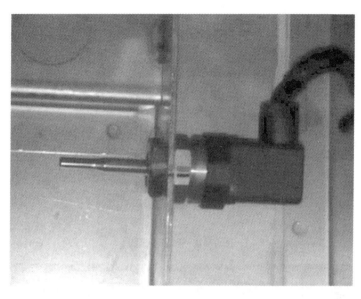

图 7-9 温度传感器

④ 轴流风机。为了使冷却空气均匀地通过冷凝器换热表面,增加散热效果,两台冷凝风机安装于机组内,用于将外界的空气由两侧吸入,吹过冷凝器盘管,由风机顶部排出。类型为轴流风机。轴流风机如图 7-10 所示。

图 7-10 轴流风机

⑤ 干燥过滤器。制冷系统液体管路装有干燥过滤器,用于过滤制冷剂中的残余杂质,并吸取制冷剂中的残留水分和酸,以防止金属表面锈蚀以及油和制冷剂分解,并可防止电机烧坏。同时过滤杂质和微粒,从而降低压缩机的磨损,因此,可保证压缩机使用寿命。干燥过滤器如图 7-11 所示。

⑥ 电动风阀。机组采用电动风阀(采用快插件连接),在制冷模式下新风阀可自动实现 0、1/3、2/3、1 挡调节,全开至全闭动作时间为 35 s,其开度可根据不同工作模式及乘客载荷的要求进行开度的控制。例如,在紧急通风状态时,全开新风口;而在预冷工作模式时,新风阀完全关闭,回风口设有电动风阀,它的开闭根据的是不同工作模式的要求。在紧

急通风模式时全闭,在预冷模式时全开。电动风阀如图 7-12 所示。

图 7-11　干燥过滤器

图 7-12　电动风阀

每个空调机组有 1 个回风风阀、2 个新风阀。空调机组内的回风口和新风口安装有电动风阀,可通过控制风阀运行时间调节风阀的开度来调节风量;电压:DC 24 V;旋转角度:95°;运行时间:35 s。

⑦ 高压压力开关:高压压力开关的作用是当制冷系统的压力异常高时,高压开关动作,停止压缩机的运转,保护制冷系统,高压开关的复位方式为自动复位。

⑧ 低压压力开关:低压压力开关的作用是当制冷系统的压力异常低时,低压开关动作,停止压缩机的运转,保护制冷系统,低压开关的复位方式为自动复位。

压力开关如图 7-13 所示。

图 7-13 压力开关

⑨ 空气净化装置。空气净化装置采用的是百欧森(BK-G-5003)光等离子生物氧发生装置，通过空气流动带动和加速光等离子的扩散，阻断流行性疾病病毒传染源，达到全面、彻底净化空气的目的。该装置安装于空调机组内蒸发腔内。该装置具有净化空气、消毒、灭菌和防霉功能。空气净化装置如图 7-14 所示。

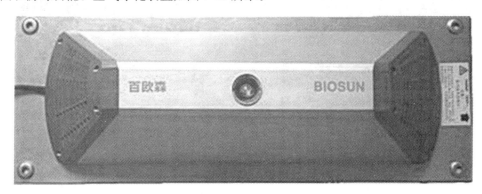

图 7-14 空气净化装置

⑩ 节流装置。每个空调机组中有 12 根毛细管节流装置，位于蒸发器入口的制冷剂液体管路上，起调节制冷剂流量、降低制冷剂压力的作用，保证蒸发器具有足够的制冷剂来满足所需负载条件。节流装置如图 7-15 所示。

⑪ 通风风机。通风风机为多叶片前弯离心风机，离心风机可以强化制冷剂的蒸发过程，并将经蒸发器或经过电加热处理后的空气送入客室内。类型为轴流风机。通风风机如图 7-16 所示。

⑫ 蒸发器。置于蒸发器前部的节流装置将液态的制冷剂膨胀蒸发为低温、低压的气液混合制冷剂。低温低压的气液混合制冷剂流经蒸发器，通过铜管和翅片表面与混合空气(来自客室的回风和室外的新风)进行热交换，在蒸发器管内蒸发，吸取车内循环空气的热量，而制冷剂蒸发为低温、低压蒸气后返回压缩机。而混合空气与制冷剂进行热交换后温度和湿度都会降低，被送到车内。蒸发器是吸收热量(输出冷量)的热交换设备，实现制冷的目的。蒸发器如图 7-17 所示。

蒸发器

图 7-15 节流装置

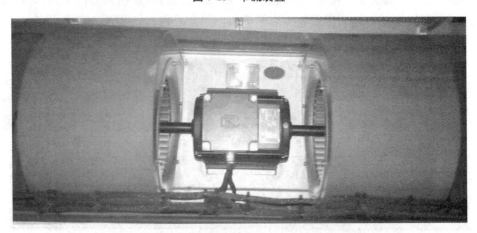

图 7-16 通风风机

图 7-17 蒸发器

⑬ 电加热器。每台空调机组安装2台电加热器,如图7-18所示。电加热器安装在蒸发器之后、送风机之前,对混合风进行加热处理后的暖风经送风机进入风道送入客室。电加热器技术参数:

数量及规格:2台;每台功率为4.5 kW,且分为两组,以实现半暖、全暖;类型:不锈钢翅片管式电加热器;电源:3相,AC 380 V,50 Hz。

图7-18 电加热器

⑭ 视液镜。液管管路中设有带湿度指示的视液镜。视液镜的设置位置能保证机组运行时能观察制冷剂量,例如:机组运行时能够在机组侧面直接观察。视液镜如图7-19所示。

图7-19 视液镜

二、司机室通风单元

司机室单设一个独立的通风单元,用于司机室的增压换气,具有耐震动、抗冲击的特点,能适应地面及地下隧道等不同的运行环境。送风单元的结构形式为单元式,安装在司机室顶板内上方的车体横梁上,与车体之间通过吊梁安装连接。通过单独的风道从相邻空调送风道吸入已冷却的空气送入司机室内(图7-20)。

司机室送风单元配有电气连接器插座,用于司机室送风单元与车辆布线之间的连接;电气连接器采用防水型连接器,从司机室通风单元侧面引出,可在车内方便地拆装和进行电气检查。通风单元壳体采用不锈钢焊接成,外表面粘贴保温材料;在出风面板上设置多个出风口,该出风口方向可调。通风单元底面与司机室天花板是同一个平面。司机室通风单元配技术参数如表7-3所示。

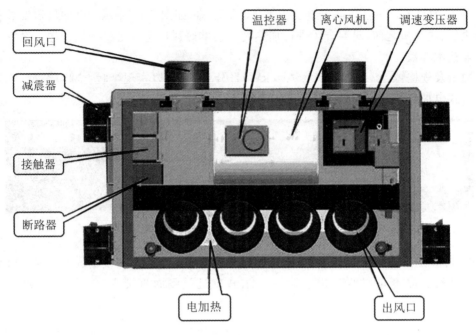

图 7-20 司机室通风单元

表 7-3 司机室通风单元技术参数

送风量	最大 500 m³/h,3 挡可调:500 m³/h、250 m³/h、0 m³/h
新风量	≥30 m³/h
紧急通风量	≥60 m³/h(新风)
重量	≤50 kg
制热量	2 kW
外形尺寸(长×宽×高)	666 mm×410 mm×500 mm(暂定)
主回路输入电压	3P 380 V±5%,50 Hz±1%

三、废排装置

在司机室的隔门上和隔墙柜上设置废排装置,通过压差将司机室的废气排至客室,最终经客室废排装置排出车外,如图 7-21 所示。

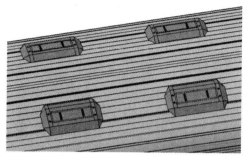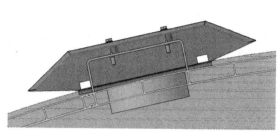

图 7-21　废排装置

四、足部加热器

足部加热器加热量约 500 W，设置于驾驶室司机脚部附近，技术参数如表 7-4 所示。

表 7-4　足部加热器技术参数

一般特征描述	信息
电源	AC 220 V,50 Hz
通风量	80 m³/h
通风机最大输入功率	约 23 W
加热能力	500 W

五、空调控制盘

本控制盘由控制器、模式选择开关、温度设定开关、指示灯、断路器、接触器、继电器等电气元件组成（图7-22）。控制盘以控制器为核心，配以断路器、接触器、继电器、传感器等低压电气元件。控制器作用：作为控制盘的核心，控制器以 ARM 处理器作为 CPU 配合 I/O、AD 采集来实现各种逻辑控制。

本控制盘控制一节车厢的两个空调机组，司机室需要紧急通风时给司机室提供中压电压。空调控制盘主要对车辆上的空调机组实行控制、管理、监控和提供各种保护。控制方式主要分网路 TCMS 控制和本地控制，以 MVB 通信为主也可以实现本机自动、手动、通风、停止、新风门关闭，本地控制的模式开关可以实现 TCMS、自动、手动、通风、采暖、停止。控制盘利用控制器的温度传感器采集到的温度自动调节车厢舒适温度，即可以根据外界新风温度和客室内回风温度来实现对车厢舒适度的控制。控制盘的核心单元以控制器控制单元为核心。

控制器以 ARM 处理器作为 CPU 配合 I/O 和 AD 采集来实现各种逻辑控制，并具有自诊断功能。外部由断路器、接触器和各种保护继电器等元件，来实现在主回路上的各种工况控制，调节车厢内舒适度。

控制器程序软件可以使各压缩机的工作平衡。对于新风口能实现全开、部分、全闭等调节功能,可以通过 PTU 显示。本控制器提供故障诊断、显示功能,通过 PTU 可读取、存储所有控制参数的数据。空调机组的功能试验和诊断可以通过 PTU 完成。

图 7-22 空调控制盘

紧急通风:在三相 AC 380 V 交流电源失效的情况下,紧急通风系统可以提供客室和司机室通风 30 min。

手动通风:在控制器损坏的情况下,也可以提供客室通风。当四个 SIV 逆变器有两个或者三个故障时,空调控制盘对空调机组实行减载工况。

六、空调控制系统

空调系统采用微机控制,并具有自诊断功能,可实现对客室预冷、预热、通风、制冷、采暖、紧急通风功能的控制,并按照运行条件(外气温度、载客量)自动调节制冷量大小,可以实现制冷量多级调节。

空调柜内设置模式选择开关和温度选择开关。也可通过本车空调柜内的控制装置对空调进行控制,也可通过司机室 HMI 进行控制和温度设定。温度选择开关分为:22℃、24℃、26℃、28℃挡位。

在每个客室控制盘上设模式选择开关、温度选择开关。

模式选择开关可选择:自动、通风、制冷、制暖、停止、测试。

自动:空调运行状态受网络控制;

通风:机组处于通风模式;

制暖:空调机组处于本控制暖模式;

制冷：空调机组处于本控制冷模式；
停止：空调机组停止运行；
测试：强制空调处于制冷状态（时间为 15 min）。

温度选择开关可选择：自动、22℃、24℃、26℃、28℃。

温度选择开关在"自动"位时，客室空调将根据 UIC553 的温度曲线标准调节客室温度。

当模式选择开关在"自动"时，空调将受控于网络。

当模式选择开关在"制暖"时，控制器通过比较温度传感器采集的温度与设定的温度，控制电加热器的制暖功能。当设定温度为 13℃（设定温度可通过软件可调），若此时室内实际温度低于 11℃，电加热器进行制暖，若实际温度高于 15℃，那么电加热停止制暖。控制盘的半暖控制功能可以保证制暖时温度变化的均匀性。

当模式选择开关在"制冷"位时，温度选择开关才起作用。

当模式选择开关在"通风"位时，客室空调将强制通风。

当模式选择开关在"停止"位时，本车空调将停止运行。

当模式选择开关在"测试"位时，空调机组处于 100% 制冷模式运行，此时压缩机的启动不受列车允许启动信号的控制；15 min 后停机，主要用于空调机组维修、调试。

空调控制盘设有两个空调状态双色指示灯，分别对应 2 台客室空调机组。当空调运行时，显示为绿色；当空调机组故障时，显示为红色；当空调机组停机时，灭灯。

项目三 空调系统维护

一、空调系统的日常维护

1. 空调机组整体外观检查

① 机组各回路连接器紧固到位、无松动。
② 机组接地正常，接地线螺栓防松线清晰无错位。
③ 各盖板螺栓紧固牢固、无松动。
④ 机组外观无明显缺陷。
⑤ 通电运转，各部件启动顺序正常、运转正常。

2. 常规检查

（1）混合风滤网检查
① 更换混合空气滤网，要求干净、无破损。
② 检查并确认滤网卡扣无丢失。

（2）新风过滤网检查
用水清洗新风金属过滤网，要求干净无破损，如有损坏则更换。

(3) 各盖板紧固螺栓的检查

① 检查空调冷凝腔盖板、蒸发腔盖板合页、轴销、开口销。

② 检查并确认各盖板无裂纹、无变形,盖板紧固件防松线清晰无错位,盖板合页、轴销、开口销无丢失、无损坏。

(4) 液体管路视液镜

清洁视液镜,观察液体管路视液镜的湿度显示情况。绿色:正常;黄色:系统中水分增加。

3. 专项维护

(1) 回收制冷剂

① 打开冷凝盖板。

② 在工艺管距管口约 50 mm 处,使用扁口钳将工艺管局部密封(注意不要掐断)。

③ 使用截管器去除工艺管末端,钎焊连接截止阀。

④ 将氟回收机的出口与氟回收瓶相连,将氟回收机的进口与氟回收机相连,打开处于工艺管与氟回收机进口之间的截止阀。

⑤ 打开液管电磁阀,启动氟回收机。

⑥ 待仪表显示回收完成,关闭氟回收机。

⑦ 关闭处于工艺管与氟回收机进口之间的截止阀,断开截止阀与氟回收机的进口的连接。

⑧ 断开氟回收机的出口与氟回收瓶的连接。

(2) 制冷系统泄漏的检查

为了定位泄漏点,视故障的具体情况可以采用以下方法或几种方法配合使用,以尽快定位泄漏部位。

① 外观检漏。制冷系统冷冻油随制冷剂一起在内部循环,若某处有泄漏冷冻油随之漏出,因此从外观上可看出油迹。也可用干净的白纸擦拭检查。

② 肥皂水检漏。这是一种最普通的检漏方法,将肥皂水涂于被检处进行仔细观察,若有气泡出现即表面该处有泄漏。这种泄漏的前提是空调机内有残留制冷剂。

③ 检漏仪检漏。制冷系统内部若仍有一定压力的制冷剂而又有泄漏时,可用检漏仪检漏。卤素检漏仪是一种电子式检漏仪器,如图 7-23 所示。适用于空调器的检漏。卤素检漏仪比较灵敏,有的灵敏度可达 5 g/a 以下。当检测到有制冷剂的泄漏时这种仪器会发出蜂鸣报警。使用时,仪器的探口移动速度不大于 50 mm/s。被检部与探口间的距离应为 3—5 mm。由于灵敏度较高,电子检漏不适宜在有卤素物质和其他烟雾污染的环境中使用。

④ 浸水检漏。这种方法适用于制冷部件的检漏,如压缩机的检漏,在压缩机大修组装以后,向其内部充入氮气(压力 0.8—1.0 MPa)后置于水槽中检漏。

水槽内的水必须干净透明,能见度好,在被检物浸入水中后一定要等表面平静后再进行观察,若有气泡冒出即表明该处是漏点。

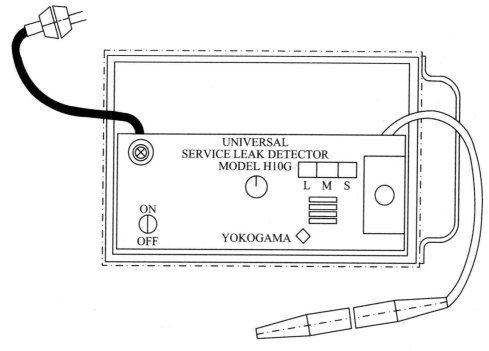

图 7-23 卤素检漏仪

(3) 制冷系统抽真空

抽真空时将内部的残余气体抽出,排除内部的湿气和不凝结气体,为充注制冷剂创造条件。抽真空也是一种对制冷系统进行检漏的方法,若在抽真空过程中制冷系统一直达不到所要求的真空度,表明系统仍有泄漏的可能。

① 抽空时,打开冷凝盖板。

② 用抽真空管将高、低压工艺管与真空泵相连。

③ 将低压侧的工艺管与真空度检测仪相连。

④ 打开高压侧工艺管与真空泵之间的截止阀,启动真空泵,对系统进行抽真空。

⑤ 抽空 5 h 后,关闭真空泵,1 min 后,查看真空度检测仪的读数,若读数小于 470 μmHg,为合格,否则需继续抽空操作。

⑥ 停泵 30 min 后,查看真空度检测仪的读数,若读数小于 500 μmHg 为合格,否则说明系统可能有泄漏点,需进行检漏操作。

⑦ 停泵 60 min 后,查看真空度检测仪的读数,若读数小于 530 μmHg 为合格,否则说明系统可能有泄漏点,需进行检漏操作。

(4) 充注制冷剂

制冷剂充注后应静置 10—20 min,然后进行开机运转。使用充注机时的操作步骤:

① 打开冷凝盖板。

② 系统抽真空。

③ 将 R407C 制冷剂充注机的充注口与高压工艺管相连。

④ 启动 R407C 制冷剂充注机,为两个系统分别充注 4.2 kg 的制冷剂。

制冷系统设有电磁阀和逆止阀,仅从高压侧充注制冷剂,则低压侧不会有制冷剂,因此需给液管电磁阀通电 10 s 使其打开,以便低压压力开关复位接通。

使用电子秤称制冷剂时的操作步骤:
① 打开冷凝盖板。
② 系统抽真空。
③ 将氟瓶的出口与机组高压工艺管相连。
④ 把电子秤放在机组顶部,称制冷剂瓶的重量,此时,制冷剂瓶必须倒置,保证制冷剂以液态形式加入空调系统中。
⑤ 为两个系统分别充注 4.2 kg 的制冷剂。

(5) 高压压力开关检查
① 打开压缩机盖板。
② 检查设备的固定螺栓。
③ 将手提电脑与控制盘上的控制器相连。
④ 将硬纸板裁剪成与冷凝器进风口大小一致,覆盖在冷凝器进风口上。
⑤ 使机组全冷运行,如果机组运行 10 min 之内,手提电脑监控程序显示高压故障,则证明高压压力开关工作正常。
⑥ 如果机组运行时间超过 20 min,仍没有报告高压故障,则停机、断电,在高压侧检修口处接入高压压力表,重新运转机组,监视高压表读数,如果超过 2.9 MPa 仍没有报告压力故障,则需要更换高压压力开关。
⑦ 如果高压压力开关在系统压力达到 2.9 MPa 时,高压压力开关保护动作,则继续监视压力表读数,如果压力低于 2.4 MPa 机组仍不启动,也需更换高压压力开关。
⑧ 去除硬纸板,断开手提电脑与控制盘的连接,去除高压压力表(若有必要),恢复系统。
⑨ 盖上盖板,恢复机组。

二、常见故障的查找和处理

1. 客室空调机组故障检查及处理

客室空调机组故障检查及处理内容如表 7-5 所示。

表 7-5 客室空调机组故障检测及处理

故障内容	故障原因	故障判断方法	处理
1. 不出风	(1) 离心风机的配线方面	查看电路接通情况	修理
	① 连接器处断线	查看电路接通情况	拧紧
	② 配线处螺丝松弛		
	(2) 电动机烧损或断线	在 20℃时测线圈电阻,各线间约 23 Ω	更换电机
	(3) 控制线路及电器故障	检查电路及电器元件	修理或更换

续表

故障内容	故障原因	故障判断方法	处理
2. 风量小	(1) 风机电机反转	检查风机转向	调换相线
	(2) 空气过滤网堵塞	检查过滤网	清除筛眼堵塞物
	(3) 蒸发器结霜或冰	检查（目视）	送风化冰、霜
	(4) 蒸发器散热片脏、堵塞	检查（目视）	清洗
	(5) 风道等处泄漏	检查	修理
	(6) 风机叶片积垢	检查	修理
3. 不制冷	(1) 压缩机电机不转	在 20℃ 时测定线圈电阻，各线间约 1.54 Ω	更换压缩机
	① 电机断线、烧损	见故障内容 6	拧紧
	② 高压压力开关动作	检查	更换部件
	③ 低压压力开关动作	查看接通情况	修理或更换
	④ 配线端子安装螺丝松弛	检查电气件	调整供电电压
	⑤ 空调控制箱电器件不良	电源电压过高或过低	修理或更换
	⑥ 过、欠压继电器动作	检查压缩机	修理或更换
	⑦ 接触器、中间继电器线圈烧毁或触头故障	检查电机电流	修理或更换
	⑧ 压缩机故障		
	⑨ 轴流风机电机的热继电器动作		
	(2) 压缩机反转	① 压缩机电流小于额定值	调整压缩机电源相序
		② 压缩机反转时噪声较高	
	(3) 压缩机运转		
	① 制冷剂泄漏	a. 室内吸入和排出空气温度相同	修理制冷循环系统
		b. 蒸发器回气管温度过高	
		c. 压缩机电流小	
	② 电磁阀误动作或损坏	a. 检查电磁阀动作是否正确	
		b. 检查电磁阀线圈	

续表

故障内容	故障原因	故障判断方法	处理
4. 冷量不足	(1) 过滤器堵塞	检查过滤器	更换
	(2) 蒸发器、冷凝器脏	检查	清扫
	(3) 蒸发器结冰	检查（目视）	送风化冰
	(4) 温度调节器设定温度过高或动作不良	检查	调整或修理
	(5) 少量制冷剂泄漏	测量运转电流，电流比正常值明显偏小	修理制冷剂循环系统
	(6) 制冷剂充注过多	电流过大	维修制冷系统
	(7) 风量不足	见故障内容 2	
	(8) 压缩机总处于卸载状态	检查容量控制电磁阀	
5. 高压压力开关动作	(1) 室外热交换器脏	检查室外热交换器	清扫
	(2) 制冷剂充注过多	电流过大	见故障内容 4
	(3) 冷凝风机反转	检查	将相序调整正确
	(4) 排气管段堵塞	检查	修理制冷系统
	(5) 室外通风机不转		
	① 电机烧损	测线圈电阻（20℃），各线间约 24.4 Ω	更换电机
	② 电机的球轴承损伤	检查	更换球轴承
	(6) 空气或不凝性气体混入系统中		重新对系统抽真空然后加入制冷剂
6. 低压压力开关动作	(1) 制冷剂泄漏	压缩机电流小	见故障内容 4
	(2) 吸入空气温度太低	蒸发器结霜	处理
	(3) 风量不足	见故障内容 2	处理
	(4) 低压管路堵塞	检查	处理
	(5) 蒸发器散热片堵塞	检查	处理
	(6) 液管电磁阀未打开	① 压缩机启动时电磁阀无动作声 ② 控制柜无 AC 110 V 输出 ③ 电磁阀线路是否断路	检查电磁阀线路并修理

续表

故障内容	故障原因	故障判断方法	处理
7.震动噪声大	(1) 通风机电机球轴承异常	检查风机的平衡性	修理风机
	(2) 通风机不平衡		
	(3) 紧固部位松弛	检查各紧固部位	拧紧
8.漏水	回风口漏水 ① 排水口或排水槽堵塞,造成水盘积水外溢	检查	清扫
	回风口漏水 ② 密封胶条处渗水	检查	进行正确安装
	回风口漏水 ③ 车顶密封胶条安装槽或机组底部涂密封胶处渗水	检查	涂密封胶
	回风口漏水 ④ 新风口下部排水口堵	检查	清扫
	出风口漏水 ① 蒸发器脏	检查	清扫
	出风口漏水 ② 密封胶条处渗水	检查	进行正确安装
	出风口漏水 ③ 车内风道内凝露形成水珠,从出风口吹出	检查	涂密封胶
	出风口漏水 ④ 排水口堵,风口周围积水	检查	清扫

2. 司机室通风单元故障检查及处理

司机室通风单元故障检查及处理内容如表7-6所示。

表7-6 司机室通风单元故障检查及处理

故障内容	故障原因	故障判断方法	处理
1.不出风	(1) 离心风机的配线连接处螺丝松弛	查看电路接通情况	压紧
	(2) 电动机烧损或断线	测线圈电阻	更换风机
	(3) 控制线路及电器故障	检查电路及电器元件	修理或更换
2.风量小	(1) 软风道等处泄漏	检查	修理
	(2) 风机叶片积垢	检查	清扫
3.震动噪声大	(1) 通风机电机球轴承异常	检查风机的平衡性	修理风机
	(2) 通风机不平衡	检查各紧固部位	更换风机

三、制冷装置实训

1. 制冷系统维修专用工具

（1）扩管器

扩管器是将小管径铜管（19 mm 以下）端部扩张，形成喇叭口的专用工具，它由扩管夹具和扩管顶锥组成。制冷空调设备管道采用喇叭口连接时，需将铜管扩成喇叭口，所以喇叭口的好坏直接影响系统连接处的密封性是否良好。

（2）割管器

割管器是安装维修过程中专门切割铜管和铝管的工具，它主要由支架、导轮、刀片和手柄组成。常用割管器切割范围为 3—45 mm。

（3）封口钳

制冷系统维修过程中经常需要焊接封口。由于系统中有制冷剂，压力比较高，不容易焊接；而且制冷剂遇明火会产生有害气体，危害维修人员健康。通常用封口钳在管路上先进行封口，然后再进行焊接处理。

（4）真空泵

真空泵主要用于制冷系统抽真空。

（5）修理表阀及连接软管总成

在制冷系统维修过程中，常用的修理表阀为双表阀，即压力表有两块：一块低压表带负压，另一块高压表为 0—3.5 Mpa。低压表一般用于抽真空和检漏系统低压侧压力，高压表通常用于测量高压侧压力。双表阀修理阀根据不同的使用工质区分，一般来说 R12、R22、R502 可混用，R134a 必须使用专用表阀。

连接软管主要用于修理表阀和制冷系统和真空泵等设备的连接。使用过程中，根据具体情况，可选用耐压不同的连接软管。常用连接软管最高耐压为 3.5 Mpa。

2. 制冷系统管道焊接设备

（1）氧-乙炔气焊设备

氧-乙炔气焊设备由氧气瓶、乙炔瓶、氧气减压器、乙炔减压器、回火保险器、橡胶管、焊炬组成。

① 氧气瓶。氧气瓶是贮存和运输高压氧气的容器，额定工作压力一般为 15 Mpa。焊接过程中必须正确保管和使用氧气瓶，禁止将氧气瓶和乙炔瓶以及其他可燃气瓶、易燃易爆物品放在一起，不得同车运输，禁止氧气瓶接触油脂等。运输、存放和使用氧气瓶时应妥善可靠地固定，防止撞击和倒下，操作中氧气瓶距离乙炔发生器、明火或热源应大于 5 m。

② 乙炔瓶。乙炔瓶是贮存和运输乙炔的容器，额定工作压力一般为 1.5Mpa。在使用乙炔瓶时，除应遵守上述氧气瓶的使用要求外，还应注意：必须配备回火保险器，瓶体温度不得超过 30 ℃；搬运、装卸、存放和使用时注意竖立放稳；不能遭受剧烈震动；乙炔瓶和氧气瓶之间距离不得小于 5 m，在其附近严禁烟火；乙炔瓶和减压器连接必须可靠，不得漏气；乙炔瓶与工作场地之间距离不得小于 10 m。

③ 减压器。减压器是将气瓶中高压气体的压力减到气焊气割所需压力的一种调节装置。减压器不但能降低压力、调节压力，而且能使输出的低压气体的压力保持稳定，不会因

为气源压力降低而降低。气焊时氧气的工作压力为 0.2—0.4 MPa,乙炔的工作压力为 0.1—0.15 MPa。

④ 回火保险器。正常气焊时,火焰在焊炬的焊嘴外面燃烧,但当发生气体供应不足或管路焊嘴阻塞等情况时,火焰会进入喷嘴并沿着乙炔管路向里燃烧,这种现象称为回火。如果回火现象蔓延到乙炔瓶,就可能引起爆炸事故。回火保险器就是装在燃料气体系统上的防止向燃气管路或气源回烧的保险装置。

⑤ 焊炬。焊炬是气焊时用于控制气体混合比、流量及火焰,并进行焊接的工具。

⑥ 橡胶管。氧气橡胶管应为黑色,内径为 8 mm,工作压力为 1.5 MPa,试验压力为 3.0 MPa。乙炔橡胶管应为红色,内径为 10 mm,工作压力为 0.5 MPa 或 1 MPa。橡胶管长度为 10—15 m,不可短于 5 m,但太长会增加气体流动的阻力。

3. 制冷系统维修基本工序

(1) 制冷系统试压、检漏

制冷系统是由压缩机、冷凝器、蒸发器、毛细管、过滤器等部件用管道连接而成的全封闭系统,它具有高的密封性要求,因此,系统焊接完成后必须进行试压、检漏,确保系统的密封性。制冷系统的试压、检漏是一项非常细致的工作,要有耐心。常用的检漏方法有直观检漏法、压力检漏法和电子检漏法等几种。

(2) 制冷系统抽真空和充注制冷剂

制冷系统 24 h 后压力无明显变化,说明系统无泄漏,可对系统进行抽真空和充注制冷剂。

① 制冷系统对真空要求较严格,所以在充注制冷剂之前,必须严格进行抽真空处理。抽真空一般都采取真空泵抽空。

② 制冷系统在打压、检漏、维修、抽真空等一系列操作完成后,应立即充注制冷剂,以恢复系统正常工作。

课后习题

一、判断题

1. 机组回风通过车顶的回风口吸入至空调机组内,在蒸发器前与外界新风混合,经过过滤,然后被冷凝器冷却、干燥后,在通风机的作用下,通过主风道均匀地送到车内。
(　　)

2. 冷凝器是制冷的部件,经膨胀阀的制冷剂气液混合物在蒸发器内汽化,吸收被冷却物的热量变为气体。
(　　)

3. 每辆车配有 2 台紧急逆变器,在交流辅助电源设备故障情况下,应急通风系统应立即自动投入工作,向客室、司机室输送新风,维持 60 min 紧急通风。
(　　)

4. 制冷压缩机是空调机组的心脏,将来自蒸发器的低温低压的冷媒气体压缩成高温高压的气体,并送往冷凝器,通过橡胶减震器安装在空调机组箱体内。
(　　)

5. 制冷系统焊接完成后进行试压可确保系统的密封性。　　　　　　（　）

二、选择题

1. (　　)是制冷系统中产生和输出冷量的设备。
   A. 蒸发器　　　　　　　　　B. 制冷压缩机
   C. 冷凝器　　　　　　　　　D. 膨胀阀
2. 蒸发风机为两台离心式风机,有(　　)的功能。
   A. 吸风　　　　　　　　　　B. 送风
   C. 吸风和送风　　　　　　　D. 吸风或送风
3. 在制冷系统中,除有起主导作用的压缩机外,还必须包括起换热作用的热交换器(　　)。
   A. 膨胀阀　　　　　　　　　B. 蒸发器
   C. 冷凝器和蒸发器　　　　　D. 冷凝器
4. 空调机组启动后,通风机、冷凝风机、压缩机通过电气联锁(　　)。
   A. 倒序启动　　　　　　　　B. 无序启动
   C. 同时启动　　　　　　　　D. 顺序启动
5. 在制冷循环中,从冷凝器中流出和进入节流装置的制冷剂都是(　　)状态。
   A. 饱和液体　　　　　　　　B. 饱和蒸气
   C. 饱和气液混合　　　　　　D. 饱和冰液混合

三、简答题

1. 什么是制冷剂?
2. 冷凝器的作用是什么?
3. 试述车辆空调系统中通风、制冷和自动控制系统的作用。
4. 蒸气压缩式制冷机其组成的四大件是什么？试述其制冷的工作过程。

模块八　车辆电气系统

【知识目标】
1. 掌握城市轨道交通车辆电气设备组成及工作原理。
2. 掌握城市轨道交通车辆电器结构及工作原理。
3. 掌握牵引与电制动的控制原理。
4. 掌握牵引动力装置的结构和工作原理。

【技能目标】
1. 能读懂和分析电气原理图。
2. 会分析简单电气故障。

项目一　车辆电气设备

城市轨道交通近年来逐渐成为解决大城市交通拥堵问题的利器,城市轨道交通车辆作为轨道交通系统的核心组成部分之一,其作用和地位不言而喻,而车辆电气控制系统又是车辆的控制中枢,作为轨道交通系统的从业者特别是车辆驾驶和车辆维护人员必须充分掌握相关知识。可以这样说,城市轨道交通车辆上的各设备,通过机械、电气、电磁、网络等联系形成了统一的整体,通过司机操纵实现列车运行的控制。现代城轨电动列车基本都装有列车自动控制系统(ATC),可以实现城市轨道交通系统的列车自动驾驶(ATO)、列车自动监控(ATS)、列车通信控制(TCC)等全自动控制。

以合肥地铁1号线为例,车辆控制原理如图8-1所示,首先变电所供给架空式接触网DC 1 500 V电源,随后安装于车辆顶部的受电弓(还有第三轨供电等其他方式)与接触网摩擦,将电流引入车辆,随后车辆牵引传动控制系统将电流引入牵引电机,从而驱动车辆运行,司机通过操纵驾驶控制器根据运行工况要求调节牵引电动机的运行速度和运行方式,最后电流经过车辆转向架上的轮对、钢轨(或其他回流方式)回到变电所,形成电流闭合回路。

城市轨道交通车辆电气控制系统功能由各个电气设备和部件组合而成并按照一定逻辑和要求实现相应功能。因此电气控制的实际承担者是车辆上的各种电气设备、部件及其控制电路。电气设备按功能可分为服务车辆运行的设备和服务乘客乘坐的设备两大类。比如照明、空调、客室紧急通话装置、LCD电子地图、广播音像设备等就是服务乘客的设备,而蓄电池箱、继电器箱、主控制器箱、电动空气压缩机、总风缸、电源变压器、各种电气开关、接触器等就是服务车辆运行的设备。除此之外,列车上还设有保证安全和舒适的其他设备,如列车诊断系统、列车通信系统、列车自动控制系统等。

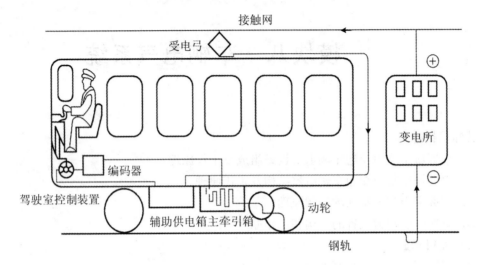

图 8-1 城轨交通车辆控制原理示意图

图 8-2 给出的是一个常见 6 辆编组(4 动 2 拖,一般写作 4M2T)列车电气设备布置示意图,图中 B、C 车为携带驱动装置的车辆。另外,为整车用风设备供风的风源设备一般位于 A 车底部,比如合肥地铁 1 号线的两套车辆风源设备分别位于两辆 A 车底部,一方面考虑车辆配重的需要,另一方面 A 车为拖车,相对于动车来说,底部空间也比较充足。一列编组列车各节车辆之间的电气设备连接靠车钩来实现机械、电气、气路的连接,一般在 A 车的驾驶端设置全自动车钩,可实现机、电、气的全自动连接,而单元内部则一般用半永久牵引杆(A 车与 B 车、B 车与 C 车)实现连接,单元与单元之间(C 车与另一单元的 C 车)则使用半自动车钩进行连接。

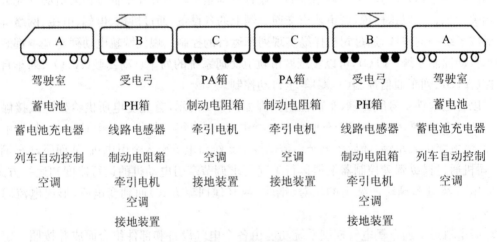

图 8-2 车辆电器布置

城市轨道交通车辆电气控制部件繁多,功能复杂,根据功能大体可分为牵引系统设备和辅助供电电路设备。其中牵引系统的电器设备作为核心,作用尤为重要。我们把车辆电气控制系统中用来对其余牵引设备进行开关切换、状态检测、动作控制、功能保护和调节的电器及装置称为牵引电器。牵引电器的工作环境比较复杂多样,如长时间在车辆震动的情况下工作,受运行环境中的灰尘侵袭,工作环境和温度湿度多样,工作电压和电流大小也不尽相同,安装位置和空间狭窄。为了便于检修,一般要求紧凑成列地布置,同时对于电器寿命以及可靠性也有着严苛的要求,因为电器的动作频繁,必须具有高可靠性,另外由于轨道交通载客量大、上下乘客频繁要求电器必须具有良好的安全系数。

牵引电器一般分为主电路电器、辅助电路电器以及控制电路电器三大类。本节重点介绍主电路电器和控制电路电器。

一、主电路电器

主电路电器设备主要包括安装在高压箱(PH 箱)和低压箱(PA 箱)箱内的高速断路器(HSCB)、接触器、接地装置、电抗器、互感器等设备,以及安装在车顶的受电弓、避雷器,安装在车底的牵引电机、制动电阻等设备。

首先简单概述一下 PH 箱以及 PA 箱的结构和功能。PH 箱的功能主要是为三节编组的半组车提供接触网电压,同时为牵引电机提供可调频调压的三相交流电。PH 箱由三部分组成,分别为高压单元、中间部分和牵引逆变器 MCM 单元,PH 箱结构如图 8-3 所示。

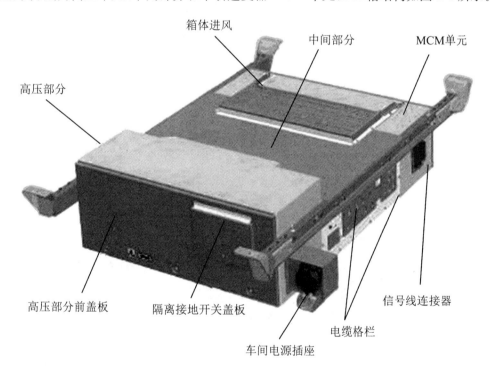

图 8-3　PH 箱外观图

其中,高压单元由隔离接地开关、高速断路器、车间供电、去耦二极管、熔断器和继电器单元等组成,结构如图 8-4 所示。

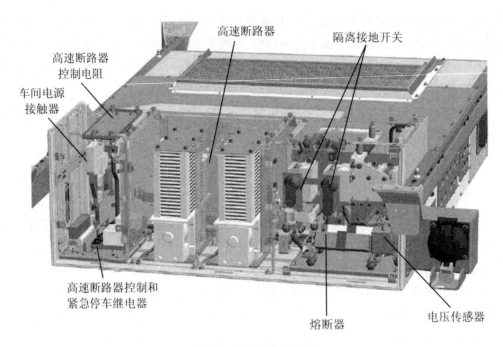

图 8-4　PH 箱高压单元

PH 箱中间部分由冷却单元、外部风机、MCM 电抗器、高压接线箱等组成，如图 8-5 所示。

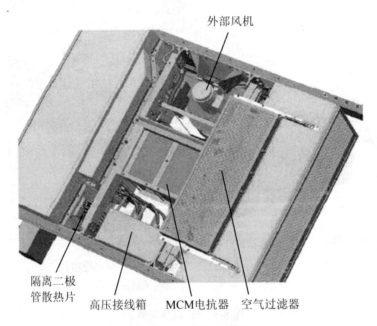

图 8-5　PH 箱中间部分

PH 箱中牵引逆变器 MCM 单元由牵引变流器模块、充电电路、风机、传感器等组成，如图 8-6 所示。牵引逆变器基于 IGBT 技术，根据指令为牵引电机提供调频调压的交流电，适应列车不同的驾驶和制动工况。

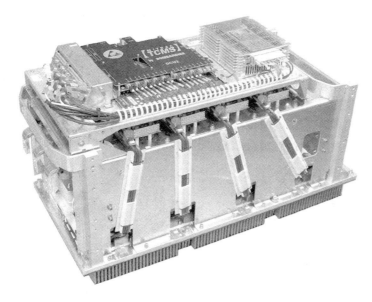

图 8-6　牵引逆变器示意图

PA 箱为辅助变流单元提供电压,同时为 M 车牵引电机提供可调频调压的三相交流电压。PA 箱由三部分组成,分别为 ACM 单元、中间部分和 MCM 单元,如图 8-7 所示。

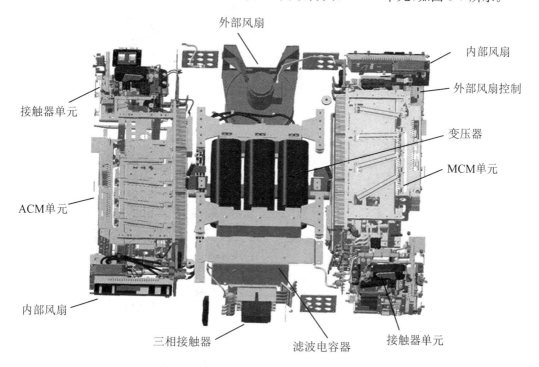

图 8-7　PA 箱内部结构

以下详细介绍主电路中的重要电器设备的结构和功能。

1. 受电弓

(1) 城轨交通车辆的供电与受流

地铁和轻轨速度不高,常采用直流方式供电。电压制式发展趋向是国际电工委员会

(IEC)标准中的 600 V、750 V、1 500 V 三种。我国国家标准《地铁直流供电系统》的规定是采用直流 750 V(波动范围 500—900 V)和直流 1 500 V(波动范围 1 000—1 800 V)两种。

国内常用的供电方式为接触网供电和第三轨供电两种形式。受流形式则相应地有受电弓触网受流、集电靴触轨受流两种。接触网供电是指沿着轨道线路上方架设输电线向在轨道上运行的电动列车不间断地供应电能。电动列车则利用受电弓触网受流(图 8-8)。第三轨供电则是指在列车行走的两条轨道以外再铺设带电钢轨(材质一般为钢铝复合),列车安装集电靴在带电钢轨上接触滑行取流(图 8-9)。

图 8-8 接触网供电

图 8-9 第三轨供电

一般说来,城市轨道交通车辆在电网电压为 1 500 V 时多采用架空接触网形式,由安装在车辆顶部的受电弓集电。当电网电压为 750 V 及以下时,则多采用第三轨供电,如合肥地铁1号线就采用DC 1 500 V直流架空接触网供电、受电弓取电方式,而北京地铁、天津轻轨均采用DC 750 V电压、第三轨供电方式。

(2) 受电弓的分类和结构组成

受电弓是城市轨道交通车辆的受流装置,对于四动两拖(4M2T)的车辆编组形式,一般安装在A车车顶,根据驱动动力分为气动弓和电动弓两类。气动受电弓使用比较普遍,城市轨道交通车辆的受电弓为单臂轻型结构。

图8-10所示为QG-120型单臂受电弓的结构,该型号受电弓具有结构简单、性能安全可靠、维护简单、日常维护工作量小等特点,且在整个车辆速度范围内具有良好的空气动力学特性,包括在最大规定逆风时的空气动力学性能,从而保证了受电弓在各种轨道状态下与架空接触导线都具有良好的接触状态和接触的稳定性。QG-120型受电弓适用于时速在120 km/h以下的各类轻轨、地铁车辆。QG-120型受电弓安装有先进的(ADD)自动降弓系统,在受电弓滑板条磨耗到限或弓头滑板条遇到外力损坏时,受电弓能以大于1 m/s的速度做快速降弓运动,以有效地保护受电弓和接触网线的安全;同时该型受电弓还安装有故障恢复系统。

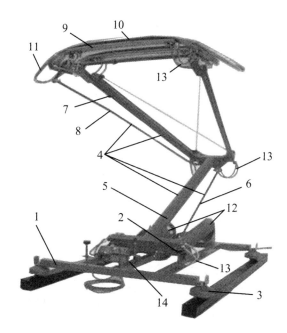

图8-10 单臂受电弓

1. 基础框架;2. 高度止挡;3. 绝缘子;4. 框架;5. 下部支杆;6. 下部导杆;7. 上部支杆;8. 上部导杆;9. 集电头;10. 接触带;11. 端角;12. 升高和降低装置;13. 电流传送装置;14. 吊钩闭锁器

基础框架(1)由方形的中空钢管、角钢及钢板焊接构件组成,通过支持绝缘子(3)固定安装在车顶,作为框架(4)、轴承、下部导杆的轴承滑轮、拉伸弹簧的悬挂及气压升弓传动装置的支撑和安装部分。框架下部导杆(6)、上部支杆(7)和上部导杆(8)采用高强度冷拔无缝钢管制作。高度止挡(2)安装在下部导杆侧下方的基础框架上,用以限制受电弓的最大升弓高度,保证受电弓垂向位移。弓头是弓与网相接触的部分,主要由集电头(9)、接触带(10)、转轴、端角(11)和弹簧盒组成。集电头为轻型钢结构,接触滑块共两对,为人工石墨材料,每对两条共四条碳滑块。端角的作用在于防止接触网分叉处接触导线进入集电头底部造成刮弓事故。弹簧盒的作用是为了保证弓头的垂向自由度。整个受电弓安装在4个绝缘子上。

(3) 受电弓的技术参数

受电弓主要技术参数有电气数据、机械参数及几何尺寸参数。表8-1列出了某公司受电弓主要技术参数。适用场合:B型车,接触网电压 DC 1 500 V,4M2T 编组。

表8-1 受电弓参数

项目	参数
额定电压(V)	DC 1 500
电压范围(V)	DC 1 000—1 800
额定电流(有效值)(A)	1 600
最大启动电流(30 s)(A)	2 400
最大停车电流(A)	400
标准静接触压力(N)	120±10
静压力调节范围(N)	100—140
滑板单向运动在工作高度范围内压力差(N)	±10
滑板在工作高度范围内同一高度上,升与降压力差(N)	≤15
运行速度(km/h)	≤120
传动装置压力(kPa)	额定500,最小400
主要尺寸(带绝缘子的高度)(mm)	310±10(折叠高度,带绝缘子)
最小工作位置(包括绝缘子)(mm)	400
最大工作位置(包括绝缘子)(mm)	2 300
最大升弓高度(包括绝缘子)(mm)	2 880±100
弓头宽度(mm)	1 050
升/降弓时间(s)	升弓≤8,降弓≤8
绝缘性能	绝缘子高度 80 mm,绝缘子数量4个,绝缘子安装接口 M20
机械寿命(h)	1 500
受电弓总重(绝缘子除外)(kg)	150

(4) 受电弓工作原理

受电弓靠滑动接触受流,是移动设备与固定供电装置之间的连接环节。受电弓受流性能的基本要求是:集流头与接触网接触可靠,磨耗小;升降弓时对车顶设备不产生有害冲击;运行中受电弓动作轻巧,动态稳定性能好。为此,在接触导线高度允许变化的范围内,要求受电弓滑板对接触导线有一定的压力,且升降弓的过程应具有先快后慢的特点,即升弓时集电头离开基础框架要快,贴近接触导线要慢,以防止弹跳;降弓时弓与网的脱离要快,落到基础框架上时速度要慢,以防止产生拉弧及对车顶产生有害机械冲击。

受电弓的提升依靠升弓弹簧完成;降弓是通过传动风缸内部的降弓弹簧来实现的,压缩空气在传动风缸的充气及排气决定了受电弓的升与降。

① 升弓过程：在列车及司机台激活的情况下，按下副司机台受电弓升弓按钮，相应的升弓电路工作，升弓电磁阀得电动作，打开风源至传动风缸的通路，传动风缸充气，将内部的降弓弹簧压缩，在升弓弹簧的作用下克服自身重力升起。

升弓过程中的风路原理：压缩空气经升弓电磁阀进入空气过滤器，经过滤器除水、除尘并净化，通过空气管路进入升弓节流阀。升弓节流阀调节空气压缩空气的流量，以确保受电弓的升弓速度。再经精密调压阀对压缩空气进行调节，以保证弓对网的工作压力。此压缩空气再经降弓节流阀后的安全阀，以保证工作压力不超过规定压力。最后压缩空气到达车顶受电弓风缸。升弓风路示意图如图8-11所示。

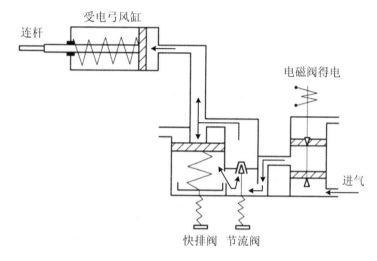

图8-11　升弓风路示意图

压缩空气经过空气管路和气动元件进入升弓风缸后，推动活塞动作，将压缩空气能量转化为气缸活塞的直线位移。驱动转臂将活塞直线位移转化成转臂的旋转运动，转臂带动下部导杆向上旋转，上部框架在导杆的作用下做逆转运动，使集电头升起。弓头上的集电装置在上框架导杆的作用下保持水平上升，以确保与接触网的接触良好。

当升弓初始时，降弓弹簧的压力最小，因此克服该力所需的风压较小，此时节流阀进出风压差最大，所以此时传动风缸的活塞杆左移较快。随着弓不断升起，降弓弹簧的压力不断增大，克服该力所需的风压也不断增大，而且此时节流阀口的风压差不断减小，所以活塞杆左移渐慢，升弓速度也渐慢。这样就可避免升弓时弓对电网造成过分冲击，可以通过改变通过节流阀口的大小来初步调整升弓时间。

② 降弓过程：在列车及驾驶控制台激活的情况下，按下副驾驶台受电弓降弓按钮，电磁阀失电复位，风源停止向传动风缸供风，同时将压缩空气排向大气，受电弓在降弓弹簧及自身重力的作用下降到最低位置。

降弓风路示意图如图8-12所示，分先快后慢两个阶段。降弓开始时，当电空阀失电，传动风缸内的压缩空气经快排阀口排出，如图8-12(a)所示。随着传动风缸内压缩空气压力骤然下降，压力差不足以克服快排弹簧的作用，快排活塞上移，使快排阀口关闭。此时传动风缸内的残余风在节流阀口徐徐排出，如图8-12(b)所示。降弓初期弓与网快速分离，可以避免降弓过程中产生电弧，灼烧接触滑块；避免接近车顶时速度变慢，与受电弓底架产生过大冲击。通过改变节流阀口的大小,调节快排阀弹簧的压缩量,可以控制快排时间长短,从而调整降弓时间。

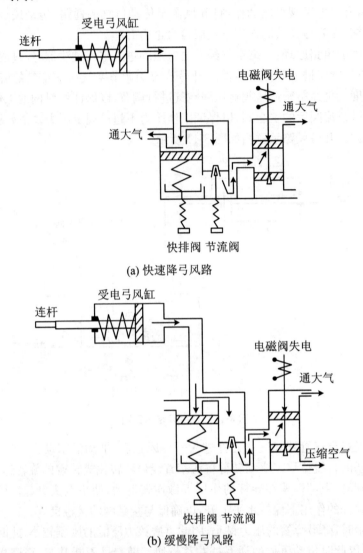

图 8-12 降弓风路示意图

③ 紧急操作:当压缩空气气压不足时,受电弓也可以手动升弓。如合肥地铁 1 号线在 Tc1 车列车唤醒后,观察司机台总风压力表,若总风压力不足 5.5 bar,需采用辅助压缩机紧急升弓。列车无法唤醒,且司机台上总风压力表显示总风压力不足 5.5 bar,需采用脚踏泵紧急升弓,脚踏泵升弓至少需要 2 人配合。车内人员保证电气柜内升弓气路板上压力表稳定在 5 bar 以上(低于 4.5 bar 时应继续踩脚踏泵使压力上升到 5 bar 以上),踩脚踏泵的人员到 Tc1 车司机室按下唤醒按钮,将司机控制器钥匙打到"ON"位,按下升前弓按钮升弓,此时方可放开升弓气路板上电磁阀的按钮。

受电弓采集接触网上的 DC 1 500 V 电压,通过 PH 箱实现高压电的分配以及保护,电路主要分为三路,如图 8-13 所示。

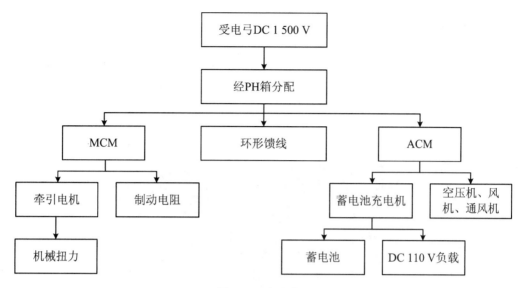

图 8-13 高压分配

2. 浪涌电压吸收器（避雷器）

浪涌电压吸收器主要防止来自城市轨道交通车辆外部的过电压（如雷击等）对车辆电器设备的破坏。涌浪电压吸收器与被保护物并联，当出现危及保护物绝缘板的过电压时放电，从而限制绝缘板上的过电压值，它的保护范围应与变电所过电压保护相配合。浪涌电压吸收器外形如图 8-14 所示。

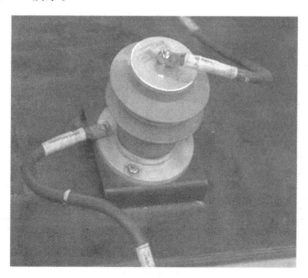

图 8-14 浪涌电压吸收器

在正常电压下，火花间隙处于不通状态，当出现大气过电压时，发生击穿放电。当过电压达到规定值的动作电压，立即动作，切断过电压负荷，将过电压限制在一定水平，保护设备绝缘。当过电压终止后，迅速恢复不通状态，恢复正常工作。

3. 隔离接地开关

隔离接地开关结构如图 8-15 所示，由 Q1、Q2 两个触头组成，有三种模式：

① 正常模式,由受电弓给 MCM、ACM 和环形馈线供电。
② 车间供电模式,由车间电源插头提供电源给 ACM 和环形馈线。
③ 接地模式,此时受电弓和环形馈线接地,车间供电插头断开,这种模式主要在维护时使用。

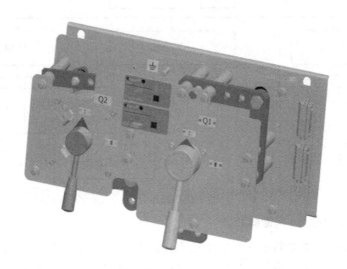

图 8-15　隔离开关(IES)

4. 高速断路器

高速断路器(HSCB)主要是将牵引变流器与高压电路进行隔离,同时对牵引系统进行保护,结构如图 8-16 所示。一节动车配置两个 HSCB,在正常状态下通、断车辆的 DC 1 500 V 主电路。HSCB 既是主电路的总电源开关,也是总保护开关。

 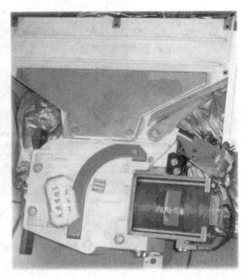

图 8-16　HSCB 实物图

(1) HSCB 的主要性能指标

HSCB 的主要性能指标有两个:机械响应时间和分断能力。机械响应时间指的是从通过断路器的电流达到动作值,到主触头打开的时间。电流增长率越大,机械响应时间越短。分断能力是指高速断路器安全切断故障电流的能力。

(2) HSCB 的主要技术要求

HSCB 的主要技术要求有:

① 对地有很高的绝缘等级。高断需要正常接在车辆的牵引主电路上,电压高、电流大,因此其绝缘结构应选取有很高绝缘等级的材料。

② 分断能力强,响应时间短。高速断路器既是电路的总电源开关也是总保护开关。必须可靠、有效地保护其他用电设备,高速断路器必须动作迅速、可靠,并具有足够的断流容量。

③ 不受气候条件的影响。高速断路器集成安装于箱中的主要优点是可以节省车下空间,并且使 HSCB 与外界环境隔离。

高速断路器还必须要有足够长的使用寿命,还要易于维护。

(3) HSCB 结构和工作原理概述

图 8-17 所示为 UR6-32 型高速断路器,由固定绝缘架、主回路、驱动装置、灭弧装置、过流脱扣装置和辅助触头及其驱动部件 6 个部分组成。

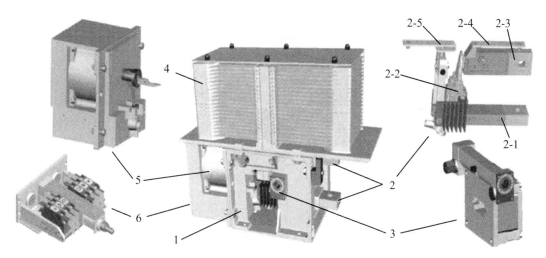

图 8-17 HSCB 结构示意图

1. 固定绝缘架;2. 主回路(2-1. 下连接铜排;2-2. 动触头;2-3. 上连接铜排;2-4. 带引弧角的静触头;2-5. 引弧角);3. 过流脱扣装置;4. 灭弧罩;5. 驱动装置;6. 辅助触点组件

高速断路器的通断通常由高速断路器的按钮控制。按下高速断路器按钮,列车控制线路工作,断路器线圈得电工作,带动机械锁位装置动作,高速断路器置"合"位并保持不变。分断时,欠电压脱扣装置动作,高速断路器分断。

5. 牵引电机

牵引电机是一个三相鼠笼异步电机,它在牵引模式下将电力转变成机械能且在制动时将机械能转换成电能,如图 8-18 所示。每节动车有四个牵引电机,由一个牵引逆变器进行供电。

牵引电机的冷却方式有开放式自通风、开放式强迫风冷、完全封闭式自通风、水冷等。合肥地铁 1 号线列车牵引电机采用自通风的冷却方式,内部风机安装在电机的非驱动端,进风口在电机顶部的驱动端,冷却空气直接接触圈端、转子、定子叠片和轴承箱,如图 8-19 所示。

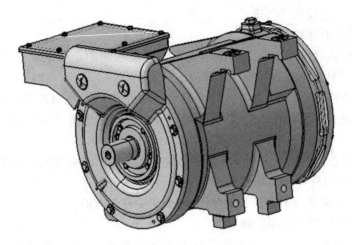

图 8-18 牵引电机外观图

图 8-19 牵引电机分解图

6. 制动电阻器

电阻制动时,制动电阻吸收惯性转动产生的电动机发电能量,将电能转换为热能散逸到大气中去。制动电阻器(为箱体)悬挂安装于车辆底架下方。风扇通过栅格过滤吸入空气,冷却制动电阻。绝缘板会为不同电阻提供绝缘。热量显示盒和压力开关组成的热量监视系统用来控制制动电阻温度。制动电阻箱结构如图 8-20 所示。

制动电阻应有充分的容量,用来承受持续制动下 100% 的制动负载,直到制动力矩升到极限。带状电阻流过制动电流转化为热能,以发热的方式传递出去。根据这一原理,制动电阻除要求有良好的热容量、耐震动外,还要求能防腐蚀,在高温下不生成氧化层,特别要注意在正常使用周期内不断裂。制动电阻箱车底安装如图 8-21 所示。

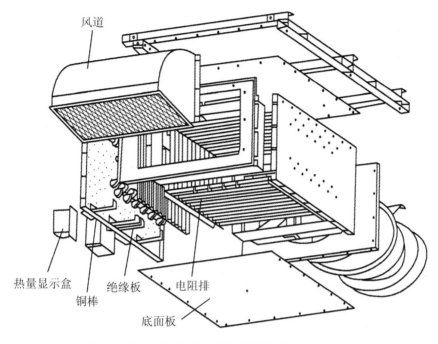

图 8-20 制动电阻箱结构

图 8-21 制动电阻箱车底安装图

（1）制动电阻器的主要技术参数

① 电阻值：20℃时的阻值与热态时的阻值。

② 电阻材料：材质及温度系数。

③ 功率：等效持续功率与短时最大功率。

④ 最高工作温度：一般 600℃左右。

⑤ 冷却方式：多数采用强迫风冷，少数采用自然风冷（列车走行风）。

⑥ 保护形式：过热、过电流、失风（若用强迫风冷）保护、IP 等级（电阻箱外观保护等级）。

（2）制动电阻器主要技术参数举例

制动电阻器（某公司 A 型车，网压 DC 1 500 V，4M2T 编组）主要技术参数举例如表 8-2 所示。

表 8-2 制动电阻器主要技术参数

20℃时的电阻值	2×3.0 Ω
热态电阻	2×3.5 Ω
材料	AISI310S(不锈钢)
短时功率	2×750 kW
等效持续功率	2×220 kW
冷却方法	强迫风冷
风量	1.2 m/s
风压	300 Pa
风机功率	1.2 kW、AC 380 V、50 Hz
最高工作温度	600℃(电阻带处)

7. 接地装置

(1) 接地装置的作用

接地装置的主要作用是为主电路提供回流通路，使电流经轮对到达钢轨，构成 1 500 V 完整的电路。同时防止电流通过轴承造成电腐蚀，提高轴承的使用寿命。

(2) 接地装置的安装

接地装置安装于转向架轮对轴端：A 车转向架的第 2 轴的右侧和第 3 轴左侧轴端各安装了一个；B 车和 C 车的转向架第 1、3 轴的左侧轴端各安装了一个，第 2、4 轴的右侧轴端各安装了一个。如图 8-22 所示。

图 8-22 接地线安装实物图

(3) 接地装置的外形与结构

城市轨道交通车辆接地装置主要由接触盘、电刷架、弹簧支撑组成，其外形及内部结构如图 8-23 所示。

图 8-23 接地装置实物

8. 主接触器

接触器是用来频繁地接通和切断主电路的自动切换电器。接触器能进行远距离自动控制,操作频率较高,通断电流较大。按通断电路电流种类分为直流接触器、交流接触器;按主触头数目分为单极接触器、多极接触器;按传动控制方式分为电空接触器、电磁接触器。

（1）电磁接触器结构组成

接触器一般由电磁机构、主触头、灭弧装置、辅助触头、支架和固定装置等组成。电磁机构包括铁芯、带驱动杆的螺旋线圈、盖板。主触头用来通断电路,触头为球面镀银。灭弧装置包括吹弧线圈、带电离栅的灭弧罩。电离栅将进入的电弧分割成一系列的短弧,然后使电弧加速冷却,吹弧线圈确保快速和有效地灭弧。直流接触器设计为模块结构,外壳材料阻燃、无毒,不环境污染。图 8-24 为一典型接触器实物安装图。

图 8-24 接触器实物安装图

（2）电磁接触器工作原理

电磁圈未通电时,衔铁在反力弹簧作用下保持在释放位置。当电磁线圈得电后,铁芯在电磁力作用下带动驱动杆克服反力弹簧运动。动触头在驱动杆带动下,触头上部与静触头点接触,随着驱动杆继续运动,触头上压力不断增加,动触头在静触头上边滚动边滑动,进行研磨,一直到电磁力与反力弹簧力平衡为止,接触点移到触头下部,完成触头闭合,主接触器进入工作状态。同时辅助触头依靠驱动凹轮,同步打开或闭合。

断开的过程则相反,失电后,电磁力消失,反力弹簧起作用,主触头分断,同时辅助触头的状态也跟着变化。主触头闭合的研磨过程,将其表面的氧化物或脏物擦掉,减小接触电阻。触头断开的反力可使触头分断时所产生的电弧不致损坏正常接触点。反力主要由弹簧力产生,通常是圆柱螺旋弹簧。

9. 线路滤波器

线路滤波器包括线路滤波电抗器和线路滤波电容器,安装于主电路牵引变流器中。

（1）线路滤波器的作用

① 滤平输入电压。

② 抑制电网侧发生的过电压,减少其对逆变器的影响,例如变电所的操作过电压、大气雷击过电压等。

③ 抑制逆变器因换流引起的尖峰过电压。

④ 抑制电网侧传输到逆变器直流环节的谐波电流,抑制逆变器产生的谐波电流对电网的影响。

⑤ 限制变流器的故障电流。

（2）线路滤波电抗器

线路滤波抗电器（图 8-25）与线路滤波电容器构成谐振电路,用于交流器直流环节。为保证任何电流值时电感均恒定,电抗器采用空心线圈结构。不同生产厂家电抗器的电感量选值不同,需与线路电容器的电容量相匹配。根据计算,谐振频率与信号系统的调制频率之间要求有一定的差值,以免对信号系统产生影响,造成混乱。对于网压 DC 1 500 V 的城轨车辆,逆变器容量在 1 000 kVA 以上的系统,电感量一般为 5—8 mH。

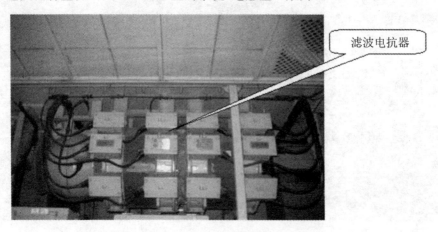

图 8-25 滤波电抗器

(3) 线路滤波电容器

线路滤波电容器是一种非常特殊的直流电容器。从功能上看,由于它用于逆变系统的直流环节,因此称作"支撑电容器"。从性质上,由于要求它能承受很大的谐波电流,因此称作"直流脉冲电容器"。

10. 平波电抗器以及主熔断器

平波电抗器(图 8-26)是一个带铁芯的大电感,根据电感元件隔交通直的性质和电路的楞次定律,在牵引电机支路串联平波电抗器后,当整流器输出的脉动电流流过时,平波电抗器产生自感电势阻止电流的变化,因而可以起到减少、敷平电流脉动的作用。平波电抗器的电感值选取得越大,电流脉动程度将越小,这对牵引电动机的工作非常有利,但平波电抗器本身的尺寸和质量也必然增大。这不仅影响车辆设备的总体布置,而且整流电流的脉动越小波形越平直,变压器一次测电流畸变越严重,其谐波分量也相应增加,对供电系统的影响和对通信的干扰就更大,因此对平波电抗器的选择应有一个合适范围。通常是在一定的整流电压下,先规定好整流电流的脉动系数,然后计算出不同负载下对应的电感值,再选用合适的平波电抗器。

主熔断器(图 8-27)用于断开(熔断)流到主电路的过大电流,这样就保护了主电路的零件装置,使其不受过大电流的损害。

图 8-26 平波电抗器

图 8-27 主熔断器

二、控制电路电器

城市轨道交通车辆控制电器电路主要包括驾驶控制器装置、牵引控制系统电器和列车自动控制系统电器等。下面主要介绍驾驶控制器、速度传感器、继电器等电器件。

1. 驾驶控制器装置(下称司控器)

城轨车辆驾驶控制器为凸轮触点式控制器,其结构组成如图 8-28 所示,有司控器手柄、方式/方向手柄、主控器钥匙、转换开关组、凸轮组、警惕开关等,面板操作部分有司控器手柄、方式/方向手柄、主控制钥匙。

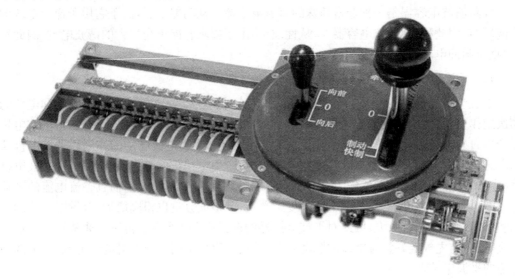

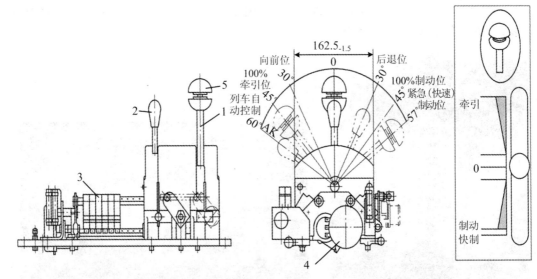

图 8-28 司控器

1. 司控器手柄；2. 方式/方向手柄；3. 主控器钥匙；4. 警惕开关；5. 电位器

（1）司控器手柄

司控器手柄有"0"位、"牵引"位、"制动"位、"快速制动"位四个位置。

"0"位机械零位，又称惰行位。

"牵引"位：向前推动手柄（远离司机），牵引给定值可无级输入，最前端位置为"100％牵引位"。

"制动"位：向内拉动手柄（拉向司机），制动给定值可无级输入，在"100％制动位"处有一阻滞，最里端位置为"快速制动位"，快速制动带有限位凹槽。

另外，一般城轨驾驶面板上的左侧和右侧还分别设有一红色蘑菇形按钮，如图8-29所示，在紧急情况下发挥制动作用。

图 8-29　紧急制动按钮

（2）方式/方向手柄

方式/方向手柄用于选择驾驶方向，有"向前""0""后退"三个位置。运行方向必须在车辆运行前选择，并且到下一站前停车保持有效。

"ATC 列车自动控制"位置：通过系统操作或手动控制向前运行。在制动位上通过操作主控器手柄，可摆脱"ATC"的指令进行制动。

"0"位置：没有驾驶模式被激活。

"后退"位置：人工倒车模式。

方式/方向手柄与主控制手柄间存在机械联锁。只有当主控器手柄在"0"位，方式/方向手柄才进行向前或向后位置转换。只有选择好方向，即方式/方向手柄在非"0"位，主控制手柄才可进行牵引或制动操作。一旦方式/方向手柄在非允许情况下改变了方向手柄的位置，则系统自动启动紧急制动。

（3）主控器钥匙

主控器钥匙用于激活驾驶台，位于驾驶控制器的右上角，有"0""1"两个位置。

"0"位置：关闭位置，只能在此位置取出或插入钥匙。主控器钥匙置于"0"位时，主控器手柄和方式/方向手柄被锁死，不能对其进行操作且都处于"0"位。

"1"位置：激活驾驶台。司机可进一步操作其他开关激活车辆。一旦主控器手柄和方式/方向手柄处于非"0"位，则主控器钥匙就会被锁死不能回零位。只有当主控器手柄和方式/方向手柄双"0"位时，主控器钥匙开关才能从"1"位移回"0"位。

（4）警惕开关

警惕开关是位于主控器手柄上端的两个半圆头开关。正常工作时，司机必须用大拇指将两个半圆合拢，只有停车时才开放。人工驾驶时只有按下警惕开关，操纵主控制手柄，列车才能启动。若松开警惕开关 3 s（在弹簧作用下两个半圆头分开），列车立刻进入紧急制动状态。

（5）电位器

在主控制手柄底部连接一电位器，当主控制器手柄由"0"位移向"牵引"或"制动"位时，输出 0—20 mA 电流的司机指令给控制电路。

2. 速度传感器

传感器是一种测量装置，它能感受相应的被测量，并按照一定规律转换成可用输出量

(电量),以满足信息的传输、处理、储存、记录、显示和控制要求。

微电子技术和微处理技术的发展,使传感器出现了新的突破。从实时处理发展到信息储存、数据处理和控制。近年来,在传感器智能方面获得了较大的进展。随着轨道交通车辆的控制系统越来越复杂,自动化的程度也越来越高。为了满足控制系统的功能要求,需要检测有关部件、系统或整车的有关数据,如温度、压力、应力、力矩、转速、加速度、风速、空气流量、真空度、震动以及噪声等。因此,传感器在轨道交通车辆上得到了广泛的应用。

速度传感器安装于车辆轮轴上,能够对供控制系统信号进行选取、转换和传输。安装于城市轨道交通车辆上的速度传感器要求性能可靠、精度高、抗干扰性强。

上海地铁一号线电动车辆使用的速度传感器分为单信道速度传感器和双信道速度传感器两种,型号分别为 GID-E 和 GID5,它们在电动车辆上的布置如图 8-30 所示。

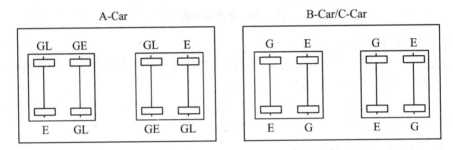

图 8-30　速度传感器分布

电动列车 A 车上速度传感器的分布情况为:每根轮轴装有一只单通道传感器,为空气制动的滑行保护系统提供速度信号。GE 为 ATC 系统速度传感器,GL 为防滑速度传感器,E 为接地装置。电动列车 B 车、C 车上速度传感器的分布情况是:每根轮轴装有一只双通道传感器,分别为牵引和电制动系统的空转与滑行保护系统及空气制动的滑行保护系统提供速度信号。E 为接地装置,G 为防空转防滑行速度传感器。

速度传感器的结构与工作原理:

磁电式传感器主要用于城市轨道交通车辆的速度检测。传感器的原理如图 8-31 所示。磁电式传感器的基本原理是利用电磁感应原理,将输入机械位移换成线圈中的感应电动势输出,它不需要外加电源。

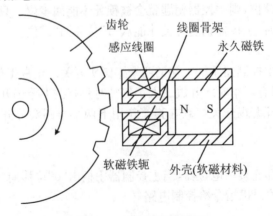

图 8-31　速度传感器结构

永久磁铁、感应线圈和外壳固定不动。齿轮安装在轮对轴端并随轮轴一起旋转。当齿轮随轮轴旋转时,齿轮与软磁铁轭之间的气隙随之变化,从而导致气隙磁阻和穿过气隙的主磁通变化,在线圈中感应出电动势,设每旋转一周传感器发出110个脉冲,其频率为:

$$f = nN/60 (\text{Hz})$$

式中,n 为转速,单位为 r/min;N 为齿数,$N=110$。

脉冲速度信号经脉冲整形放大后输出整齐的矩形波信号,并将此信号送到计数器,把频率转换成转速。

速度传感器主要包括脉冲发生器、磁轮、密封件套和外壳,速度传感器的磁轮使用螺钉固定在轴箱端盖上。带有电缆接线的脉冲发生器安装在速度传感器的盖上。脉冲发生器与磁轴之间存在小气隙,要求气隙范围在 0.4—1.4 mm。

3. 继电器

继电器是一种根据外界输入信号(电量和非电量)的变化,接通或断开小电流电路,以实现自动控制和保护功能的电器,如图 8-32 所示。

图 8-32 继电器布置

一般来说,继电器主要用来反映各种控制信号,其触点通常在控制电路中,不直接控制主电路。与接触器不同,继电器负载较小,不需要灭弧装置,触点种类和数量较多,体积小,但对动作准确性要求高。

继电器主要由检测机构和执行机构两部分组成。检测机构接收输入量,并将其转化为继电器工作所需要的物理量,如电压、电流、压力等;执行机构用以改变继电器原来所处状况,并给被控电器一个输入量。

继电器有多种分类方式。按工作原理可分为电磁继电器、感应继电器、热继电器等;按输入信号性质可分为电流继电器、电压继电器、压力继电器等;按输出方式可分为有触点式继电器和无触点式继电器。

以电磁式继电器为例,城市轨道交通车辆上应用的电流继电器、中间继电器和电压继电器均属于电磁式继电器。

电磁式继电器的电磁机构就是测量机构,当输入量达到其动作参数要求时,就将转变为衔铁的吸合动作。它的触点是执行机构,当输入量达到动作参数要求时,它由原来的开断状态转变为闭合状态,并接通被其控制的电路,从而得到一个输出电压。

继电器的输入量与输出量的关系称为继电器的输出-输入特性。当时输入由零增加到一定值(动作参数)时,衔铁被吸合,使触点闭合,接通被控电路,在输出端有电压输出,即输出量由零变成最大值。衔铁吸合后,如果将输出量减少到一定值(释放参数)时,反作用力大于电磁吸力,衔铁释放,触头开断,被控电路也断开,输出量由最大值下降到零。当数量继续减小时,输出量维持为零。通常动作参数远大于释放参数。继电器输入量的释放参数与动作参数之比称为返回系数 K。

继电器的触点接在控制电路中,通过较小的电流(一般在 20 A)以下。其结构多采用板式和桥式的点接触银制触头。如果双断点桥式银质触头焊在弹簧片上(磷铜片)。弹簧片既作为传导电流的触头支架,又产生触点压力,但主要由圆柱螺栓弹簧产生触点压力。

触点是继电器的执行机构,其工作必须可靠。对继电器触点的主要要求是:耐震动和冲击,不产生误动作;触点接触电阻要小,以便接触可靠;耐机械磨损和电磨损,抗熔焊;使用寿命长等。继电器的主要技术参数有:额定电压、吸合电压、释放电压、吸合时间、释放时间、线圈损耗功率触点接触电阻、绝缘电阻、触点负荷和寿命等。

项目二 车辆电力牵引控制

在现代轨道交通电动车辆中,普遍采用电动机驱动实现车辆牵引的传动控制,称为电力牵引控制。它是以牵引电机作为控制对象,通过控制系统对电动机的速度和牵引力进行调节,满足车辆牵引和制动特性的要求。主要类型有直流传动系统,即采用直流(脉流)牵引电动机驱动列车,以及交流传动系统,即采用交流(同步、异步)牵引电动机来驱动列车这两种类型。

一般我们在研究传动系统主电路时通常把一个车辆单元的牵引动力电路作为研究对象。电传动系统主电路组成主要包括受流器、牵引箱(PA)、牵引电机、制动电阻箱、电抗器、电气开关等。电传动系统控制的核心即如何根据运行工况合理地调整电机转速,直流传动的调速方式一般有两种基本形式:变阻控制和斩波调压控制,其关键在于调整电机两端的端电压。直流牵引电动机具有良好的牵引和制动性能,通过调节端电压和励磁可以方便地调速。但是,直流牵引电动机的防空转性能较差,换向器与电刷结构尚存在一系列缺点:等功率下的体积和质量较大,换向困难、电位条件恶化,易产生环火,维护事项繁杂。

随着大功率晶闸管的出现,特别是全控型电力电子器件的迅速发展,可调压调频的逆变装置已成功解决了交流电动机的调速问题。交流异步电动机不需要换向器,而且结构简单、成本低、工作可靠、寿命长、维修和运行费用低、防空转性能好,所以是一种比较理想的牵引电动机。目前城市轨道交通车辆普遍采用的是交流异步牵引电动机。本节将以交流牵引控制为例，简单举例分析牵引控制的电气原理。

图 8-33、图 8-34 所示为一城市轨道交通车辆同一单元中 Mp 车和 M 车的主电路以及辅助部分电路供电原理图。如图所示，Mp 车和 M 车均由 1 台 MCM 主逆变器同时给 4 台牵引电机供电，这种供电方式也被称为 1C4M 型传动系统，在城市轨道交通车辆驱动系统中被广泛应用。1 500 V 直流电压通过受电弓引入 Mp 车，在经过高压隔离开关 IES 后分成三路：一路 1 500V 直流电经熔断器 AF 后前往 M 车 ACM 给辅助用电部分提供电源，一路经高速断路器 HSCB1 给 Mp 车的主逆变器 MCM 供电，另一路通过高速断路器 HSCB2 给 M 车的 MCM 部分提供电源。

具体来看，电网 1 500 V 电压通过受电弓、避雷器，进入 Mp 车底高压箱（PHBOX）。主牵引供电原理如下：一路 1 500 V 直流电通过隔离开关 IES 的 Q1 触头后经高速断路器 HSCB1、滤波电感 LI、充电回路后（由 CHK、CKR、LK 构成）给 Mp 车的主牵引逆变器 MCM 供电，MCM 将直流电逆变成频率电压可调（VVVF）的交流电供给 4 台驱动电机。与此同时另一路 1 500 V 直流电则通过高速断路器 HSCB2 给 M 车的 MCM 供电同时驱动 4 台牵引电机。车辆在进行制动时优先使用再生制动方式实现能量回收（须满足一定条件），再生制动时电机则行使发电机的功能，把制动时产生的多余动能转化成电能，电能以相反的路径使电网吸收电机反馈的能量，再生制动无法进行时，制动时产生的多余电能接到制动电阻箱 BR-BOX，多余电能经电阻发热消耗掉。车辆的主牵引传动系统是列车牵引制动力和电制动力得以实现的载体。

辅助供电原理为，一路 1 500 V 直流电通过隔离开关 IES 的 Q1 触头后，经辅助熔断器 AF、去耦二极管 D1801 以及辅助电容器等组成的安全回路、ACM 熔断器、ACM 网侧电抗器后给 M 车的辅助逆变器供电，一路经安全保护回路后通往 1 500 V 环形馈线给另一单元的辅助系统供电，因此对于 6 节编组来说整列车的所有辅助供电系统只能由一个受电弓来供电。辅助供电主要为车辆照明、空调用电、车辆控制用电、压缩机、车辆通信、通风冷却以及综合管理等部分提供低压电源。

滤波电感 LI 起到"通直流，阻交流"的作用。充电回路主要起到限流的作用，在启动初期，CHK 先闭合，电流先通过 CHKR 限流电阻，在电容 C 充电至 80% 以上时，LK 再闭合以保护主电路不受大电流的冲击。HSCB1 控制 Mp 车的主电路安全，在紧急情况下切断 Mp 车主电路。HSCB2 控制通往 M 车的主电路，保护 M 车主牵引电路的安全。同时电路中的解耦二极管以及辅助电容和电阻也能起到保护电路的作用。

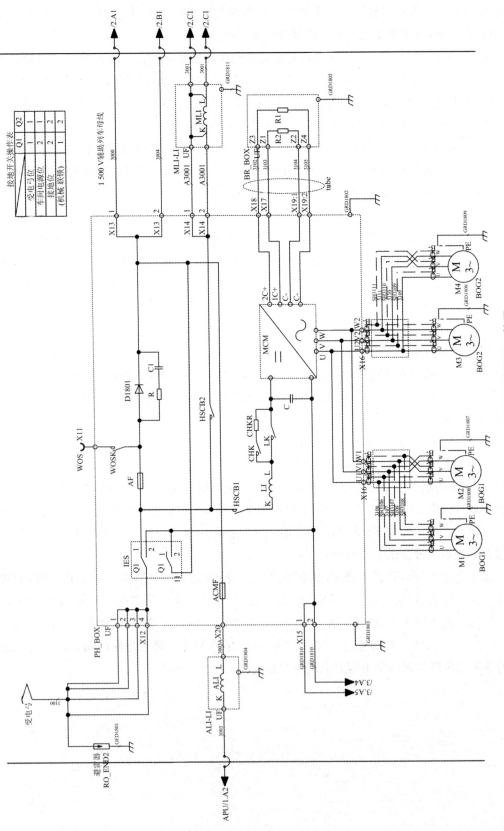

图8-33 Mp车主牵引传动控制原理简图

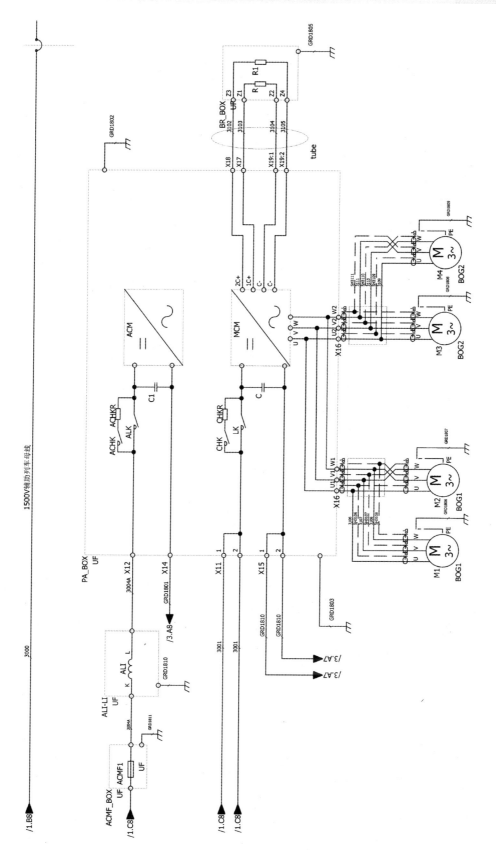

图8-34 M车主牵引传动与辅助供电控制原理简图

项目三　部分电气系统检修与维护

一、受流装置维护

1. 受电弓预防与维护

① 目测螺栓连接部位的漆封标识、校核力矩,确认连接良好。
② 目测各转动部位的润滑情况。
③ 目测受电弓各个部位不同规格的导流线是否有断股,如有则更换。
④ 检查弓头碳滑条是否有偏磨情况,如有则调整。
⑤ 当滑板条磨损到如图 8-35 所示小于 26.5 mm 时,请及时更换滑板条。

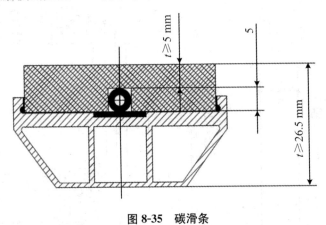

图 8-35　碳滑条

　　a. 如果更换弓头滑板条,应同时将弓头所有的滑板条全部予以更换。新碳滑条更换后应检查受电弓的静态压力。

　　b. 滑板条在使用过程中因为接触网线的硬点撞击造成碳块崩边(如图 8-36 中 1 所示),可使用粗糙的锉刀对崩边进行打磨使棱边圆滑,打磨后的滑板条可继续使用。

　　c. 滑板条磨耗表面出现如图 8-36 中 2 所示的裂纹,则滑板条需要立即更换。

　　d. 滑板条磨耗表面出现了细微的裂纹并贯通至滑板托架,同时还出现了电弧击穿的现象(如图 8-36 中 3 所示),则应立即更换。

　　e. 滑板条出现了大于二分之一的崩边(如图 8-36 中 4 所示),则应立即更换;若崩边的同时滑板条的宽度方向还出现了裂纹,更应立即更换。

　　f. 滑板条的磨耗面出现了不同程度的凹坑(如图 8-36 中 5 所示),滑板条可正常使用。

　　g. 滑板条的磨耗面出现了电灼伤(如图 8-36 中 6 所示),打磨后可继续使用。

　　h. 滑板条碳块和金属托架之间出现了裂纹(如图 8-36 中 7 所示),则滑板条需要立即更换。

　　h. 滑板条在使用中磨耗面出现了长度方向的裂纹(如图 8-36 中的 8 所示),属毛坯碳在制造中产生的挤压毛细纹,不影响滑板条的自身性能,无需更换。

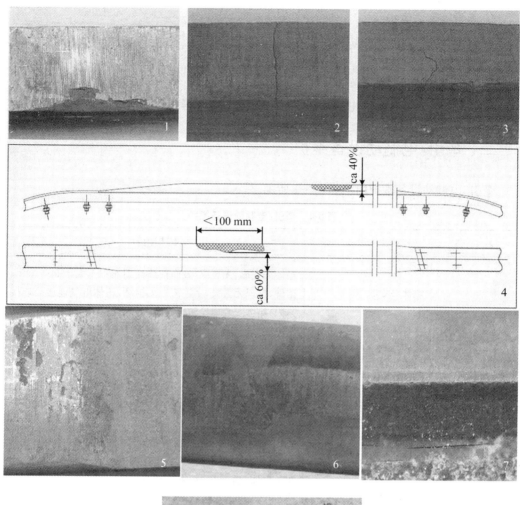

图 8-36 磨耗面出现的裂纹

参数调试：
- 调整拉杆的尺寸；
- 调整受电弓的静态接触压力；
- 调整受电弓的静态压力特性；
- 调整滑板条和架空接触网线接触平面的水平度；
- 调整平衡杆使弓头在受电弓的工作高度始终趋于水平；
- 调整受电弓的升降弓时间；
- 调整受电弓的落弓位置。

2. 避雷器预防维护

① 目视检查。检查连接电缆是否有损坏,紧固底座。
② 清洁外伞裙。
③ 绝缘电阻测试。
④ 进行直流 1 mA 参考电压及 0.75 倍直流 1 mA 参考电压下泄漏电流测试。

二、牵引/电制动设备维护

牵引/电制动设备维护内容如表 8-4 所示。

表 8-4 牵引/电制动设备维护

设备	具体设备	维护内容
PH 箱和 PA 箱	箱体及安装	箱体无变形、无裂纹,表面油漆破损面积不大于 900 mm^2;铭牌、标识无丢失,字迹清晰无损坏;箱体电气连接插连接紧固;箱体安装螺栓防松线清晰无错位
	箱体盖板	盖板紧闭,锁到位,标记对齐
	清洁箱体上铭牌、标识	清洁铭牌、标识;检查并确认铭牌、标识字迹清晰无损坏
	清洁进风过滤网	拆卸进风过滤网框,并对进风过滤网进行清洁
	电气部件检查	各电气设备及连接插连接紧固,紧固件防松线清晰无错位;各电气元件不受污染,电路板和元件无破损,电容、电阻不肿胀;透明 PC 板安装紧固、无裂纹
	线缆检查	各线缆、铜排及连接插座安装紧固、接触良好,线缆线无破裂或磨损
	清洁 MCM、ACM 散热片风道	使用吸尘器对 MCM、ACM 底部散热片进行清洁,确认无毛线及成团的尘埃
	预充电接触、分离接触器	拆下预充电接触器、分离接触器灭弧罩,检查并确认灭弧罩无污垢、无灰尘沉积物、无损坏,接触器触头无电弧灼伤、无严重烧损,主触头动作灵活
牵引电机	牵引电机外观及安装	外部无损伤,油漆无脱落,接线盒及线缆安装牢固;端盖无裂纹,油堵完整;电机悬挂件防松线清晰无错位;电机机座无裂纹
	进气口和排气口	进、出风滤网紧固螺栓防松线清晰无错位;滤网无污染、无堵塞

续表

设 备	具体设备	维护内容
牵引电机	接线盒、线缆及接地线	接线盒螺栓防松线清晰无错位,外观无变形、无损伤,线缆无异常扭曲、无毛刺、无放电烧黑痕迹;接地线无散股、断股
	温感器安装、线缆	温度传感器安装稳固,线缆外观无破损、断裂现象
制动电阻箱	箱体及安装	箱体无变形、无裂纹,表面油漆破损面积不大于 900 mm^2;铭牌、标识无丢失,字迹清晰无损坏;电气连接插连接紧固;箱体安装螺栓防松线清晰无错位
	制动电阻进出风口	出风滤网紧固螺栓防松线清晰无错位;滤网无污染、无堵塞
	制动电阻箱控制盒及线缆	检查制动电阻箱控制盒及线缆牢固,外观无破损,各电气连接插连接紧固
	制动电阻风扇	风扇扇叶无变形、无裂纹,紧固螺栓防松线清晰无错位,扇叶到壳体间隙均匀

课 后 习 题

一、判断题

1. 城轨列车主电路电器一般安装在 PA 箱内。　　　　　　　　　　　　(　　)
2. 避雷器安装在车辆底部。　　　　　　　　　　　　　　　　　　　　(　　)
3. 受电弓为城轨车辆唯一的受流方式。　　　　　　　　　　　　　　　(　　)
4. 城轨车辆牵引电机一般用交流电机驱动。　　　　　　　　　　　　　(　　)
5. 城轨车辆接触网电压为 25 kV。　　　　　　　　　　　　　　　　　(　　)

二、选择题

1. 城市轨道交通车辆以架空式接触网供电电压一般为(　　)V。
   A. 1 500　　　　　　　　　　　B. 750
   C. 2 500　　　　　　　　　　　D. 25 000
2. 高速断路器位于(　　)箱内。

A. PH 箱 　　　　　　　　B. PA 箱
C. AB 箱 　　　　　　　　D. 轴箱

3. 受电弓的升降弓特点是（　　）。

A. 先慢后快 　　　　　　B. 升弓慢,降弓快
C. 升弓快,降弓慢 　　　　D. 先快后慢

4. 全自动车钩一般位于（　　）。

A. M 车端部 　　　　　　B. 单元与单元之间
C. Tc 车端部 　　　　　　D. Mp 车端部

5. 用于列车牵引供电的逆变器是（　　）。

A. 辅助逆变器 ACM 　　　B. 电阻箱
C. 牵引电机 　　　　　　D. 主逆变器 MCM

三、简答题

1. 简述城轨车辆牵引原理。
2. 简述高速断路器的结构和工作原理。
3. 简述受电弓升降弓过程。
4. 说明受流装置的类型和应用范围。
5. 分析 1C4M 牵引主电路的工作原理。

模块九　电客车操作概述

【知识目标】
1. 掌握城轨车辆驾驶台设备作用和工作原理。
2. 掌握城轨车辆主要驾驶模式。

【技能目标】
1. 能进行列车驾驶的简单操作。
2. 会进行列车整备作业。
3. 能处理简单驾驶故障。

城轨列车的操作需要扎实的基础知识、细致的工作作风、强大的心理能力和快速的应急反应能力。本模块旨在向大家介绍车辆操作的基本知识，主要介绍司机驾驶台的布局、列车的驾驶模式、电动列车的整备作业以及多种工况下的行车作业。

项目一　列车司机驾驶台概述

城轨列车司机的工作操作主要集中在司机驾驶台上，对于司机驾驶台的布局必须熟稔于心，部分地铁企业要求从业司机会默画司机驾驶台的布局以及每一个按钮、开关的位置和名称，当然重点是掌握每部分的功能以及如何去操纵它们。图 9-1、图 9-2 为某种常见城轨电动列车的司机驾驶台布局。

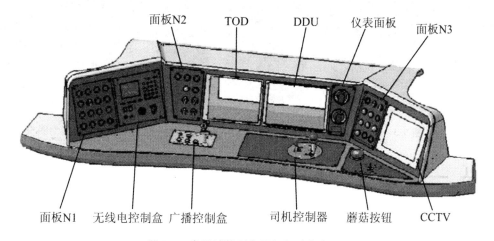

图 9-1　常见城轨列车司机驾驶台布局 1

图 9-2 常见城轨列车司机驾驶台布局 2

各面板上的开关较多,因篇幅所限现就各面板上重要开关以及作用简述如下,如图 9-3 至图 9-5、表 9-1 至表 9-3 所示。

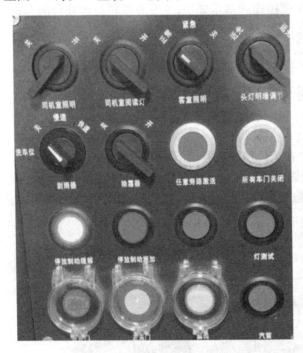

图 9-3 N1 面板实物图

图 9-4 N2 面板实物图

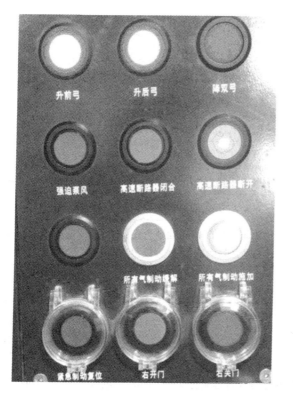

图 9-5 N3 面板实物图

表 9-1 司机驾驶台 N1 面板

主要按钮	按钮描述
刮雨器开关	自锁开关,用于选择刮雨器工作模式
旁路激活指示	当有旁路开关激活时,该指示灯亮(红色)
门关好指示灯	当所有客室车门关好时,该指示灯亮(绿色)
停放制动缓解按钮	带灯自复位按钮,用于停放制动的缓解,当所有停放制动缓解时,该按钮灯亮(绿色)
停放制动施加按钮	带灯自复位按钮,用于停放制动的施加,只要有停放制动未缓解,该按钮灯亮(红色)
左侧开门带灯按钮	带灯自复位按钮,当门释放信号有效时,则该按钮灯亮(绿色),此时可使用该按钮手动开门
左侧关门带灯按钮	带灯自复位按钮,需手动关门时,使用该按钮,如有任何乘客门没关好,则该按钮灯亮(红色)
解钩按钮	带灯自锁按钮,当列车连挂成功后,该按钮灯亮(白色),可通过按下该按钮来解钩

表 9-2 司机驾驶台 N2 面板

主要按钮	按钮描述
门操作模式开关	自锁开关,用于选择门的操作模式
自动折返按钮	自复位按钮,用于启动车辆自动折返模式
模式选择开关	自锁开关,用于选择列车驾驶模式
ATO 模式按钮	自复位按钮,用于建立自动驾驶模式
ATO 启动按钮 1	自复位按钮,用于自动驾驶模式下发车,与 ATO 启动按钮 2 一起使用
ATO 启动按钮 2	自复位按钮,用于自动驾驶模式下发车,与 ATO 启动按钮 1 一起使用
警惕功能测试按钮	自复位按钮,用于测试警惕按钮功能是否正常可用,零速时按下该按钮 3 s 后,车辆产生紧急制动,否则警惕按钮功能失效

表 9-3 司机驾驶台 N3 面板

主要按钮	按钮描述
升前弓按钮	自复位按钮,用于升起近端受电弓,当近端受电弓升起后,该按钮灯亮(绿色)
升后弓按钮	自复位按钮,用于选择升远端受电弓,当远端受电弓升起后,该按钮灯亮(绿色)
降双弓按钮	自复位按钮,用于降下远、近端受电弓,当列车没有受电弓升起时,该按钮灯亮(红色)
强迫泵风按钮	自复位按钮,用于强制启动空压机
高速断路器闭合按钮	自复位按钮,用于闭合所有高速断路器,当所有高速断路器闭合后,该按钮灯亮(绿色)
高速断路器断开按钮	自复位按钮,用于断开所有高速断路器,当所有高速断路器断开后,该按钮灯亮(红色)
所有气制动缓解灯	当所有气制动缓解时,该指示灯亮(绿色)
所有气制动施加灯	当所有气制动施加时,该指示灯亮(红色)
紧急制动复位按钮	自复位按钮,用于缓解紧急制动,仅当紧急制动触发条件消失且司控器在制动区域时有效
右侧开门带灯按钮	带灯自复位按钮,当右门释放信号有效时,则该按钮灯亮(绿色),此时可使用该按钮手动开门
右侧关门带灯按钮	带灯自复位按钮,需手动关门时,使用该按钮,如有任何右侧客室门没关好,则该按钮灯亮(红色)
双针压力表	用于指示 Tc 车第一个转向架制动缸压力(红色指针)及总风缸压力(白色指针)
电压表	用于指示蓄电池电压
里程计	用于显示列车累计运行里程数

另外,在司机室两侧车门的立柱上还设有开关门、强制开关门等按钮,供司机在立岗作业时使用。

项目二 列车整备作业

列车整备作业是指电客车司机在出乘之前对列车的外观、性能进行的检查,并作出是否满足出乘条件的判断。列车在每天出库之前接车司机必须严格按流程进行,确认列车状态良好后方可申请出库作业进而上线运营。

一、检查作业流程图

1. 检查路径及顺序

整备作业检查路径及顺序示意如图 9-6 所示。

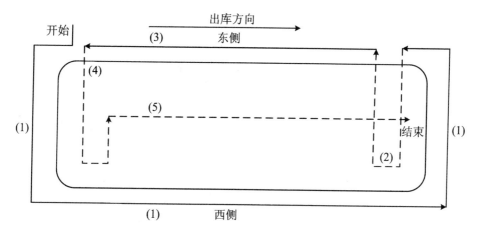

图 9-6 整备作业检查路径及顺序示意图

检查顺序说明如下:
(1) 到非出库端依次开始检查电客车端部、检查西侧走行部。
(2) 到出库端进驾驶室,检查驾驶室内所有备品是否齐全,各开关按钮位置是否正确,之后下车。
(3) 检查出库端电动列车端部,检查电动列车东侧走行部,到达非出库端。
(4) 进非出库端驾驶室,按下蓄电池投入开关、升弓并进行其他的功能试验。
(5) 检查客室。

随后乘务员到出库端驾驶室进行功能试验,准备出库。

整备作业检查和试验时间为 30 min。整备作业标准见表 9-4。

表 9-4 整备作业标准

序号	整备项目	时间(min)	备注
1	作业前的准备	5	整理衣冠,检查随身备品等
2	走行部检查	10	包括两侧走行部和出库端的紧急制动试验
3	非出库端驾驶室的检查和试验	5	包括驾驶室内的所有组成部件功能试验(含紧急制动试验)
4	客室检查	5	包括照明、内饰、开关、电气柜门等
5	出库端驾驶室的检查和试验	5	包括驾驶室内的所有组成部件功能试验
共计		30 min	

二、列车下部检查

列车下部检查标准见表 9-5。

表 9-5 列车下部检查标准

序号	主要检查项目	内容及要求
1	车体外观	无损坏,无变形,电动列车标志(地铁标记目的地)完好
2	前照灯尾灯,终点站显示屏	显示齐全,外观无破损等
3	车钩及缓冲装置(包括半自动车钩,半永久牵引杆)	无明显损坏变形,电缆软管无脱落,各塞门位置正确等
4	转向架	无损坏,无变形,各制动系统塞门位置正确,空气弹簧无破损、漏气等
5	线路滤波电抗器、VVVF、SIV	箱盖锁闭良好
6	高速断路器	外观齐全,锁闭良好
7	车间电源箱	锁闭良好
8	风缸及干燥器(包括总风缸、制动风缸)	各塞门位置正确、无明显漏风
9	电气设备箱	箱盖关闭锁紧

三、列车内部检查、试验

① 列车内部检查,驾驶室检查标准见表 9-6。

表 9-6 驾驶室检查标准

序号	主要检查项目	内容及要求
1	驾驶台(方向手柄、主控手柄)	均在 0 位,完整无缺,操作时动作灵活,无卡滞现象,警惕按钮作用良好
2	无线通信	通信正常
3	TOD 显示屏	无明显损坏,信息显示正常
4	驾驶室侧门、后端门	锁闭良好,动作灵活,无明显卡滞现象
5	各种仪表、指示灯、开关	外罩完整、显示正确、位置正确
6	紧急疏散门	锁闭良好
7	前窗玻璃	清洁,无损坏,刮雨器完整无缺
8	电气设备柜	柜门锁闭良好,柜内无杂物
9	备品设备	防护设备、行车备品、灭火器齐全,功能良好
10	防护灯	状态良好

客室设备检查标准见表 9-7。

表 9-7 客室设备检查标准

序号	主要检查项目	内容及要求
1	客室内观(地板门窗玻璃等)	清洁、无明显损坏
2	照明	照明良好
3	车门	锁闭良好,指示灯无显示
4	座椅	无明显损坏,灭火器齐全
5	设备柜、电子柜、通道侧墙板	锁闭良好,完整无损坏

② 试验程序:

a. 确认各门、窗正常,驾驶台无各类禁动牌,灭火器无遗失,断路器位置正确,模式开关 1、模式开关 2 位置正确。

b. 合蓄电池开关,蓄电池开始供电。蓄电池电压应不低于 85 V,紧急照明灯亮,TMS 显示屏自检。

c. 转动驾驶台钥匙开关于 ON 位,驾驶室被激活。

d. 此时请选择操作人员的身份(驾驶模式或维护人员模式,并输入自己的 ID 号及密码)。

e. 模式开关打到 RM 位置。

f. 检查风压,若总风缸压力低于 5.5 bar,则需要先按下升弓泵按钮,此时,升弓泵由蓄电池的电能供电开始打风,当升弓泵停止工作时(可通过升弓泵的声音来判断),表明其风压足以升弓,升弓泵此时不需要关闭。

g. 鸣笛后按"升弓"按钮,观察网压表或 TMS 显示屏(辅助供电界面中也可显示),网压表指针指向 1 500 V 左右或 TMS 显示屏辅助供电界面中显示网压为 1 500 V 左右。

h. 按下"SIV 启动"按钮,辅助逆变器启动,确认 TMS 显示屏"辅助供电"电压显示正常。

i. 按下"空压机"启动按钮,按钮常亮,再按"强迫泵风"按钮检测空压机是否启动。

j. 将方向手柄打到"向前"位,主手柄打到快速制动位(FB 位)。

k. 检测车门:

· 自动/手动门选开关打到"手动"位。

· 将门选择开关打到左侧,进行两次开、关门操作,确认开、关门正常。

· 将门选择开关打到右侧,进行两次开、关门操作,确认开、关门正常。

· 将门选开关打到中间位。

注意:开门时需确认所有车门打开,所有车门指示灯亮及 TMS 显示屏显示门全部打开,动作一致,无异常;关门时需确认所有车门关闭,所有车门指示灯灭、门关好灯亮及 TMS 显示屏显示门全部门关闭,动作一致,无异常。

l. 待主风缸充风,气压表红针达到 9 bar,确认紧急制动是否缓解。如不缓解,参见列车紧急制动不缓解故障处理办法,并处理。

m. 检测列车制动。

· 将主手柄逐级从快速制动位推到常用制动位,观察 TMS 显示屏显示快速制动不缓解至快速制动字样消失缓解,气压表显示 2 bar 左右,列车施加保持制动。

· 按下"紧急制动"按钮(蘑菇按钮),列车施加紧急制动,旋起按钮,紧急制动缓解。

· 按下"施加停放"按钮,驾驶台停放制动施加红灯亮,观察 TMS 显示屏停放制动图标显示施加状态。再按"缓解停放"按钮,停放制动施加灯灭,观察 TMS 显示屏停放制动图标显示缓解状态。

n. 测试前照灯。

o. 测试汽笛。

p. 测试警惕按钮。

q. 测试驾驶室灯按钮、仪表灯按钮、阅读灯按钮、解钩按钮。

r. 测试驾驶室空调、暖风、刮雨器是否正常。

s. 测试驾驶室风速选择。

t. 测试列车广播及乘客屏显示和监控器显示等。

u. 检查火灾报警的显示。

v. 牵引检查。鸣笛,推牵引待列车启动后,迅速回到惰行位,如果列车突然施加制动并停车,说明有保持制动,如果没有及时停车,则说明没有保持制动,迅速将主手柄拉到制动位。将方向手柄打到"后退"位鸣笛,推牵引待列车启动后,迅速回到惰行位,列车施加制动并停车,如果没有及时停车,则迅速将主控手柄拉到制动位。

列车两端都要进行以上检测。

四、列车整备检查

严格按照电动列车检查线路流程图和整备作业程序执行,采用目视、手动、耳听、鼻嗅的方式,做好列车整备和试验,确保电动列车在投入服务前技术状态良好。

① 如发现电客车有下列故障之一,严禁出库。

　a. 受电弓、高速断路器等高压设备故障,致使电客车无 DC 1 500 V 电源。
　b. VVVF、DCU 等牵引系统故障。
　c. EP2002 阀等制动部件故障。
　d. 客室门、紧急疏散门故障,车载各安全保护装置故障。
　e. 列车诊断系统故障。
　f. 空调通风系统故障。
　g. 空气压缩机、DC/DC、DC/AC 等辅助系统故障。
　h. 车载通信信号设备(ATP、ATO、无线电等)故障。
　i. 车辆消防设备故障。
　j. 其他影响列车运行的故障。

② 发现电动列车故障或不符合技术要求时,司机应立即向派班员报告,按派班员的指示执行。

项目三　列车运行模式

一、列车唤醒

司机上车后将唤醒/睡眠开关 TAS 打到唤醒位,DC 110 V 永久供电母线接通唤醒列车线,同时两个司机室的唤醒继电器得电;列车唤醒继电器一组触点动作使其得电自保持,另一组触点闭合接通 TSK1 供电,TSK1 触点动作接通预备供电母线。若此时不存在自动睡眠条件(如蓄电池欠压、所有充电机无输出等故障),则列车唤醒成功。若存在无法唤醒的情况则采用紧急升弓方法升起受电弓。

二、列车驾驶模式

典型的城轨电动列车驾驶模式主要有人工驾驶模式(PM)、限制人工驾驶模式(RM)、列车自动驾驶模式(ATO)、洗车模式、紧急牵引模式、半车模式、救援模式等。

1. PM 驾驶模式

也称 ATP 监督下的人工驾驶模式。

在此模式下列车将在 ATP 保护下由司机推动手柄进行牵引制动控制,加减速度大小由手柄位置给出。司机必须持续按下警惕按钮,以保证列车不产生紧急制动。一般当松开警惕按钮超过 3 s 后列车会产生紧急制动操作,拉至制动位后重新推至牵引位后可复位。将模式开关置于 PM 位、方向手柄置于向前位即可进入此模式。建立此模式操作须先选择模式,再选择方向。

2. RM 驾驶模式

也称受限人工驾驶模式,又可分为 RMF 限速向前和 RMR 限速向后模式。

RMF:在 ATP 保护下,当轨旁设备故障或车载 ATP 与轨旁设备通信故障时,需要列车降级运行,TOD 上将提示司机转到限制人工模式。收到 TOD 提示后,司机须将模式选择开关置于 RM 位。在此模式下,列车由司机推动手柄进行牵引制动控制,加减速度大小都由手柄位置给出,车载信号设备提供超速保护,列车速度超过 25 km/h 将产生紧急制动。

RMR:方向输出为向后,司机可推动手柄进行牵引制动控制,加减速度大小由手柄位置给出。方向信号、牵引制动指令、参考值信号由列车牵引控制单元 VTCU 采集输入。

3. ATO 驾驶模式

即列车自动驾驶模式。

此种驾驶模式为早晚高峰以及客流量较大时首选驾驶模式。列车自动驾驶,自动对标停车并开启相应站台侧客室车门供乘客上下车,但关门模式一般为手动关门,有助于安全运营。采用 ATO 驾驶模式时,方向手柄在"向前"位,主控手柄在"惰行"位,当 ATC 设备判断满足启动 ATO 模式条件时,司机可按下 ATO 发出按钮,列车将进入自动驾驶。建立模式操作须先选择模式,再选择方向。

进入自动驾驶后,列车将在 ATP 保护下由 ATO 根据运行曲线图自动制动控制运行。在 ATO 模式下,列车牵引与制动参考力值、牵引制动指令由 ATO 给出,并通过 VTCU 采集后,经 MVB 网送给牵引控制单元与制动控制单元从而控制牵引力和制动力的产生和施加。

4. ATP 隔离模式

此模式仅在车载信号设备故障的情况下才使用,将 ATP 隔离开关打到隔离位置即可切除 ATP。该模式下,司机的操作自由度最高,列车的监控、运行、制动及开关均由司机操作,没有 ATP 防护。司机必须持续按下警惕按钮,以保证列车不产生紧急制动。

5. WM 模式

也称洗车模式。

洗车模式可通过操作司机室右侧电气柜上的紧急牵引开关实现。司机将紧急牵引开关打至洗车位,方向手柄推至向前位以激活洗车模式。列车的加减速度由主手柄的位置给出,洗车信号及方向信号由 VTCU 采集输入,此模式下列车速度不超过 3 km/h。

6. 半车模式

在两个单元列车分离之后,一些制动或其他环路会断开,这时需要依托半车开关旁路单个单元的列车线使列车以半车为单位重新构成环路,使之满足列车动车条件。半车开关主要涉及以下几条列车线:所有停放制动缓解环路、所有制动缓解环路、所有制动施加环路、紧急制动环路。此模式下,列车限速 10 km/h。

7. 紧急牵引模式

当发生网络故障或模拟量参考值转换模块故障时，司机将控制列车进入紧急牵引模式。在进入紧急牵引模式之前，司机必须将列车停下并将方向手柄归零，紧急牵引模式被激活，此时列车仅能通过硬线控制牵引及制动系统。该模式限速 10 km/h。

8. 救援操作

救援操作一般用救援车推行被救援车至指定存车线，如图 9-7 所示，救援车当前司机室在 Tc1 车 故障车当前司机室在 Tc2′ 车。

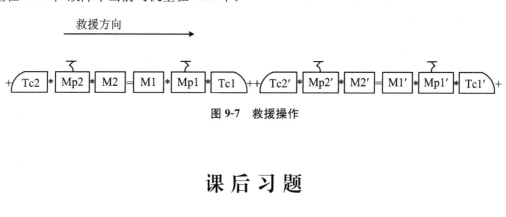

图 9-7 救援操作

课 后 习 题

一、判断题

1. 高峰时段列车驾驶采用 PM 模式。( )
2. RM 模式下列车速度不超过 60 km/h 即可。( )
3. 一般洗车时选择 WM 模式。( )
4. 采用 ATO 模式时驾驶时司机只需要瞭望即可，列车一切操作自动进行。( )
5. 城轨列车运行时车门开启方式一般采用自动开门、手动关门。( )

二、选择题

1. 列车自动控制系统（ATC）由以下（ ）子系统构成。
   A. ATP B. ATM C. ATO D. ATS
2. WM 模式一般用在以下哪些工况中？（ ）
   A. 洗车工况 B. 连挂工况 C. 救援工况 D. 正线运营
3. 刮雨器位于（ ）面板。
   A. N1 B. N2 C. N3 D. N4
4. 以下位于 N3 面板的有（ ）。
   A. 除霜器开关 B. 升前弓按钮
   C. 升后弓按钮 D. 高速断路器合按钮
5. 司机显示盘（DDU）显示的信息有（ ）。
   A. 列车运行速度 B. 列车驾驶模式

C. 当前接触网网压   D. 各设备状态

三、简答题

1. 简述列车整备作业的流程。
2. 列举列车的驾驶模式。
3. 简述 N1 面板上各按钮的功能。
4. 半车模式在何种情况下使用?
5. 列车测试的主要内容有哪些?

参考文献

[1] 眭小利,王乾. 城市轨道交通车辆构造[M]. 苏州:苏州大学出版社,2020.
[2] 邱志华. 城市轨道交通车辆构造[M]. 2版. 北京:人民交通出版社,2021.
[3] 李广军,倪志江. 城市轨道交通车辆构造[M]. 成都:西南交通大学出版社,2021.
[4] 李伟. 城市轨道交通车辆构造[M]. 北京:机械工业出版社,2020.
[5] 仇海兵. 城市轨道交通车辆及操作[M]. 2版. 北京:人民交通出版社,2019.
[6] 卢桂云. 城市轨道交通车辆制动系统[M]. 北京:北京交通大学出版社,2020.
[7] 刘敏,刘燕. 城市轨道交通车辆电气系统检修[M]. 北京:人民交通出版社,2020.
[8] 张庆玲,王新铭,韩玉辉. 城市轨道交通车辆电气系统[M]. 北京:人民交通出版社,2020.
[9] 毛昱洁. 城市轨道交通列车故障处理[M]. 2版. 北京:人民交通出版社,2022.
[10] 毛昱洁. 城市轨道交通电动列车驾驶[M]. 2版. 北京:机械工业出版社,2020.